NONGYE MAOYI BAIWEN

农业贸易百问

农业农村部农业贸易促进中心 编

中国农业出版社

北 京

主要编撰人员（按姓氏笔画排序）：

丁雪纯　马　婧　马建蕾　马钰博　田　甜
史　越　四方旸　冯　靖　吕玄瀚　吕向东
刘　岩　刘　博　刘文泽　刘芳菲　刘丽佳
刘淑慧　米　加　孙　玥　孙长光　孙奎法
杜健明　李　珂　李　婷　李　楠　李子晔
李蔚青　杨　静　杨妙曦　杨海成　吴　薇
邹　慧　张军平　张红玲　张利霞　张明杰
张明霞　张钟元　张胜利　张晓颖　张雪春
陈宁陆　林　爽　赵　贞　袁益钧　徐亦琦
徐智琳　黄昕炎　康骏璞　章　颖　梁　勇
蒋丹婧　韩　啸　韩振国　景春梅　谢众民
谭　军　滕雅楠　霍春悦

序

　　自古以来，贸易对社会经济发展和人民生活水平提高发挥着十分重要的作用。进入现代经济后，贸易大规模突破国境而发挥出举足轻重的作用，因此，贸易在经济学中始终占有重要地位，也一直被世界各国重视。经济学界将贸易、投资、消费并称为国民经济增长的"三驾马车"。在不少经济增长时期，贸易的增长率往往超过经济的增长率，如1980—2000年和2002—2014年中国贸易总额的名义年均增长率均高于GDP的名义年均增长率，成为经济增长的重要引擎。2020年世界银行的世界发展报告——《在全球价值链时代以贸易促发展》——就是以贸易为题。

　　在全球化时代，贸易进一步成为全球网络式供应链的传送带，有时甚至可以说是全球供应链的生命线。全球新冠肺炎疫情暴发后，贸易状况不仅关系到世界经济发展，而且直接关系到遏制疫情和保障人民生活。2021年3月23日"长赐号"商船在苏伊士运河搁浅，短短6天航道阻塞引起贸易交货迟滞，据《劳埃德船舶日报》估算，苏伊士运河每"瘫痪"一天就直接损失96亿美元，远者更严重影响全球贸易量、商品价格和人民生活，如苏伊士运河堵塞事件导致叙利亚国内燃油危机持续恶化，叙利亚政府于当地时间3月27日宣布，对燃油进行配额供应，只有面包房、医院、供水站、通信部门及其他重要科研机构才被优先供应燃油。

　　农业贸易是全球贸易的重要组成部分，发达的农业贸易往往是经济大国的显性标志之一，如世界贸易组织（WTO）2020年统计显示，2019年农业贸易总额在世界排名前10的经济体，也全部位于全球经济总量排名前20位，其中有8个都是农业贸易大进大出的经济体。

　　正是因为农业贸易直接关系到国民食物安全、弱势农民生计、生态环境保护、生物多样性等重要方面，所以其成为国际贸易谈判的荆棘领域。关税及贸易总协定（GATT）成立时，因争议太大，最终未能将农业谈判纳入；乌拉圭回合经过十余轮艰苦的农业问题谈判，才达成了《农业协定》，随着乌拉圭回合圆满结束，WTO 成立；在 WTO 多哈回合谈判中，始终因为农业贸易谈判未能取得实质性的进展而处于僵局。如此一斑，不难窥见农业贸易在工业化社会发展阶段中的重要性。

在中华人民共和国发展史上，农业贸易曾是我国外贸顺差的主要来源。新中国建立在农业国基础之上，新中国成立之初农业贸易顺差是外汇的主要来源，直到 1995 年，非农业贸易的顺差创汇才超过农业贸易顺差。随着进一步改革开放，中国农业贸易总额随之快速扩大，1980—2020 年以年均 8% 的速度增长，2020 年我国农产品贸易总额达到 2 468 亿美元，其中进口额 1 708 亿美元、出口额 760 亿美元。WTO 2019 年数据显示，中国是仅次于欧盟和美国的全球第三大农产品贸易经济体，其中出口列世界第 4 位、进口列世界第 2 位，是大进大出的农产品贸易国。

随着我国从农业国转变为工业国，农业贸易在创汇方面的作用相对降低，2020 年我国商品贸易总额中，农产品贸易额只占 5.3%。但农业贸易在国内产业发展、丰富人民生活方面发挥的作用并未因此降低。如我国进口棉花等纺织原料，出口服装产品，支撑起闻名于世的中国纺织业；进口食用植物油、咖啡、热带水果等，为不断富裕起来的中国人民提供了足量多样的消费供给，极大地丰富了人民生活、提高了生活质量。

我国人均耕地很少，人均水资源也只有世界平均水平的 1/4，这样的人均自然资源条件使得中国难以实现与高收入水平相适应的农产品完全自给，农产品供给侧的有保有放是中国农产品战略的必然选择。作为人口大国，保障基本自给基础上的粮食安全是我国农业战略的根本之选。正是因为发达的农业贸易，使得我国在有限资源条件下既保障了粮食安全，又保障了富裕起来的中国人民的食物水平，充分践行了以人民为中心的发展理念。今天，我国人均摄入的热量、蛋白质、油脂三大主要营养素指标远远高于世界平均水平，明显高于与我国人均 GDP 水平相近的国家，全面高于日本，逼近欧美发达国家平均的营养水平。对于中国这样人均自然资源紧张的人口大国来说，取得这样的成绩十分不易，令世界瞩目。这一成绩不仅源于我国农业生产的发展，农业贸易也功不可没。换句话说，没有农业贸易，我们难以达到今天的丰富食物水平，很多以农产品为原料的工业也将深受制约。我们今天的农产品消费需求得到了较好地满足，得益于国内生产增长，也得益于农产品贸易的助力。

尽管农业贸易在国民经济发展和人民生活水平提高方面发挥了重要作用，但仍有很多人对农业贸易不了解。一般的贸易书籍多数讲述原理、政策和贸易业务实务操作，很难针对当前生活中人们关心和有疑惑的具体问题来讲述，为此，农业农村部农业贸易促进中心根据工作中普遍遇到的、公众关心的问题编写了这本《农业贸易百问》。

本书主要有两大特点：一是根据知识板块编排了五大方面常见问题，即关于世界贸易组织（WTO）以及相关贸易协定的常见问题、关于农业贸易救济与技术性贸易措施相关的常见问题、关于农产品贸易与产业背景相关的常见问题、关于贸易伙伴与我国地方特色农产品贸易的常见问题、关于我国农产品贸易促进措施相关的常见问题。二是本书采用问答形式编写，筛选出一些当前人们关注的问题有针对性地答疑解惑，尤其适合非专业的大众读者。同时目录以问题条目形式来分类编排，读者能较便捷地查阅相关问题，因此也可作为工具书来使用。

农业农村部农业贸易促进中心集聚了一批掌握国际贸易原理和农产品知识、熟悉国际贸易组织和农业贸易政策、了解农业贸易操作和国内外农产品行业现状的研究者，他们多年在农业贸易领域工作，与国内涉及农业贸易的相关单位和人员有着广泛的行政联系和学术交流，因而能上接理论和政策、下接部门和基层，这些富有经验的研究者是本书质量的重要保障。

我相信，本书读者一定能开卷有益，不仅能获得农业贸易基本知识，而且能加深对当前农业贸易现实问题的正确理解。故欣然作序。

何秀荣
中国农业大学经济管理学院教授
国务院参事

2021 年仲春

前　言

　　为增进大众对农业贸易知识和热点农业贸易问题的了解，普及农业贸易常识，农业农村部农业贸易促进中心于2019年创设了"农业贸易百问"专栏。专栏在"学习强国"、《农民日报》《中国贸易报》同步刊发，广受各界好评。在中国共产党成立100周年和中国加入WTO 20周年之际，我们精选了100篇专栏文章汇编成册，希望更多的人能以此了解中国农产品贸易和全球农产品贸易，以贸易的视角来看待和理解中国农业和全球农业的发展，思考和推动我国农业现代化建设。

　　本书能够得以出版，我们要衷心感谢农业农村部马有祥副部长的关心和国际合作司的支持，感谢何秀荣等专家学者的宝贵意见，感谢媒体朋友的积极推广，感谢地方农业农村部门的积极参与！我们将以此为新的起点，持续打造更高质量的"农业贸易百问"专栏，推动农业贸易更高质量发展，为全面推进乡村振兴做出更大贡献！

《农业贸易百问》编委会

2021年6月

目　　录

世界贸易组织与多双边谈判

WTO 农业谈判到底谈出了什么成果？

陈宁陆

在世界贸易组织（WTO）农业谈判的历史上有两轮谈判发挥了举足轻重的作用，那就是 1986—1994 年的乌拉圭回合农业谈判和 2001 年至今的多哈回合农业谈判。此前，由于农业问题的特殊性、复杂性和敏感性，农业贸易曾经长期游离于国际贸易协定之外，乌拉圭回合农业谈判之后，农业贸易终于被纳入多边贸易规则的约束和管理。尽管如此，乌拉圭回合《农业协定》也还是各方相互妥协的结果，存在一定局限性，对于 WTO 各成员关注的几大问题，如明显的关税壁垒、扭曲性的国内支持未得到有效削减和出口补贴居高不下等，均未能加以解决。

WTO 多哈回合谈判是乌拉圭回合的继续。启动多哈回合谈判的《多哈部长宣言》明确将占 WTO 成员大多数的发展中成员的利益和需求置于谈判核心，为发展中成员创造更多的贸易和发展机会是多哈谈判的重要目标之一，多哈回合也因此被称为发展回合。由于农业是很多发展中成员的支柱产业和主要贸易部门，发展中成员始终将农业谈判作为优先领域。而同时，鉴于农业的特殊性、复杂性和敏感性，很多成员尤其是发达成员又给予各自农业产业以高度的保护和补贴，这些因素导致农业谈判在整个多哈谈判中始终是焦点和难点。到目前为止，多哈回合农业谈判已经进行了 20 年，那么到底取得了多少阶段性成果呢？

实际上，经过多次挫折反复，多哈回合农业谈判取得多个重要的阶段性成果，包括 2004 年 7 月达成的谈判《框架协议》、2005 年达成的《香港宣言》、2008 年形成的模式案文、2013 年在 WTO 巴厘岛部长级会议上达成的"早期收获"成果以及 2015 年内罗毕部长级会议系列成果。接下来，我们将对这些成果进行简要介绍。

◆ 2004 年 7 月达成的《框架协议》

《框架协议》的主要内容包括：国内支持方面，对"黄箱"、微量允许和"蓝箱"措施按照分层公式进行削减；对"蓝箱"封顶，并引入"新蓝箱"概念；加强"绿箱"纪律；特别值得一提的是，对于发展中成员用于生计和资源匮乏农民的微量允许可以免于削减。市场准入方面，对关税按照分层公式进行削减，所谓分层削减就是对关税从低到高进行分层，按照"高税多减"的原则，税率越高，削减的幅度则越大；允许发展中成员对一些特殊产品，如与粮食安全、农民生计、农村发展需要相关的项目等，采用较小的减让幅度。出口竞争方面，要求平行取消出口信贷、出口国营贸易和粮食援助等措施中的贸易扭曲成分，但也同意对发展中成员给予特殊和差别待遇。

综上，《框架协议》的农业谈判成果主要体现在两个方面：一是有利于减少农产品贸易扭曲，扩大农产品市场准入，促进市场公平和自由贸易，如降低关税水平和削减国内支持水平等；二是在国内支持、市场准入和出口竞争三个方面对发展中成员给予特殊和差别待遇，体现了多哈回合是发展回合的这一特殊意义。后续的谈判成果，如《香港宣言》和内罗毕部长级会议系列成果等，也大多体现在这两个方面。

◆ 2005 年达成的《香港宣言》

在 2004 年《框架协议》的基础上，多哈农业谈判又进一步取得了实质性进展，签署了《香港宣言》。国内支持方面，发达成员在今后将对扭曲贸易的国内支持进行实质性削减。市场准入方面，各成员明确了发展中成员可以自主指定适当数量关系到粮食安全、农民生计与农村发展的产品为特殊产品，可有比其他产品更大的灵活性。同时明确了发展中成员有权使用特殊保障机制，为发展中成员使用有效的救济措施奠定了基础。出口竞争方面，明确了在 2013 年年底前取消所有出口补贴。

◆ 2008 年形成的模式案文

在《框架协议》和《香港宣言》的基础上，2008 年 WTO 农业谈判又形成了较为成熟的模式案文。国内支持方面，确定了国内支持总体削减及纪律，且发展中成员享有较小的削减幅度和较长的实施期；市场准入方面，确定了关税削减公式及特殊产品数量和待遇，发达成员农产品关税平均削减幅度不得低于 54%，而发展中成员平均削减幅度最高不超过 36%，且发展中成员可以根据粮食安全、农民生计和农村发展三方面的指标自主指定特殊产品。值得一提的是，由于 WTO 各成员未能经过协商达成一致，2008 年模式案文没有最终签署，缺乏法律基础，但基本体现了当时多数成员的共识，为下一步谈判奠定了基础。

◆ 2013 年 WTO 巴厘岛部长级会议上达成的"早期收获"成果

农业是 WTO 巴厘岛部长级会议"早期收获"的重要组成部分。农业市场准入方面主要涉及关税配额（TRQ）管理，包括：一是严格关税配额管理透明度纪律，明确配额申领和配额期限等相关信息公布和通报义务；二是建立关税配额未完成机制，旨在约束成员通过配额管理限制进口的行为，同时明确发展中成员可以享受维持现有管理方式的特殊差别待遇。国内支持方面，通过了"粮食安全公共储备"临时方案，规定在发展中成员因粮食安全储备补贴而超出微量允许上限的情况下，其他成员应保持克制。这为发展中成员使用粮食安全公共储备相关条款的权利提供了规则框架。

◆ 2015 年内罗毕部长级会议系列成果

农业方面成果主要集中在出口竞争方面。根据决议，明确取消所有出口补贴，并将对出口融资、国际粮食援助、出口国营贸易企业等其他出口竞争措施等加严纪律。几十年来的农产品出口补贴首次被明确要求强制取消是农产品贸易中具有里程碑意义的重要事件，有利于创造更加公正的国际贸易环境和提高农民收入。此外，内罗毕会议还就棉花、特殊保障机制、粮食安全公共储备等发展中成员关注的农业议题形成部长决定，为后续谈判提供了充分授权。

总体而言，尽管 2008 年模式案文没有最终签署，缺乏法律基础，甚至《框架协议》和《香港宣言》乃至多哈授权目前都受到了部分成员挑战，但这些成果文件在农业谈判中仍发挥着重要的指引作用，并得到大多数发展中成员的支持，为多边农业谈判最终取得有利于发展的结果奠定了坚实基础。

如何看待 WTO 总干事提前卸任？

徐亦琦

日内瓦时间 2020 年 5 月 14 日下午 4 时，WTO 总干事罗伯特·阿泽维多（Roberto Azevêdo）召开紧急行政事务会议，宣布因个人家庭原因，将于 2020 年 8 月 31 日结束其总干事任期，将其第二任期缩短了整整一年。

◆ 总干事为什么要"辞职"？

阿泽维多认为提前卸任的决定符合 WTO 最大利益，并解释做出这个决定主要基于以下两方面考虑。一是有助于各成员专心准备第 12 届部长会。受新冠肺炎疫情影响，原定于 2020 年 6 月在哈萨克斯坦举行的第 12 届部长级会议（MC12）推迟至 2021 年。阿泽维多表示，他提前离任后 WTO 成员在未来几个月内将遴选出新的总干事。遴选工作一旦结束，各成员可以全力准备第 12 届部长级会议。否则如果他按期离任，WTO 在准备第 12 届部长级会议的同时还需分散精力选举新总干事。二是减少新总干事遴选对 WTO 日常工作的影响。现阶段正值新冠肺炎疫情期间，WTO 各项活动放缓，线下会议也暂时中止，这为启动新一届总干事遴选提供了时间和人力。

◆ 阿泽维多在任期内做出了哪些成绩？

罗伯特·阿泽维多是 WTO 第六任总干事，之前曾担任巴西外交部副部长和巴西驻 WTO 代表团大使，拥有长期从事贸易谈判事务的经验，对 WTO 机制十分熟悉。他于 2013 年 9 月 1 日起担任 WTO 总干事一职，2017 年连任。在 7 年任期内，他助力也门、塞舌尔、哈萨克斯坦、利比里亚和阿富汗加入 WTO，并推动 2013 年巴厘部长级会议及 2015 年内罗毕部长级会议成功举办，取得一系列有助于全球贸易发展的成果。

2013 年巴厘部长级会议就农业议题通过了许多决定，特别关注了最不发达成员的权利，达成了《贸易便利化协定》。农业市场准入方面的成果主要涉及关税配额管理，严格关税配额管理透明度纪律，建立关税配额未完成机制，明确发展中成员可以享受维持现有管理方式的特殊差别待遇；国内支持方面通过了"粮食安全公共储备"临时方案，为发展中成员更便捷地通过储备保障粮食安全提供了规则框架。

2015 年内罗毕部长级会议农业方面成果主要集中在出口竞争方面，首次明确要求强制取消农产品出口补贴，这在农产品贸易规则改革进程中具有里程碑意义，有利于创造更加公正的国际贸易环境。此外内罗毕部长级会议还就棉花、特殊保障机制、粮食安全公共储备等发展中成员关注的农业议题形成了部长决定，为后续谈判提供了充分授权。

2015 年后，由于国际经贸关系中单边主义、贸易保护主义抬头，尽管阿泽维多有心推动，但多哈回合谈判仍难避免陷入僵局。近期 WTO "皇冠上的宝石"争端解决机制的上诉机构"停摆"就是最好例证之一。

◆ 新总干事遴选如何开展？

WTO 总理事会 2020 年 5 月 20 日宣布，新总干事遴选程序将于 2020 年 6 月 8 日启动。按照以往遴选新总干事的程序，从正式提名到最终宣布结果需要经过半年时间，但这次因阿泽维多提前卸任，意味着需在三个月内选出下任总干事，时间紧迫。

新总干事遴选程序包括，6 月 8 日至 7 月 8 日进行正式提名候选人，每个 WTO 成员都有资格提名本经济体的一位候选人。之后 WTO 总理事会将向成员发布最终确定的总干事候选人名单，候选人宣示立场并开始竞选活动。最后总理事会将在争端解决机构和贸易政策审议机构主席的协助下，就遴选征求所有 WTO 成员的意见，通过协商一致的方式决定新总干事人选。

如果 8 月 31 日无法确定新总干事人选，WTO 总理事会须指定一名现任副总干事担任代理总干事，直至任命新总干事。现任副总干事共有 4 名：分别是来自尼日利亚的弗雷德里克·阿格（Yonov Frederick Agah），目前在 WTO 中分管贸易政策审议司、发展司以及培训和技术合作研究所；来自德国的卡尔·布劳纳（Karl Brauner），分管法律事务司、法规司、行政和总务司以及人事司；来自美国的艾伦·沃尔夫（Alan Wolff），分管农业和商品司、贸易和环境司、入世司、信息和科技对策司以及语言文件和信息管理司；来自中国的易小准，分管市场准入司、服务贸易司、知识产权和政府采购司以及经济研究和数据司。

◆ 总干事提前卸任有何影响？

近年来美国阻拦 WTO 上诉机构法官遴选程序、中美贸易关系紧张、新冠肺炎疫情在全球流行等一系列事件导致全球贸易形势扑朔迷离，总干事的提前离任则使 WTO 面临的形势更加严峻，成为全球贸易治理失序的反映。在这种形势下，WTO 改革方向是当前各成员争议的热点，可以预见围绕总干事遴选的博弈将异常激烈，选出一位能够平衡各方利益、协调成员就 WTO 改革方向取得共识的总干事绝非易事。

阿泽维多在请辞声明中强调，WTO 所面临的挑战巨大，在全球经济快速变化的背景之下，WTO 发挥着确保贸易稳定的重要作用。WTO 要实现真正且有意义的改革将是一项长期重任，需要 WTO 各成员付出时间和努力。WTO 也许并不完美，但不可或缺。正因为 WTO 的存在，我们才能在贸易的世界里远离丛林法则。

迷局背后的博弈，农业谈判怎么就成了拉锯战？

马 婧

1993 年 12 月 15 日，关税及贸易总协定（GATT）总干事萨瑟兰在日内瓦一锤定音，宣布旷日持久的乌拉圭回合谈判结束。乌拉圭回合一揽子协议的签署，使得世界贸易额每年增加 7 550 亿美元，截至 2005 年，全世界净增 2 350 亿美元的福利收益。

但事实上，这一欢欣鼓舞的时刻来之不易。从 1986 年到 1994 年，在长达七年半的时间里，几十个国家的代表持续磋商，GATT 总干事多方奔走，其间的酸甜苦辣，局外人恐怕难知其味。

◆ 乌拉圭回合究竟是个什么回合？

1947 年成立的 GATT，在其发展的历史进程中，每逢遭遇一次世界贸易保护主义高涨的情况，就要发起一轮新的多边贸易谈判。1980 年，国际经济情况开始变坏。通货膨胀和失业扩大，金融不稳定导致大规模收支不平衡。石油进口国日益感到无法应付油价上涨所带来的债务。时任 GATT 总干事阿瑟·邓克尔（Arthur Dunkel）此时也发现，世界贸易体制面临着诸多问题。在这种背景下，新回合谈判缓慢地启动了。

1986 年 9 月，GATT 部长级会议在乌拉圭的埃斯特角城举行，同意发起一场新的旨在全面改革多边贸易体制的谈判，命名为乌拉圭回合谈判。此轮谈判于 1994 年 4 月在摩洛哥的马拉喀什结束。其中仅谈判成果就多达 26 000 页，重达 200 千克！谈判内容几乎涉及所有贸易，从牙刷到游艇，从银行到电信，从野生水稻基因到艾滋病治疗。参加方从最初的 103 个，增至谈判结束时的 123 个。

农产品贸易在此轮谈判中首次被搬上 GATT 的舞台，并以此为初始点，开启了世界范围内的农产品贸易自由化。此后，各成员政府开始密切关注 GATT 协议中的农业规则漏洞，以及削减关税，取消农产品进口禁令或限制，削减扭曲贸易的补贴，给予贫穷成员更宽松的条件和最不发达成员减免承诺。1994 年达成的《农业协定》是乌拉圭回合取得的重要成果，这也是首次对长期以来被各成员刻意忽略的农产品贸易问题提供一套解决方案，并最终确定了市场准入、国内支持、出口竞争农产品三大领域适用规则。

当乌拉圭回合谈判最终结束时，各成员代表纷纷发表了热情洋溢的讲话：

"这是国际贸易的胜利,将为我们的子孙后代创造一个新时代,对全球福利做出贡献""将开始建立一个世界性的经济民主""将世界引往一个方向,一个开放和自由交流的方向,进步和繁荣的方向"。

◆ 一个多哈回合,164 个成员焦头烂额

当冗长艰辛的乌拉圭回合终于克服重重困难成功结束谈判,其中所取得的最突出成果就是突破原有的议题,根据国际贸易发展的需要,达成《建立世界贸易组织协定》,建立世界贸易组织取代 1947 年关税及贸易总协定,完善和加强了多边贸易体制。

1995 年 1 月 1 日世界贸易组织(WTO)宣告成立。WTO 发起的首轮多边贸易谈判就是 2001 年 11 月在卡塔尔首都多哈举行的第四次部长级会议上启动的贸易谈判,即多哈回合谈判。也正是在此次会议上,审议通过了中国加入 WTO 的请求。在多哈回合谈判中,农业问题被摆在了重要位置,确定了农业谈判的原则和目标以及农业谈判的时间进程。谈判原定于 2005 年 1 月 1 日前完成,但时至今日,多哈回合已经在风雨飘摇中走过了 20 年的历程,谈判前景仍不乐观。

实现农业贸易自由化的同时解决发展中成员的关注和诉求,是多哈回合农业谈判的主要目标,也是其中的重要议题。美国等发达成员不愿放弃农业补贴,以印度为代表的发展中成员也不愿在此种情况下做出更多让步。2005年的香港会议中 WTO 各方成员围绕农业问题展开了激烈的交锋和利益的角逐,但最终也只是确定消除农产品出口补贴的日期。2006 年谈判因成员方在农业问题上的分歧过大、矛盾不可调和,时任 WTO 总干事拉米(Pascal Lamy)迫于形势压力于 7 月 24 日在贸易谈判委员会非正式会议上宣布冻结谈判。

2007 年 1 月 27 日,在瑞士达沃斯召开的世界经济论坛上,WTO 主要成员代表在此会面并承诺尽快启动多哈回合谈判。几天后的 1 月 31 日,WTO 全体成员代表在日内瓦举行会议,同意全面恢复包括农业议题在内的多哈回合所有议题的谈判。然而 2008 年 7 月在日内瓦召开的小型部长会上,美国和印度在农业特殊保障机制问题上的尖锐分歧导致会议最终失败,多哈回合最接近完成的一次机会被遗憾错过。此后,随着 2008 年美国爆发次贷危机并进而演化成波及全球的金融危机,谈判再度陷入停滞。

事实上,164 个成员之间要想达成一致非常不容易。此后,更多的成员则更倾向于双边贸易协议或者区域贸易协定。例如,美国前任总统奥巴马在任期间,美国政府就启动了跨太平洋伙伴关系协定(TPP)和跨大西洋贸易与投资伙伴协定(TTIP)谈判。

如今，随着全球经济一体化不断深化，金融危机下的贸易保护主义不断衍生，美国政府多次公开提交文件剑指中国，对中国经济模式进行指责，而且接连绕开 WTO 多边规则，采取单边贸易措施，对 WTO 的发展构成了严重的威胁。加之 WTO 陷入多边谈判僵局，在一定程度上反映了多边贸易体制的不完善，WTO 的改革迫在眉睫，这也将对多哈农业谈判的未来产生重要影响。

WTO 的根本性原则有哪些?

马　婧

当今世界贸易保护主义、单边主义抬头，全球治理体系和多边机制受到严重冲击。尤以美国为代表的发达成员，截至 2020 年，对华进行了 6 次 301 调查[①]，并在此基础上实施单边关税，美国通过"232 条款"[②] 和"301 条款"措施发起贸易战，完全无视 WTO 基本规则，把世界搅得不得安宁。

尽管当前多边贸易体制正面临困境，且仍旧存在着许多问题，尤其在协调各国间利益和冲突方面表现得还不尽如人意，但 WTO 仍然是一个符合各成员共同利益的无可替代的多边贸易合作平台。

2019 年 3 月 26 日，在中法全球治理论坛闭幕式上，习近平指出"我们要坚持共商共建共享的全球治理观，坚持全球事务由各国人民商量着办，积极推进全球治理规则民主化"，强调"中国支持对世界贸易组织进行必要的改革，更好建设开放型世界经济，维护多边贸易体制，引导经济全球化更加健康发展。"

论坛之外，一份声明，一场会见，中国再次向世界传递坚定维护多边主义的清晰信号。作为 WTO 成员，中国同世界其他各国有责任有义务齐心协力把美国"232 条款"和"301 条款"措施这两头保护主义怪兽关进 WTO 规则的笼子里，才能更好地维护多边体制，甚至对 WTO 接下来的改革起到积极的促进作用。

自 WTO 成立之日起，WTO 规则虽然屡遭破坏，但其功能仍不可小觑且作用十分广泛。WTO 的所有协定和文件始终贯穿着以下六个简单而根本的原则。

◆ 非歧视原则

所谓非歧视原则即 WTO 所有成员之间要一视同仁。具体说来，非歧视原

---

① 301 调查是美国依据 301 条款进行的调查，301 条款是指《1988 年综合贸易与竞争法》第 1301—1310 节的全部内容，其主要含义是保护美国在国际贸易中的权利，对其他被认为贸易做法"不合理""不公平"的国家进行报复。根据这项条款，美国可以对它认为是"不公平"的其他国家的贸易做法进行调查，并可与有关国家政府协商，最后由美国总统决定采取提高关税、限制进口、停止有关协定等报复措施。

② 指美国商务部根据 1962 年《贸易扩展法》第 232 条款授权，对特定产品进口是否威胁美国国家安全进行立案调查，并在立案之后 270 天内向美国总统提交报告，美国总统在 90 天内做出是否对相关产品进口采取最终措施的决定。

则主要包含两层意思：最惠国待遇和国民待遇。

最惠国待遇就是平等地对待各成员。各成员不能在成员贸易伙伴之间造成歧视或不平等。如果某一 WTO 成员给予另一 WTO 成员以一项优惠待遇，则必须也给予其他 WTO 成员同样的待遇。中国、印度和美国都是 WTO 成员，比如中国和印度都向美国出口同样的蜂蜜的话，美国就不能对印度蜂蜜征收较低的进口关税，而对中国蜂蜜征收较高的进口关税，因为这构成了贸易歧视，有违 WTO 的非歧视原则。依据 WTO 的非歧视原则，中国可以自动享受与印度同样的进口关税。当然，这其中也有一些例外，比如 WTO 允许自由贸易区、关税同盟等区域性组织的成员之间享有特殊的待遇，而不是让所有的 WTO 成员享受。又如，发展中成员的特殊与差别待遇不能视为最惠国待遇来大家共享。

国民待遇原则要求 WTO 成员在国内市场上要平等地对待外国产品和本国产品，即在国内市场上外国产品享受不低于本国产品所享受的待遇，这种待遇被称为国民待遇。该原则也同样适用于外国和本国的服务以及商标、版权、专利等。不过，国民待遇原则只有在产品、服务、知识产权进入国境后才适用。

◆ 公平竞争原则

尽管 WTO 有时被称为"自由贸易"组织，但实际上 WTO 只是一种多边贸易体制。这是因为 WTO 允许使用关税，在有些情况下还允许存在其他形式的贸易保护。不过 WTO 一直在致力于消除贸易壁垒，促进公开、公平和自由的竞争。为此，WTO 还专门建立了一套促进公平竞争的规则，以此来确定哪些贸易做法是公平的、哪些贸易做法是不公平的，以及政府对不公平竞争应该如何做出反应。如发达成员为了销售其农产品，往往采用补贴出口的方式来提高其农产品的国际竞争力，而发展中成员缺乏经济实力来补贴本国农产品出口，这样就使发展中成员在国际竞争中处于不利地位。为此，WTO 努力限制各成员采用倾销或补贴等不公平的贸易手段来进行不公平的贸易竞争。一旦出现违反或超越 WTO 协议规定的不公平贸易情况，WTO 允许受害方根据 WTO 条款采取相应的反倾销措施或反补贴措施进行补救，以保证国际贸易在尽可能公平的基础上进行。

◆ 市场开放原则

许多成员希望其他成员能够开放市场，但是却又不情愿自己的市场对外开放。为了达到这一结果，这些成员采用高关税或非关税手段来阻碍其他成员的产品和服务进入本国市场。

WTO 认为，世界性的开放市场能够带来许多好处，所以 WTO 一直致力于促使各成员相互开放市场，逐步走向贸易自由化。这一相互开放市场的基本精神被称为市场开放原则。WTO进行的关税减让、市场准入和消除非关税壁垒等一系列谈判所依据的原则就是市场开放原则。通过达成系列谈判协议，一国的产品和服务就比较容易地进入他国市场。

◆ 透明度原则

WTO非常强调透明度原则，所谓的透明度原则就是各成员要向其他成员及时公开本国与贸易相关的政策、体制和法规。

透明度原则具体表现在四个方面：①要求全部的贸易规则是公开的，是人人都可以得到的；②要求这些贸易规则是明确无误的，不是含糊的或模棱两可的；③要求这些贸易规则具有一定的稳定性，而不是随意变化的；④如果需要改变贸易规则时，必须事先通告各成员，使各成员有所准备。

WTO认为，只有有了较好的透明度，其他成员才能了解贸易伙伴的国内贸易政策，从而进行公平的贸易和投资。根据透明度原则，WTO的贸易政策审议机制还要对各成员的贸易政策进行定期监督。

◆ 鼓励经济改革和发展的原则

WTO成立的目的是使各成员经济和世界经济得到持续的发展，以提高各成员和整个世界的福利。各成员政府、经济学家和贸易专家都认为，WTO体制有助于各成员和世界的经济发展，经济发展又能促进国际贸易的增长。WTO所进行的一系列贸易谈判活动，都是围绕促进经济发展这一根本性的理念展开的。这种理念成为WTO鼓励经济发展的原则。

另一方面，人们也普遍认为，经济改革是促进经济发展的一种重要方式。因此，鼓励经济发展的原则又被扩称为鼓励经济改革和发展原则。根据这一原则，WTO允许为发展中成员提供特别援助，给予发展中成员优惠和差别待遇，向经济转轨成员提供特别支持，以帮助发展中成员和经济改革成员进行经济改革和发展本国经济。

◆ 权利和义务相平衡原则

根据规定，WTO成员可以分享全部WTO协议达成的成果和权利，比如在进入他国市场时可以享受的最惠国待遇、国民待遇、市场准入、关税减让等。但与此同时，该成员也必须向其他WTO成员提供这些权利和待遇。如果不是对等开放的话，上述的一切好处就都成了空话，实际上谁也不能真实地享受到WTO的谈判成果，因此，在享受其他成员提供的各项权利和待遇的同时，也必须向其他成员提供对等的权利和待遇，这一基本规定被称为权利和义务相平衡原则。

为什么说 WTO 贸易政策审议是其体检中心？

徐亦琦

WTO 有三大法律机制，分别是"谈判桌"贸易谈判机制、"体检中心"贸易政策审议机制和"法庭"争端解决机制。

◆ 为什么说 WTO 贸易政策审议机制是其"体检中心"？

WTO 各成员的贸易政策保护了自身利益，但也是国际贸易摩擦和纠纷的导火索。随着贸易竞争的日趋激烈，各成员的贸易政策不断做出调整，往往会因此扭曲贸易，造成贸易摩擦和争端日益增多，给寻求多边贸易体制的平衡点带来极大困难。为提高各成员政策的透明度，促进多边贸易体制的顺利运作，贸易政策审议机制也就应运而生。

贸易政策审议机制（Trade Policy Review Mechanism，TPRM），是 WTO 的基本职能之一。1988 年 12 月乌拉圭回合谈判中期审议时，审议机制尚处于临时运作阶段。1995 年 1 月 WTO 正式成立，审议机制也永久性确立。审议机制的目的是监督各成员的贸易政策与 WTO 规则及其加入 WTO 承诺的一致性，加强其他成员对审议成员贸易政策的理解，同时敦促和鼓励各成员遵守 WTO 规则。贸易政策审议的内容包括货物贸易政策、服务贸易政策和知识产权等 WTO 规则涉及的全部内容。所以说，审议机制定期对各成员贸易政策进行检查，就如同 WTO 的"体检中心"。

◆ 贸易政策审议机制是如何运作的？

审议机构。贸易政策审议机构负责对各成员的贸易政策进行审议，该机构实际上是 WTO 总理事会（总理事会有 3 种形式：总理事会、争端解决机构和贸易政策审议机构），由 WTO 全体成员组成，根据特别规则和程序开展工作。因此许多实际工作是由秘书处完成的。

审议周期。所有成员的贸易政策和措施需要定期受到审议，但不同成员有不同的审议周期，周期长短根据其贸易政策和措施对多边贸易体制运作的影响，即所占世界贸易份额大小而确定。按此前政策审议规则要求，中国、美国、欧盟和日本这 WTO 前四大成员，原需两年进行一次审议。2017 年 WTO 对其进行了修订，2019 年起前四大贸易成员需三年接受一次审议，贸易份额居第五至第二十位的 16 个成员需五年进行一次审议，其他成员需七年进行一次审议，最不发达成员可有更长时间的审议周期。

审议文件。接受审议的成员必须在当年向贸易政策审议机构提交其贸易政策和措施的详尽报告，一般称为《贸易政策审议政府声明》。WTO 秘书处贸易政策审议部门根据其掌握的有关资料和其他有关成员提供的资料编写成《贸易政策审议秘书处报告》。WTO 各成员收到上述报告后可对其进行书面提问并反馈给 WTO，形成《贸易政策审议回复》。审议会议结束后产生《贸易政策审议会议记录概要》，与前述报告一并印刷出版并提交部长会议。

审议会议。审议会议由贸易政策审议机构主持，审议成员及任何与审议成员有利害关系的成员均可出席。其他成员可针对审议成员的贸易政策和措施提出质询、批评和表扬。审议成员的贸易代表针对各方提问进行答辩。

◆ WTO 如何对中国审议？

WTO 针对中国的贸易政策审议有一定的特殊性，具体表现为中国过渡期的贸易政策审议。根据《中国入世议定书》承诺，在中国加入 WTO 后 8 年内，WTO 各贸易委员会根据授权，每年审议中国实施 WTO 协定和加入 WTO 议定书情况，并在中国加入 WTO 第 10 年或总理事会决定的较早日期进行最终审议。最后一次过渡期贸易政策审议在 2011 年结束。

最近一次对中国的审议是在 2018 年 7 月 11 日和 13 日，这是对中国第 7 次贸易政策常规审议。审议几乎涉及中国政府各部委的各项规章和措施，国内 100 多个部门参与审议回复了 42 个成员提出的 1 963 个书面问题。各成员关注的问题主要来自产业政策、政府补贴、国有企业、产能过剩、发展中成员地位等方面。70 位成员在审议会议上发言，发言数量和所提出的问题创历史纪录，这反映了中国高速发展的经济和现有贸易政策引起世界各国热烈关注。成员普遍积极评价中国自主开放和继续全面深化改革的举措，充分肯定中国发展对世界经济增长的助推作用，高度赞赏中国对多边贸易体制的支持，感谢中国对不发达成员的帮助。

贸易政策审议机制作为 WTO 的"体检中心"，体现了各成员一致认可贸易政策透明度的重要性，规定了对各成员的贸易政策和措施进行定期检查的审议程序，维护了多边贸易体制，预防和减少了贸易争端，改善了国际贸易环境。

WTO 每个成员有接受审议的义务，同时拥有审议其他成员的权利。充分参与审议可了解其他成员的情况，也是提出问题和主张利益的机会。农业农村部农业贸易促进中心作为中国企业与 WTO 的搭桥人，一方面积极参与农业谈判及 WTO 的各项工作，另一方面与各省份农业农村（农牧）厅（局、委）和农产品进出口企业紧密合作。欢迎国内农产品贸易企业反映在贸易实践中遇到的问题，以更好地利用审议机制维护我国企业贸易利益。

WTO 农业协定如何兼顾
发展中成员的特殊性？

徐亦琦

2019 年 7 月末，美国时任总统特朗普施压 WTO，要求限期修改"发展中成员地位"规则和谈判原则。近年来，美国多次挑战 WTO 面向发展中成员的特殊与差别待遇原则，背后的目的是否定印度、中国等成员的发展中成员地位，并由此剥夺其享受特殊与差别待遇的权利。在此之前，习近平主席多次在公开场合提出，WTO 改革要坚持多边贸易体制的核心价值和基本原则，保障发展中成员发展权益和政策空间。特殊与差别待遇是 WTO 的重要基石，这一原则不能否定。

特殊与差别待遇是指 WTO 在一定范围和条件下，允许发展中成员在WTO 很多协定所规定的一般权利和义务中，做出比发达成员要少的减让义务、享有较优惠和特殊待遇的原则。拥有发展中成员的地位，就拥有享受这一特殊与差别待遇的资格和权利。

发展中成员是 WTO 成员的重要组成部分，超过 2/3 的成员为发展中成员和最不发达成员。WTO 不使用任何指标对成员是否是发达成员还是发展中成员做出定义，而是让其"自我认定"。

WTO 的很多协定都要求对发展中成员的特殊需要予以考虑，并不同程度地为发展中成员提供特殊与差别待遇。那么，在农业贸易领域，发展中成员能够享受到哪些特殊与差别待遇呢？让我们来看看 WTO 规范农产品贸易的《农业协定》是怎么说的。首先，《农业协定》序言就明确了"发展中成员的特殊与差别待遇是谈判的有机组成部分"。《农业协定》共有十余项条款涉及特殊与差别待遇，从三个方面体现发展中成员可在市场准入、国内支持和出口补贴的减让承诺方面享有更多的灵活性，包括更长的实施期限和更低的削减承诺水平。

◆ 《农业协定》"三大支柱"之一：市场准入

就乌拉圭回合的关税减让而言，《农业协定》规定，发达成员需削减基期平均关税水平 36% 的税率，而发展中成员只需削减 24%。发达成员每项产品的平均关税税率至少削减 15%，而发展中成员至少削减 10%。在时间上，发达成员在 6 年内完成，发展中成员在 10 年内完成，最不发达成员不需要进行削减。

在实施市场准入承诺时，发达成员将充分考虑发展中成员的特殊需要和条件，增加发展中成员贸易机会。对发展中成员有特殊利益的农产品在更大程度上改进准入机会和条件，包括给予热带农产品贸易的全面自由化，及鼓励对以生产多样化为途径停止种植非法麻醉作物有特殊重要性的产品。

◆《农业协定》"三大支柱"之二：国内支持

就乌拉圭回合的国内支持减让而言，对于享受综合支持量（AMS）权利的成员，发达成员需削减基期水平的 20%，实施期限为 6 年；而发展中成员只需削减 13%，且实施期限增加到 10 年；最不发达成员无须做出削减贡献。

政府直接或间接鼓励农业和农村发展的援助措施属于发展中成员发展计划的组成部分，归入"发展箱"免于削减，且不计入现行综合支持量。例如，农业生产者可普遍获得的投资补贴、低收入或资源贫乏生产者可普遍获得的农业投入补贴等。

在计算发展中成员的现行综合支持量时，只要其特定农产品综合支持量不超过该年度其基本农产品总产值的 10%，或非特定农产品综合支持量不超过该年度农业总产值的 10%，就可以不计入总综合支持量中，可以免于减让。而对于发达成员，该比例为 5%。

在粮食安全公共储备上，发展中成员中为粮食安全目的而实施的政府储备计划，如运营是透明的并依照正式公布的客观标准或准则实施，归入"绿箱"。在国内粮食援助上，以定期和按合理价格满足发展中成员中城乡贫困人口的粮食需要为目标的按补贴价格提供的粮食，也归入"绿箱"。

◆《农业协定》"三大支柱"之三：出口竞争

就乌拉圭回合的出口补贴减让而言，对有补贴农产品的出口数量，发展中成员只需削减基期水平的 14%，该比例在发达成员为 21%。对出口补贴的支出金额，只需削减基期水平的 24%，该比例在发达成员为 36%。同时，发展中成员可以实施市场营销与国内运输方面的补贴措施。在时间上，发展中成员削减出口补贴的实施期限为 10 年，该期限在发达成员为 6 年，最不发达成员无须做出削减承诺。此外，出口禁止和限制的规则不适用于发展中成员，除非该措施是由特定粮食净出口国的发展中成员采取的。

在《农业协定》规定的特殊与差别待遇基础之上，WTO 的特殊与差别待遇原则还体现在当前多哈回合的各项谈判中。多哈农业谈判中发展中成员始终坚持在推进农产品贸易自由化过程中给予其特殊与差别待遇，包括其更长的实施期限和更低的削减承诺。同时，发展中成员还提出了更多有针对性的贸易规则，包括粮食安全公共储备和特殊保障机制等。

　　发展是 WTO 的一项重要议题，关系到广大成员利益和 WTO 的未来。在当今世界，WTO 发展中成员与发达成员的经济社会发展差距依然悬殊，WTO 发展中成员参与多边贸易体制的能力缺失仍未消除，发展中成员使用特殊与差别待遇的前提条件和使用基础并未改变。各成员要在 WTO 规则框架下，共同研究如何通过贸易更好地促进国内经济发展、增加就业和减少贫困，追求实现发展的充分性和平衡性。

WTO 的内部结构到底长啥样？

陈宁陆

　　WTO 是世界上唯一协调国家间贸易规则的国际组织，在制定和规范国际多边规则、组织多边贸易谈判、解决成员间的贸易争端和贸易政策审议中发挥着至关重要的作用。那么，WTO 是如何运转才能达成上述重要目标的呢？这就与WTO 内部架构清晰的组织结构分不开。接下来，将对其组织结构（部长级会议、总理事会、理事会、委员会和工作组）进行详细介绍。

◆ 部长级会议：权力"最高"的机构

　　部长级会议是 WTO 的最高权力机构，由各成员部长级代表组成。WTO 部长级会议一般每两年召开一次，首届 WTO 部长级会议于 1996 年在新加坡举行。最近一次召开的部长级会议是第十一届部长级会议，于 2017 年在南美洲的阿根廷首都布宜诺斯艾利斯召开。而下一届 WTO 部长级会议将于 2021 年 11 月在瑞士日内瓦举行。

　　部长级会议主要讨论和决定涉及 WTO 职能的所有重要问题，包括 WTO 总干事的任命、确定 WTO 秘书处工作人员的职责和任职条件以及所有有关多边贸易协议的问题等。许多谈判成果都是在历届部长级会议上达成的。以多哈回合农业谈判为例，多个重要的阶段性成果都是在 2005 年香港、2013 年巴厘岛和 2015 年内罗毕等部长级会议上达成的。引人注目的全面取消农产品出口补贴就是内罗毕部长级会议的重要成果之一。

◆ 总理事会："一套人马，三块牌子"

　　在两届部长级会议之间，日常工作由总理事会完成。WTO 总理事会由全体 WTO 成员组成，向部长级会议报告，并设有下属机构理事会。

　　WTO 总理事会有三种形式：总理事会、争端解决机构和贸易政策审议机构。值得一提的是，虽然表面上这三个机构名称不同，但实际上是同一个总理事会。也可以通俗地理解成是"一套人马，三块牌子"。在解决不同的事务时，以不同的"名义"召开会议，如在分析成员的贸易政策时，总理事会则以贸易政策审议机构的名义召开会议。

　　中国最近一次接受 WTO 贸易政策审议是在 2018 年。中国商务部副部长、国际贸易谈判副代表王受文率团参加此次审议，并主要介绍了自上次审议以来中国在贸易投资、改革开放方面的有关情况。此前，中国已经接受 6 次 WTO 审议，每两年一次。这主要是由于 WTO 审议规定贸易额位居全球前列的成员，每两年需要接受一次审议。但根据 2017 年修订的审议规则，2019 年起中国开始每三年接受一次审议。农业政策在每次政策审议中都是受到重点关注的审议内容。

◆ 理事会：三个理事会各司其职

理事会是总理事会的下设机构，由全体 WTO 成员组成，并设有下属机构，如委员会和工作组等。理事会向总理事会报告。根据 WTO 协议，在总理事会下面分设了三个理事会：货物贸易理事会、服务贸易理事会和与贸易有关的知识产权理事会。上述三个理事会各司其职，分别负责处理在货物贸易、服务贸易和知识产权三大领域的协议及相应工作。

◆ 委员会：都叫委员会，级别咋还不一样？

根据不同的隶属关系，WTO 的委员会可以分为两类：一类隶属于总理事会，另一类隶属于理事会。前者向总理事会报告，与理事会平级，但是管理范围略小于理事会，主要包括贸易与环境委员会、贸易与发展委员会和国际收支平衡委员会等。

隶属于理事会的委员会是处理具体议题的，比隶属于总理事会的委员会低一级。主要包括市场准入委员会、农业委员会、动植物卫生检疫措施委员会和技术性贸易壁垒委员会等。其中，农业委员会隶属于货物贸易理事会，主要是审查《农业协定》的实施情况，最为核心的职能就是监督各成员如何履行加入 WTO 承诺。

◆ 工作组：还会被解散？

和委员会一样，工作组也分为两类：隶属于总理事会的工作组和隶属于理事会的工作组。如政府采购透明度工作组与国营贸易企业工作组虽然表面上都叫工作组，但是前者比后者要高一级。因为政府采购透明度工作组隶属于总理事会，而国营贸易企业工作组则隶属于货物贸易理事会。

有的工作组的性质是暂时的，任务完成后就会解散。如 WTO 根据中国加入 WTO 申请成立的中国工作组，当中国加入 WTO 问题完成后，这个工作组就会被解散。值得一提的是，不仅工作组可以是临时的，工作小组也有临时成立的。例如，2019 年农业特会主席成立了农业谈判各议题工作小组，希望通过更加密集的磋商来推动农业谈判进程。

WTO 争端解决机制为何如此重要?

徐亦琦

争端解决机制（Dispute Settlement）是多边贸易体制的核心支柱，也是 WTO 对全球经济稳定的独特贡献，被誉为 WTO"皇冠上的宝石"。但 2019 年 12 月 11 日，争端解决机制的上诉机构宣布"停摆"，这引发了国际社会的高度关切。

◆ 争端解决机制为何如此重要?

当某一成员认为另一成员违反了 WTO 协定和其承诺时，争端就产生了。争端解决机制就如同法庭一般，使得争端能在 WTO 的多边体系内得到解决，而不是成员单方面采取报复行动，同时也意味着争端双方都遵守争端解决机制的程序并尊重其裁决。

争端解决机制从关税及贸易总协定到 WTO 也有所演变。关税及贸易总协定 1979 年通过了《关于通知、磋商、争端解决和监督的谅解》，但在实施过程中存在明显缺陷：一是裁决缺乏执行力，执行软弱；二是争端解决程序没有明确的时间表，许多案件长期拖延；三是奉行协商一致的议事规则，一个反对意见可能会阻止裁决。乌拉圭回合《马拉喀什协定》中，争端解决机制在原有的基础上得到优化，形成了《关于解决争端的规则和程序的谅解》。

争端解决机构由所有成员的代表组成，指的是"一套人马，三块牌子"的 WTO 总理事会，负责管理争端解决事宜，敦促各成员执行协定通过的规则和程序。争端解决机构本着平等、迅速、有效和双方接受的原则，自 1995 年 WTO 成立以来共受理 605 起争端，大部分争端在庭外取得和解。其中 84 起争端与农业协定有关，约占总案件的 14%。

◆ 争端解决机构是如何处理争端的?

根据《关于解决争端的规则和程序的谅解》，争端解决可分为 5 个阶段。

磋商（Consultation）。争议各方首先要通过磋商解决争议，"坐下来平心静气聊一聊"，看看是否可以自己解决分歧，磋商阶段最多 60 天。约 40% 的争端案件都在这一阶段得到解决。

成立专家组（Panel）。如果磋商失败，起诉方可以要求任命专家组，任命专家组最多 45 天，专家组由三名（或五名）来自不同国家的专家组成。专家组依据 WTO 协定，协助争端解决机构得出结果或建议。专家组最终报告通常在 6 个月内发送给争端双方，在与腐烂货物有关等紧急情况下可缩短为 3 个月。接近 1/3 的案件在此阶段得到解决。

上诉（Appeal）。如争端任意一方向争端解决机构正式通知其将进行上诉，则争端解决进入上诉程序。上诉机构可以维持、修改或推翻专家组的法律调查结果和结论。一般情况下，上诉不应超过 60 天，绝对不超过 90 天。争端解决机构必须在 30 天内接受或拒绝上诉报告，由于拒绝上诉机构报告需遵循协商一致原则，因此上诉机构的裁决很难被推翻。

执行（Implementation）。根据专家组报告和上诉机构报告，被诉成员应按照 WTO 协定的规则和程序在实施期限内进行整改。如果在限期内没有整改或整改不到位，被诉成员必须与申诉成员进行谈判，确定相互可以接受的补偿，例如在申诉成员感兴趣的领域削减关税。

报复（Retaliation）。如果超过 20 天仍未达成补偿协议，申诉成员可以请求争端解决机构允许其进行报复（中止减让，suspension of concessions）。例如对被诉成员的某产品征收高额关税，使其无法正常销售。

◆ 上诉机构是如何"停摆"的？

2019 年 12 月 11 日，争端解决机制的上诉机构"停摆"。为保证争端解决机制正常运行，上诉机构常设 7 名法官，每人任期 4 年，每起案件至少需要 3 名法官进行审理。因美国此前以所谓上诉机构"越权裁决"、"审理超期"、法官"超期服役"等多项问题为由，频频使用一票否决权阻拦增补新法官的遴选程序。2019 年底最后 3 名在任法官中的两名任期届满，上诉机构只剩一名法官在任，将无法审理现存和新提交的贸易争端，上诉机构"停摆"。当时，上诉机构在审案件 13 起，最早的 2018 年 7 月提出，最晚的 2019 年 11 月中旬刚刚上诉。

上诉机构"停摆"直接导致 WTO 功能缺失，使其无法对贸易争端提出具有约束力的决议，也无法进行上诉审议，很多悬而未决的贸易争端陷入不确定的命运。上诉机构"停摆"也是对多边贸易体制的打击，预示着 WTO 的改革难度更大。

因此，多年来欧盟、中国、加拿大等成员针对美方诉求，积极提出上诉机构改革提案，着重于提高上诉机构成员独立性、提交报告效率以及完善上诉机构遴选程序等方面。在上诉机构"停摆"之后，争端解决机构和各成员也通过密集磋商，积极寻求上诉机构长久解决办法，以免世界失去遵守国际贸易规范的能力，退回到弱肉强食的丛林法则时代。

在 WTO 新建立的多方临时
上诉仲裁安排到底是个啥？

陈宁陆

2020 年 4 月 30 日，欧盟、中国等 19 个 WTO 成员向 WTO 提交通知，共同建立了多方临时上诉仲裁安排（Multi-party Interim Appeal Arbitration Arrangement，简称 MPIA）。自上述通知提交之日起，多方临时上诉仲裁安排开始生效运行，引发了国际社会的高度关切。

◆ 为什么要建立多方临时上诉仲裁安排？

争端解决机制是 WTO 三大支柱之一，被誉为 WTO "皇冠上的宝石"。其中，上诉机构是专门审理上诉案件的常设机构，是争端解决机制的重要组成部分。上诉机构常设 7 名法官，每人任期 4 年，每起案件至少需要 3 名法官进行审理。此前由于美国频频使用一票否决权阻拦增补新法官的遴选程序，导致 2019 年年底上诉机构只剩一名法官在任，上诉机构已无法审理现存和新提交的贸易争端，正式"停摆"，争端解决机制面临重大危机。

为了维持争端解决机制在上诉机构"停摆"期间的运转，2020 年 1 月 24 日，欧盟、中国等十多个成员的贸易部长在达沃斯发布联合声明，承诺将推进多方临时上诉仲裁安排的谈判工作并尽快达成协议。3 月 27 日，欧盟委员会、中国商务部和 WTO 网站分别发布消息，宣布欧盟、中国和其他十多个 WTO 成员将建立多方临时上诉仲裁安排。4 月 30 日，中国、欧盟等 19 个成员正式向 WTO 提交通知，多方临时上诉仲裁安排正式生效。

◆ 多方临时上诉仲裁安排到底是什么？

【多方临时上诉仲裁安排】这是 WTO 部分成员在上诉机构"停摆"的情况下，为了维护 WTO 争端解决机制运转而开展的临时性安排。该安排将在上诉机构"停摆"期间，利用 WTO《关于争端解决规则与程序的谅解》（简称 DSU）相关条款规定的仲裁程序，审理各参加方提起上诉的争端案件。参加方将建立由 10 人组成的仲裁员库，按照轮换和随机原则，在每个案件中选取 3 人负责具体争端的审理工作。

【参加的"小伙伴"】多方临时上诉仲裁安排的参加方包括中国、欧盟、澳大利亚、巴西、加拿大、智利、哥伦比亚、哥斯达黎加、危地马拉、中国香港、冰岛、墨西哥、新西兰、挪威、巴基斯坦、新加坡、瑞士、乌克兰和乌拉圭，共计 19 个（欧盟成员国不以其成员数量计算）。参加方既有发达成员也有发展中成员，且大部分都是 WTO 争端解决机制的主要"用户"。此外，该安排还面向所有 WTO 成员开放，欢迎其他成员参加。

【**多方临时上诉仲裁安排符合 WTO 规则**】根据多方临时上诉仲裁安排开展的临时上诉仲裁案件，都是《关于争端解决规则与程序的谅解》第 25 条项下的仲裁。《关于争端解决规则与程序的谅解》是 WTO 协定的重要组成部分，第 25 条规定仲裁属于争端解决方式。

◆ 多方临时上诉仲裁安排的"临时"是多久？

多方临时上诉仲裁安排是在 WTO 上诉机构"停摆"期间的临时性安排，各参加方的最终目标仍是恢复上诉机构的正常运转。未来在上诉机构恢复运转后，多方临时上诉仲裁安排将停止实施。

不过，美国当前不仅没参加多方临时上诉仲裁安排，甚至还提出反对意见。美国驻 WTO 大使谢伊致信 WTO，反对欧盟、中国等多方在建立临时上诉仲裁机制时使用 WTO 秘书处预算和人员。但是，多方临时上诉仲裁符合 WTO 规则，美国持续阻挠"临时安排"的做法缺乏依据。

棉花为何激起世界贸易争端不断？

徐亦琦

早至公元前 5000—前 4000 年，印度河流域文明已经开始种植棉花。智慧的人类利用工具，把一朵朵棉花变成一件件驱寒蔽体的衣物。如今，棉花已成为关系各国国计民生的战略物资和棉纺织工业的重要原料，在许多国家的国民经济中占有十分重要的地位。

据统计，全球五大洲共有 75 个国家生产棉花。棉花作为天然纤维经济作物，产业链从生产、流通、加工直至消费，对棉花及棉纺产业的就业和收入都具有重要的影响。棉花也是具有重要意义的国际贸易产品，全球贸易额达到每年 180 亿美元，备受世界各国关注。不管是发达国家，还是发展中国家，都采取各种措施保护本国棉农和棉花产业，扩大出口市场，以在棉花贸易中获得更多利益，因此棉花激起世界贸易争端不断。

◆ WTO 农业谈判推发展——棉花热门议题

2001 年年底，WTO 开始了新一轮回合的谈判即多哈回合谈判，该回合最突出的特点是强调发展中成员的发展问题。2003 年，非洲以棉花种植作为其国民经济重要基础的四个最不发达国家——贝宁、布基纳法索、马里和乍得（棉花四国）联合了起来，共同发出 WTO 多哈农业谈判的棉花部门改革倡议，提出最不发达国家（LDC）的棉花生产和出口一直到贸易扭曲问题困扰，要求棉花在贸易和发展方面先于农业谈判其他问题得到彻底解决。在棉花四国，棉花是主要经济作物，也是主要出口农产品。其中，贝宁、布基纳法索和乍得的棉花出口额占出口总收入的 70% 以上。国际上以发达国家为主的棉花补贴严重冲击了非洲棉花产业，也使这些最不发达国家经济受到沉重打击。为回应棉花四国的强烈诉求，从 2004 年起，WTO 农业谈判专门设立了棉花议题，定期讨论，这是农业谈判中唯一以单一产品为目标的议题。

经过十余年的艰苦谈判，棉花议题取得了阶段性进展。2015 年 12 月内罗毕部长级会议，通过关于棉花的部长决定，发达成员和宣布自己有能力的发展中成员承诺向最不发达成员的棉花提供"免关税免配额"市场准入待遇，没有能力提供双免的发展中成员也要承担促进从最不发达成员进口棉花的责任。决定还要求，发达成员应立即取消棉花出口补贴，发展中成员最迟在 2017 年 1 月 1 日之前实施。内罗毕的决定也承认一些 WTO 成员为改革国内棉花政策所做的努力，但强调各成员还需做出更多努力。最后，部长们还同意提高棉花贸易透明度，加强贸易政策的监测。然而发展中成员棉花产业面临的问题根源其实是发达成员的国内支持（包括"黄箱"和"蓝箱"）对国际棉花贸易造成的扭曲，要根本性地解决这个问题仍然任重而道远。

◆ 争端解决机制促公平——巴西诉美国棉花补贴案

发达成员对棉花的大规模补贴也对其他产棉国利益造成了不利影响。为此，2002年巴西向WTO起诉美国，理由就是美国棉花补贴违反WTO规则，2004年WTO争端解决机构裁定美国败诉。巴西起诉美国政府对棉花生产提供多达7种补贴，包括不挂钩的直接支付、与价格挂钩的反周期支付和"第二步补贴"等补贴计划。1999年8月至2003年7月间，美国棉花生产者共得到124.7亿美元的补贴，而同期美国棉花的产值为139.4亿美元，补贴率高达89.5%。WTO上诉机构判定"第二步补贴"具有出口补贴和国内含量补贴性质，违反美国WTO承诺，美国被迫取消了"第二步补贴"，并调整了出口信贷计划。此外，上诉机构还认定美国通报为"绿箱"的生产灵活性合同支付及直接支付有可能刺激生产，不符合"绿箱"没有或仅有微小扭曲作用的标准。巴西认为，美国多种棉花支持补贴计划增加了美国棉花产量和出口，进而压低了世界棉花价格，对巴西和其他成员造成了损害。

巴西诉美国棉花补贴案是目前WTO唯一一个与棉花产业有关的争端案件，且在WTO历史上具有重大意义。本案的裁决增加了广大发展中成员利用WTO争端解决机制挑战发达成员巨额农业补贴、维护本国利益的机会，给提供大量农业补贴的发达成员造成很大的压力。同时WTO争端解决机制对WTO模糊条款的澄清，有利于促进贸易自由化的发展和相关规则的完善，特别是在成员难以达成妥协的领域。2004年起，棉花作为一个涉及贸易、经济等多领域的议题受到了世界的特别关注。WTO一直致力于推进棉花贸易改革，试图解决棉花补贴和贸易壁垒等问题。

棉花作为加工原料型农产品，是国际贸易中的活跃产品。虽然其所依托的种植业产业规模相对较小，却集中体现了全球经济一体化大背景下，国与国之间潜在经济关联加深和利益冲突凸显的现实。而要化解矛盾实现共赢，首先要维护国际贸易多边机制的地位和权威，营造规则先行的良性贸易环境和秩序，同时推动WTO农业贸易改革，特别是解决多边规则内在的缺陷，确保贸易规则合理关照不同成员的利益和关注。

WTO 如何促进农产品市场开放？

陈宁陆

WTO 的重要宗旨之一是促进国际市场的公平竞争和自由贸易。WTO 农业协定的市场准入部分就是关于别的国家或地区农产品进入本国或本地区市场的规定，也就是说在多大程度上允许别国（地区）的农产品进入，以及进入的难易程度如何。那么，一般情况下政府有哪几种保护本国（地区）产品的措施？在这种情况下，WTO 又是如何应对以促进各 WTO 成员实现市场开放的？在此，我们将结合实际情况进行解答。

◆ 一国（地区）如何保护国（地区）内产业和商品？

为了保护国（地区）内企业的生产免受进口商品的冲击，许多国家（地区）都会对本国（地区）缺乏竞争力的商品和行业进行保护。这些保护措施主要有两类：一是关税，二是非关税措施。

在关税税制的设置中，大体上分为从价税和非从价税。从价税（ad valorem duty）指的是按照单位商品价值的固定百分比征税的一种税收形式。例如，A 国（地区）从 B 国（地区）进口的 100 万美元的蔬菜，从价税税率为 10%，应征收 10 万美元关税。因为从价税率可以直接观察到该产品关税的保护水平，所以它是一种透明的关税税制形式。

非从价税主要包括从量税、复合税和选择税等。通常所说的复杂税制就是非从价税的税制设置。由于非从价税存在一定的不透明性，可以达到比从价税更好的保护效果，所以就大大增加了监督的难度。从量税（specific duty）是对每个计量单位的进口产品征收一定金额税费的关税形式，与产品的价格无关，征税金额的多少取决于产品的进口数量。复合税（compound duty）是同时对产品的数量和价值征税的关税形式，它的税额表现为从量税和从价税之和。选择税（alternative duty）是在产品从价税或从量税中选择一项来征税。大多数国家（地区）一般选择能获得较高税金的征税形式。

非关税措施也叫作非关税壁垒，是指一国或地区在限制进口方面采取的除关税以外的所有措施，主要包括进口数量限制、差价税、进口禁令、技术性贸易壁垒措施（TBT 措施）和卫生与植物卫生措施（SPS 措施）等。与关税措施相比，非关税措施更具有隐蔽性和歧视性。关税措施的税率和征收办法都是透明的，出口商可以比较容易地获得有关信息。而非关税措施则往往透明度差、针对性强，容易对进口来源国实施差别待遇。

◆ WTO 如何将各种保护措施拉到同一"起跑线"？

进口国（地区）对本国（地区）产品实施保护的措施种类繁多，表现形式也多种多样。特别是在透明度和歧视性上存在着较大差异。因此，只有将各种保护措施用关税税率的形式统一表现出来，才可能知道 WTO 各个成员的农产品贸易保护程度的差异，从而为削减关税提供基础。将各种保护措施统一的方式主要有两种：一是关税化，二是从价税等值（AVE）转换。

关税化就是把各种非关税措施（如最低进口价格、进口数量限制和进口许可证等）转化为保护程度相等的关税措施。WTO 实施关税化的背景是非关税措施的实际贸易保护程度难以一目了然，在关税化之后，非关税措施的贸易保护程度转换为关税的高低，大大提高了透明度，对降低贸易壁垒和促进自由贸易具有重要意义。关税化的基本计算方法是：某产品的关税值为该产品国（地区）内市场平均价减去国际市场平均价的差额，由这个关税值可以得到该产品的关税税率。

从价税等值（AVE）转换指的是将非从价税转化为较为透明的从价税的过程。进行从价税等值转化的原因是非从价税对国（地区）内产品的保护效果比从价税更好、更加隐蔽，加大了监管难度。只有将非从价税转换为从价税才能准确地衡量 WTO 各成员产品的关税水平。

◆ WTO 如何促进农产品自由贸易？

在 WTO 各成员实施多种措施来保护国（地区）内农产品的情况下，WTO《农业协定》中的"市场准入"条款规定了国（地区）内农产品市场如何向外国或其他地区进口农产品开放的有关措施，从而促进农业贸易自由化。这些措施主要包括关税减让和关税配额等。

关税减让是指根据《农业协定》及相关规定，各成员承诺在议定的实施期限内将全部农产品关税按一定幅度削减。能够进行关税化简让的重要前提就是将各种保护本国（地区）农产品的措施，如关税（从价税和非从价税）和非关税措施等，统一成关税税率，这就要通过前文提到的关税化和从价税等值（AVE）转换等措施来实现。

关税配额指的是 WTO 要求部分农产品关税较高的成员必须以相对较低的关税进口一定数量的农产品。各成员对关税配额数量内的进口农产品征收的关税税率较低（一般在 1%～3%），这个较低的税率就是配额内税率；对于超过的部分征收较高水平的关税（可以高至 100% 以上）。值得一提的是，关税配额规定的数量并非实际进口量或义务，而是一种市场机会的承诺，实际进口量取决于该种农产品的国（地区）内外市场价格。当国（地区）内市场价格低于国际市场时，进口无利可图，企业就不会使用关税配额；反之有利可图，关税配额就会被使用。以上两种情况均符合 WTO 规定。

加入 WTO 后，该如何对国内农业进行支持？

陈宁陆

我国作为 WTO 的成员之一，对本国农业的支持需要遵守 WTO 规则。这里的"支持"主要指政府对国内农产品生产和流通等环节的转移支付，是一种广义上的补贴。那么，在 WTO 框架下有哪几种对农业进行支持的方式？各种方式之间的差异在哪？在此，我们将结合实际情况对上述问题进行解答。

◆ 国内支持到底是啥？

要了解国内支持，就要先明白什么是《农业协定》。为了给国际贸易活动提供基本的法律规则，WTO 成员之间经过多年的谈判，达成并签署了一系列协定、附件、决定、谅解和部长宣言等，其中就包括《农业协定》。WTO 成员中不仅包括国家，也包括一些地区。《农业协定》主要从市场准入、国内支持、出口竞争三大支柱方面对国际农产品贸易加以规范和约束。

WTO 各成员普遍重视农业，因而广泛使用政策性干预手段来扶持和资助本国农业和农民，例如价格支持措施、粮食安全储备和政府对生产者的培训服务等。目的是利用这些国内支持措施稳定本国农产品市场、保障农民收入和增强农业竞争力。但各成员经济发展水平、自然条件、补贴手段均存在着较大差异，不同成员对农业的支持能力和水平也相去甚远。为了限制国内支持措施对农业贸易的扭曲作用，从而维护农业贸易的公平性，有必要对国内支持相关措施进行规则约束。WTO 主要通过《农业协定》中相关条款来规范成员政府对国内农业生产和流通等方面的支持行为。

◆ 不同的国内支持措施间到底有啥不同？

国内支持措施种类繁多，不同措施的作用和影响也大不相同。《农业协定》按照对生产和贸易的扭曲程度来区分这些措施，并施加规则约束，大体上可以分为三类："绿箱"政策、"黄箱"政策和"蓝箱"政策。

"绿箱"政策的"绿"来源于交通信号灯中的绿灯。在公共交通中，当信号指示灯为绿色时，表示放行和通过。而"绿箱"政策的"绿"也表示相同意思。在《农业协定》中，"绿箱"政策是不限制使用的，这主要是由于"绿箱"政策对生产和贸易的扭曲程度很小。"绿箱"政策不与产品类型、产量、价格和生产要素挂钩。常见的"绿箱"政策主要包括与农产品生产和价格不挂钩的直接收入补贴、农业科研计划、自然灾害救济补贴、粮食安全储备、政府对生产者的培训服务、病虫害防治研究和基础设施建设等。

"黄箱"政策中的"黄"同样源于交通信号灯。当信号指示灯是黄色时，车辆应该谨慎通行。"黄箱"政策中的"黄"也有相同的意思，即各成员政府对"黄箱"政策应谨慎使用，因为这一类政策对生产和贸易有直接扭曲作用。"黄箱"政策一般和产量、价格、种植面积和牲畜数量挂钩，这类支持政策最常见的是价格支持政策，如我国对小麦和稻谷等的最低收购价政策。此外，"黄箱"政策还包括与生产规模挂钩的直接支付，如面积补贴和牲畜数量补贴等。由于"黄箱"政策具有一定的贸易扭曲性，WTO 对"黄箱"支持的使用有一定限制：成员针对某种农产品的"黄箱"补贴不得超过该农产品生产总值的一定比例；对于不分产品的"黄箱"支持而言，支持水平不超过农业总产值的一定比例。对发展中成员和发达成员来说，这个比例分别为 10% 和 5%；而我国则是 8.5%。考虑到农业支持历史使用情况，有少数成员"黄箱"支持可以突破产值比例限制，但也受到金额总量的约束。

"蓝箱"政策则是一种有条件的"黄箱"政策。也就是说，"蓝箱"政策是以农业生产者限制生产为前提条件的。这样做的目的是减少贸易扭曲。因此，"蓝箱"政策也被视为"黄箱"政策和"绿箱"政策之间的一种过渡政策。在《农业协定》中，"蓝箱"政策也是不限制使用的。"蓝箱"政策主要包括按固定面积和产量提供的补贴、按基期生产水平 85% 或 85% 以下提供的补贴和按牲畜固定头数支付的补贴。以欧盟哺乳母牛补贴为例，该补贴的固定头数为 1999 年底的哺乳母牛数量，补贴标准为每头哺乳母牛 200 欧元。我国目前在棉花和玉米两个产品上实施了"蓝箱"政策。

WTO《农业协定》中的
"黄箱"政策都有哪些规定?

谢众民

　　WTO《农业协定》从市场准入、国内支持和出口竞争三个方面对国际农产品贸易加以规范和约束。其中,国内支持是指政府通过各种国内政策,以农业和农民为扶持资助对象所进行的各种财政支出措施的统称。各国(地区)采取措施支持农业生产,有其必要性,但同时也是造成国际农产品贸易不公平竞争的主要原因之一。由于这些措施种类很多、作用各异,为区别对待,WTO《农业协定》将所有国内支持措施按照对生产和贸易影响的不同划分成不同类别,形象地以"绿箱"政策、"黄箱"政策和"蓝箱"政策作为区分,并做出了不同的规定。其中,"绿箱"政策是指那些对生产和贸易不造成扭曲影响或者影响非常微弱的政策;"黄箱"政策是指对生产和贸易有直接扭曲作用的政策,既包括提供给某个特定农产品的支持,也包括不区分具体产品的支持;"蓝箱"政策是指在实行价格支持措施的同时,还限制生产面积、牲畜头数和产品产量的措施。由于"黄箱"政策对生产和贸易作用最直接,扭曲性影响最明显,因此更受各国政府高度关注,WTO农业谈判的减让承诺也主要围绕"黄箱"政策展开。那么,"黄箱"政策都包含哪些具体内容?"蓝箱"与"黄箱"政策有什么区别?

◆ 综合支持量(AMS)

　　"黄箱"政策主要包括以下政策措施:与产量、面积或价格挂钩的对生产者的直接支付(如差额补贴、种子化肥等投入品补贴),能够引起市场价格扭曲的收入转移(如市场价格支持),对投资的补贴(如利率补贴等)等。

　　WTO《农业协定》规定,综合支持量(AMS)是用来衡量"黄箱"支持水平的技术指标,一般用货币单位表示。通俗一点说,对生产和贸易产生扭曲性影响的各种农业支持政策的支出加总额就是AMS值。

◆ 微量允许支持

　　WTO的基本理念是贸易自由化。WTO《农业协定》也明确,削减扭曲贸易的国内支持是WTO的重要目标之一,但考虑到农业产业的特殊性、敏感性,《农业协定》允许成员维持少量的"黄箱"支持,在一定限度内免于削减。

具体来说，对于发达成员而言，微量允许支持是指对特定产品的国内支持未超过该产品在相关年度内生产总值的5%、对非特定产品的国内支持未超过有关成员方农业生产总值5%的"黄箱"支持措施。作为发展中成员享有的特殊和差别待遇，发展中成员的微量允许支持的标准被提高至10%。根据达成的协议，我国的微量允许为8.5%。微量允许可以被视为"黄箱"措施中国内支持措施免于削减的最大量。由于微量允许上限以内的"黄箱"支持相对于产值比例较小，被认为对生产和贸易的扭曲作用较小，因此免于削减。在计算AMS值时，用某一产品当年的"黄箱"支持金额与该产品当年产值比较，如果在微量允许水平以下，则AMS计为0。如果突破微量允许水平，则支持金额全部计入AMS。

◆ 发展性支持

与发达国家农业已高度发展的情况不同，发展中国家的农业生产技术落后，发展水平较低，且普遍规模较小，农户收入低，生产资源匮乏，需要一定的扶持以解决粮食安全与生计安全等发展关注。出于对发展中成员的鼓励和支持，《农业协定》6.2条涉及的支持正是特殊与差别待遇中的一部分，这些支持措施虽然属于"黄箱"，但可以不计入AMS，无须履行削减义务。这些支持包括：（1）发展中成员可普遍获得的投资补贴；（2）发展中成员的低收入或资源贫乏生产者可普遍获得的农业投入补贴；（3）发展中成员为鼓励停止种植非法麻醉物、实现生产多样化而给予生产者的国内补贴。

◆ 减让义务

乌拉圭回合各成员方对其国内支持措施的削减是以1986—1988年基期内的平均AMS为基准实施的。遵循WTO贸易自由化的理念，农业扭曲性支持应从基础水平逐步削减，直至取消。此进程为单向不可逆，即此类支持应越来越少，不应突破基础水平。根据乌拉圭回合达成的规定，发达成员必须在6年内（1995—2000年）削减至少20%的AMS，而发展中成员必须在10年内（1995—2004年）削减至少13%的AMS。

乌拉圭《农业协定》虽然将成员扭曲的农业补贴进行了量化，并以此为基础加以约束和削减，但为达成此目的，《农业协定》也不得不对规则做出若干例外安排以兼顾各方利益。由于削减基础是基期的AMS水平，现有规则实际上是对历史上提供大量扭曲性补贴成员（主要是发达成员）给予了特殊关照。

按照《农业协定》规则计算的基础AMS水平，绝大多数成员（主要是发展中成员）的基期AMS在微量允许以内，因此基期AMS计为零，意味着大多数成员未来的"黄箱"支持仅能在微量允许水平之内。与之形成反差的是，少数成员的基期 AMS 为正，其中一些成员拥有巨额基期 AMS，即便结束了乌拉圭回合的削减，仍保留着超高的 AMS 水平，比如美国、欧盟、日本分别拥有 191 亿美元、722 亿欧元和 39 720 亿日元的 AMS 承诺水平。这意味着这些成员拥有巨量的"黄箱"支持空间，仍能提供大量扭曲性补贴，特别是不受微量允许约束，可把大量补贴集中在少数产品上。

这样的制度安排造成了成员间的不平衡，在多哈回合农业国内支持谈判中成员之间因此产生难以调和的分歧。多数发展中成员要求首先将所有成员 AMS 减到 0，大家站在同一起跑线上，再谈其他减让和纪律。发达成员和出口成员则要求先把各种扭曲性支持加总进行总量削减。目前多哈农业支持谈判仍在进行，成员间的分歧尚未有缩小迹象。

◆"蓝箱"与"黄箱"政策的区别

所谓"蓝箱"政策，是指在 WTO 规则框架下，那些虽然对生产和贸易有扭曲作用，但是以限制生产面积和产量为条件的农业国内支持政策，不列入需要削减的国内支持计算。它包括：按固定面积和产量给予的补贴；按基础生产水平的 85% 或 85% 以下给予的补贴；按牲畜的固定头数所提供的补贴。

"蓝箱"政策是"黄箱"政策中的特例，它的来历可以追溯到乌拉圭回合谈判时期欧共体与美国在大豆补贴问题上的纠纷。最终，双方就欧共体的补贴达成妥协，认定该补贴为"蓝箱"，免于削减，相关内容最终被写入了乌拉圭回合《农业协定》中。"蓝箱"脱胎于按种植面积或按牲畜头数，或按价差给予的"黄箱"补贴，其最主要的标准就是限制产量，这也是"蓝箱"与"黄箱"政策最本质的区别。

WTO《农业协定》中的
"绿箱"政策都有哪些规定？

谢众民

WTO乌拉圭回合农产品贸易谈判就如何区分贸易扭曲性生产措施和非贸易扭曲性生产措施进行了艰苦而又细致的讨论，最终将不同的国内支持措施分为"黄箱"和"绿箱"两类，与"黄箱"政策相比，"绿箱"政策的最大特点就是不会引起贸易扭曲，不需要减让承诺。那么国内支持措施需要具备哪些特征才能被认定为属于"绿箱"政策，它又具体包含哪些措施呢？

◆ "绿箱"政策的定义和标准

WTO《农业协定》规定：政府执行某项农业计划时，其费用由纳税人负担而不是从消费者转移而来，没有或仅有最微小的贸易扭曲作用，对生产影响很小的支持措施，以及不具有给生产者提供价格支持作用的补贴措施，均被认为是"绿箱"政策，可免除削减义务。

《农业协定》对"绿箱"政策规定了两条基本标准：（1）该项支持应当是通过政府公共政策提供的（包括政府税收减免），而不是来自消费者的转移。这是因为消费者转移意味着价格扭曲和贸易扭曲。（2）该项支持不能具有或产生与价格支持相同的效果，因为价格支持具有直接的贸易扭曲效果。

◆ "绿箱"政策免于削减的原因

削减承诺中排除"绿箱"政策支持的原因是它们对贸易和生产没有或者只有微小的扭曲作用，这些支持应通过政府的公共资助项目提供（包括财政收入），不包括来自消费者的转移支付，且这项政策不应具有为生产者提供价格支持的作用。WTO对符合这一政策的支出不做任何限制，发达成员和发展中成员都可使用。

◆ "绿箱"政策的特点

"绿箱"政策的共同特点是：（1）要有透明性，即事先有明确规定和标准，不能是随意的；（2）不能与生产类型和产量高低挂钩；（3）不能与价格有关；（4）属于补偿类型的补贴不能过高，不能超过实际损失。

◆ "绿箱"政策的具体措施

"绿箱"政策的措施具体包括：（1）政府的一般服务。这部分支出是为了提供这些服务而花费的，而不得直接将这些钱支付给生产者或者加工者，例如研究病虫害防治、培训服务、推广和咨询服务等。（2）食物安全储备。这既包括政府为了食物安全目标进行食物储备的支出，也包括为此目的向私营储备提供的政府资助。（3）国内食品援助。这包括政府为了提供国内食物援助所花费的支出或者减少的税收。（4）不挂钩收入支持。（5）政府在收入保险方面的补贴。（6）自然灾害救济补贴。（7）对生产者退休计划的结构调整援助。（8）资源停用计划的结构调整援助。主要是指休耕补贴和减少畜产品数量的补贴。（9）农业生产结构调整性投资补贴。这类补贴可根据政府的农业生产结构调整规划而进行相应调整，但补贴应基于明确的结构调整规划和受援标准。（10）为保护环境所提供的补贴。这类补贴是向农业生产条件明显不利的地区所发放的，受援地区应基于明确的和合理的标准加以认定，所谓"不利的生产条件"必须是长期性的。（11）地区性援助。所谓地区性援助就是对贫困地区的扶助，对象是按照客观标准明确界定的连片贫困地区中的生产者。

政府间"谈生意"——建立自由贸易区需要几步?

蒋丹婧　张晓颖

众所周知,企业间谈生意会通过签署合同的方式来争取和保护自身的合法权益,建立区域或双边自由贸易区(简称自贸区)就是政府之间"谈生意",也需要通过签署专门的"合同"——自由贸易协定(简称自贸协定)来保护自身权益。那么自贸协定的签署要经历一个怎样的过程呢?总体看,大致可以分为四个阶段。

◆ 意愿表达

最初阶段,一方或几方出于政治、外交和经济利益的考虑而向其他方提出商签自贸协定的意愿,这种意愿的表达一般通过国家或相关经济体的高层之间的接触实现,例如由领导人在外交会谈时提出。这种意愿表达本身不是任何承诺,对各方并不构成约束,但它奠定了商签自贸协定的政治外交基础,开启了自贸区建设的进程。

◆ 可行性研究

在表达建立自贸区的意愿并获得相关方认同后,参与各方会选择时机宣布启动自贸协定联合可行性研究,分析评估这笔"生意"的风险与利益。各方一般从各自的政府部门、学术机构等选派人员组成工作组,由工作组讨论工作计划,并起草自贸协定联合可行性研究报告。联合可行性研究报告的内容一般包括参与各方的经济状况、贸易投资政策措施、与拟签伙伴间的现行经贸关系等,分析预测在自贸协定项下取消或减少货物贸易、服务贸易和投资壁垒可能产生的社会经济效益以及积极的和不利的影响。

联合可行性研究报告作为开展自贸区建设的基础技术资料,其内容和结论通常是后续自贸区谈判的依据。因此,在联合可行性研究报告起草和修改阶段,各方会对报告提纲、内容范围、观点论断、文字表述等充分交换意见,其中的观点论断和文字表述都由拟签协定的各方分别完成以确保报告符合各方自身利益。如果报告关于建立自贸区的总体结论是积极的,各方一般会选择合适的时机以政府高层声明方式共同宣布启动自贸区谈判。

◆ 正式谈判

自贸区谈判通常在参与方之间轮流开展,一般以"轮"来计数。复杂的谈判或者复杂的领域会在各轮之间加开工作组会议或小范围会谈。正式谈判之初，各方会商定谈判领域，并成立相应的工作组来负责，一般包括货物贸易组、服务贸易组、投资组、规则组等。简单来说，谈判就是一个讨价还价的过程。参与各方会相互提出一些诉求，要求对方予以满足，如取消或削减关税、开放服务和投资市场等，这些诉求用自贸区谈判的行话叫作"要价"。对于谈判伙伴提出的要价，各方通常会做出回应，或完全满足，或部分满足，或完全拒绝，这种回应叫作"出价"。随着谈判的推进，如果确有诚意完成谈判，各方一般会降低要价，提高出价，从而缩小差距。如经过一系列讨价还价和利益权衡最终达成一致意见，则谈判任务圆满完成。当然，如果某方或几方无意达成协定，也可能临时提高要价，或者收回出价，从而以较为隐蔽的方式推卸阻碍协定达成的责任。如果各方无法达成共识，谈判可能陷入停滞甚至中止。

◆ 签署及生效

各方对所有议题达成共识并完成协定文本的梳理后，各方政府会共同宣布结束谈判，并择机签署自贸协定。作为后续，各方将开展内部审批程序，通常需要一年左右。如所有程序均顺利完成，各方政府会共同宣布协定生效。

自贸协定中的关税减让是怎么"谈"的？

蒋丹婧

自贸协定中的货物贸易关税减让是指参与谈判的各方（缔约方）在 WTO 最惠国税率基础上进一步削减各自的货物贸易进口关税，这是自贸协定最早涉及的传统领域，也是最核心的领域。由于减让利益直接，货物贸易关税通常是谈判的焦点和难点。农业在许多国家或地区都是关系国计民生的重要产业，因此农产品关税减让一般均是谈判的重中之重。关税减让谈判过程一般包括基本数据交换、降税模式谈判和出要价谈判等阶段。

◆ 基本数据交换

由于各国或地区的海关关税税则每年是需要更新的，各缔约方各年的进出口贸易数额也各不相同，为了使谈判有个基本数据标准，缔约方需要先行确定共用的关税减让基期，接着再交换基期的关税税率和贸易数据资料，为后续谈判提供基础。通常情况下，缔约方以谈判开始年份的前一年为基期，如 2019 年开始谈判，基期一般定为 2018 年。这样选择基期的原因有两点：一是可以获得缔约方最新的产品税目和适用的关税税率；二是可以获得最新的完整日历年度的贸易数据。

◆ 降税模式谈判

数据交换后，缔约方开始谈判如何削减关税，通常称为"降税模式"，主要包括两个核心要素：一是自由化水平。自由化水平包括税目自由化水平和贸易额自由化水平，分别是指关税最终降到零的产品税目数量和贸易额（指进口额，下同）占本方全部产品税目数量和贸易额的比例。如约定 90％的税目自由化水平，即表示各自关税最终降到零的产品税目数量占本方全部产品税目数量的比例均为 90％。也可以设定税目和贸易额的双自由化指标，这取决于谈判共识。通常自由化水平很难达到 100％，因为各缔约方一般都希望保留部分高度敏感的产品不降关税，如重要农产品，这些产品通常称为例外产品。二是降税类别及过渡期。按照不同产品的敏感程度，降税类别一般分为最终零关税、部分降税、例外等。其中最终零关税根据过渡期长短又可以分为协定生效时关税立即降零、5 年降零、10 年降零、20 年降零等，通常最长不超过 20 年。部分降税是指对一些敏感产品作出适度的关税减让，在最惠国税率的基础上一次性或分几年降税，最终关税水平不降到零。

◆ 出要价谈判

  缔约方基于降税模式，提交各自的出价清单，列明对各个产品的降税处理方式。同时，缔约方也会要求其他缔约方将本方主要出口产品的关税在协定生效时立即降零，或经过较短的过渡期将关税降到零。一方要求对方削减或取消关税的产品有可能恰好是对方的敏感产品，双方会对这些产品的关税处理方式进行反复磋商。

  经过数轮出要价和反复磋商，如果各方对所有商品的关税减让方式达成一致，就完成了关税减让谈判，自贸协定货物贸易谈判最核心的领域也宣告完成，如果与关税减让相配套的海关原产地规则等谈判也相应结束，则意味着货物贸易结束了实质性谈判。反之，如果降税模式或出要价谈判存在重大分歧，谈判则会搁置或中止。

自贸"朋友圈"：相互优惠啥？

刘芳菲　黄昕炎

两个或多个经济体通过签订自贸协定建立自贸"朋友圈"，促进货物、服务及人员等在自贸"好友"间更加自由地流动，实现共同发展。自贸协定中传统议题包括货物贸易、服务贸易和投资，核心是相互降低或取消限制。随着全球化的深入和国际经贸活动的拓展，自贸协定涵盖的议题已扩展到政府采购、知识产权、电子商务、环境保护和劳工标准等领域，但货物、服务和投资始终是最关键的议题。

◆ 货物贸易优惠：相互减免关税吗？

全球贸易最直观的就是看得见、摸得着、易统计的货物贸易，因而自贸协定中最传统的内容就是降低货物贸易门槛。货物贸易门槛中各方最关心的是相互减免关税，此外还包括非关税措施，如配额、进出口许可证管理、数量限制，以及海关程序和贸易便利化、卫生和植物卫生措施等。

关税减免历来是各方关注焦点，都希望对方在协定生效时将所有产品的进口关税降为零，但事实上很难，因为各国资源禀赋不同、发展阶段不同，许多国家都需要用进口关税来保护本国关系国计民生的关键产业或幼稚产业。其中，农业通常是各国保护的重点。为达成协定，各方均会对产品的关税减让进行分类处理。通常会分为三类：第一类产品进口关税在协定生效时立即取消；第二类产品关税经过一定时间过渡后再降为零，通常不超过 20 年；第三类产品关税完全不降，也称例外产品。从中国十几年来与自贸伙伴签署的协定实践看，双方第一类和第二类产品占全部产品的比例一般会超过 90%，这表示在过渡期结束后，彼此均对从对方进口的超过 90% 的产品将不征收关税。

以《中国-韩国自由贸易协定》为例，就农产品来看，韩国对从中国进口的咖啡、大豆粉等在协定生效时（2015 年 12 月 20 日）关税立即降为零；对从中国进口的芹菜、甜玉米等关税经过 20 年降为零；而对大米、鲜冷冻牛肉、乳品等进口维持原关税，不进行关税削减。

◆ 服务贸易优惠：哪些服务部门别人不能进入而自贸伙伴可以？

服务贸易是指以服务产品作为商品进行交易，从而满足消费者需求的经济行为。WTO 将服务贸易分为四类：一是跨境提供，指自一方领土内向另一方领土内提供服务，如外国服务提供者通过互联网提供游戏和影视服务等；二是境外消费，指在一方领土内向另一方的消费者提供服务，如中国公民在海外旅游和留学，接受对象国的旅游和教育服务；三是商业存在，指一方服务提供者通过在另一方领土内设立商业存在提供服务，如外国公司在华设立合资或独资企业提供服务；四是自然人移动，指一方的服务提供者以商务人员身份入境另一方的领土提供服务，如外国公司高管来华从事管理工作等。随着全球贸易的深度发展，服务贸易变得越发重要。

自贸协定中关于服务贸易的优惠安排是自贸成员在各自 WTO 承诺基础上进一步扩大开放，主要包括：一是对已在 WTO 下开放的部门进一步减少市场准入和国民待遇限制，二是开放在 WTO 下尚未开放的服务贸易部门。以《中国-澳大利亚自由贸易协定》为例，澳方除对电信、分销、金融、运输及专业服务有明确限制外，其余服务部门均对中方开放，这远超澳方在 WTO 下的开放水平。如澳方通过假日工作签证安排为中国每年提供 5 000 人的假日工作签证，停留期为 12 个月；若在澳大利亚偏远地区从事农牧渔业的特定工作，满足相应条件还可续签第二年。中方则对澳方开放了法律服务、科技咨询、建筑设计与城市规划服务等。在中方此前签署的自贸协定中，法律服务并未开放，对澳方是首次开放。目前，上述三个领域对非自贸伙伴都未开放。

◆ 投资优惠：投资者可以告自贸伙伴政府侵犯投资权益吗？

国际投资中，投资者关心在东道国的投资能受到怎样的保护。其中核心问题主要包括：一是如果在东道国的投资被征收，投资者能获得怎样的补偿？二是资产在东道国能否自由转移？三是若东道国政府侵犯了投资权益，投资者能否在国际上起诉它并得到执行？

自贸协定可为投资者在自贸伙伴的投资提供一颗"定心丸"，而且还能提供比上述权益更多的保护。自贸协定中投资条款的内容主要包括实体义务和争端解决两部分。实体义务包括国民待遇、最惠国待遇、最低标准待遇、征收补偿待遇、自由转移以及业绩要求等。其中，征收补偿待遇一般要求投资被自贸伙伴国征收时，按当时的市场价格补偿投资者；自由转移要求在自贸伙伴国的投资可以自由流入或流出。争端解决是指投资者-国家争端解决，若投资者在自贸伙伴的投资权益受到自贸伙伴政府侵犯，投资者可以提起国际仲裁。

中韩自贸协定 5 年期到，
双边农产品贸易增长几何？

马建蕾　张钟元

作为一衣带水的邻邦，中韩两国经贸往来关系密切。2015 年，中韩签署了双边自贸协定，互相全方位、宽领域开放市场，其中农产品贸易是协定重要内容。如今，中韩自贸协定已执行 5 年，部分农产品关税已完全取消，中韩农产品贸易发展情况如何？在共同抗击新冠肺炎疫情的背景下，中韩农产品贸易前景怎样？

◆ 两国农业互补性强，贸易发展具备良好基础，但曾受限于韩农产品高关税

自 20 世纪 60 年代起，随着韩国快速实现工业化和城市化，其人多地少、农业竞争力弱的问题凸显，农产品需求大量依赖进口，韩国成为典型的农产品净进口国。我国与韩国地理位置相邻，农业产业结构相似，国民饮食习惯相近，具有对韩出口的天然优势。在中国加入 WTO 之初，韩国曾是我国第四大农产品出口市场，占我国出口的 10%。韩国对农业实行高保护，农产品简单平均关税税率约 60%，相当于我国的 4 倍，重点保护产品的关税更高，甚至高达数百，这在一定程度上影响了我国农产品对韩国出口优势。

◆ 在中韩共同努力下，韩方对我国部分放开了农业，为双边农产品贸易发展创造了积极条件

根据中韩自贸协定，韩方承诺对 1 588 个十位农产品税目在一定时期内逐步取消关税，约占韩农产品品类的 70%。韩国对我国农产品降税情况大致可归类如表 1。

表 1　韩国对我国农产品降税情况

降税方式	涉及产品	税目数
原本为零	蔬菜花卉及饲草的种子、种用菜籽、种用畜禽和鱼苗、饲用干豆、生产淀粉的残渣等	102 个
立即降零（2015 年已实现）	大豆粉、未炼制的猪脂肪、动物油脂、糖蜜等	141 个

（续）

降税方式	涉及产品	税目数
5 年降零（现已实现）	小麦、小米、初榨葵花油、西瓜子、冻鲇鱼、冻鲤鱼、冻鳗鱼、巧克力、面包糕点等	303 个
10 年降零	巴旦杏、榛子、冻沙丁鱼、冻鲈鱼、冻鲴鱼、冻鳕鱼片、杜鹃花、山茶花、部分面食等	178 个
15 年降零	豇豆、鲜冷海带、发菜和裙带菜、鲜冷罗非鱼片、胡椒等调料以及部分中药材	426 个
20 年降零	冷冻甜玉米、冻芋头、冻藕、菊苣、芹菜以及鲜冷的鲇鱼、鲤鱼、鳎鱼、鲽鱼等	438 个
（以上合计税目数 1 588 个）		
配额内零关税	大豆、红小豆、芝麻、活河豚、活泥鳅、章鱼、鱿鱼、赤贝等	21 个
5 年内削减 10%关税	松茸、粉丝、牡蛎、鳕鱼等	15 个
立即削减 1%关税	泡菜、调味酱汁、冻河豚等	5 个
关税封顶（10 年内降至 130%）	淀粉、小麦粉、燕麦等	15 个

此外，韩国还有约 27%的农产品没有做出减让，维持原关税，主要集中在大米、猪肉、苹果、梨、辣椒、大蒜、洋葱等 612 个税目的农产品。中国对 1 362 个八位税目的农产品进行了减税，约占农产品品类的 92.9%。

◆ 自贸协定生效以来，中韩双边农产品贸易稳步增长，但仍有较大发展空间

2015 年 12 月，中韩自贸协定生效并开展首次降税，截至 2019 年年底双方已进行 5 次降税。2015—2019 年，我国对韩国农产品出口额由 43.5 亿美元增至 49.8 亿美元，年均增长 3.4%；自韩国农产品进口额由 8.6 亿美元增至 11.7 亿美元，年均增长 8%。出口增长较快的主要是墨鱼及鱿鱼、对虾、面食及蔬菜等产品，进口增长较快的主要是面食、无醇饮料、紫菜、啤酒、鲜冷冻鱼及鱼制品。与自韩国农产品进口增速相比，我国对韩国农产品出口仍有较大提升空间。

◆ 立足合作共赢，利用好自贸区优惠政策，充分挖掘中韩农产品贸易潜力

中韩两国在经贸合作和交流中有着良好基础，在新冠肺炎疫情暴发初期，韩国给予我国许多帮助和支持。在某些西方国家从武汉撤馆背景下，韩国新任

驻武汉总领事姜承锡带着对华援助物资"逆行"履新,让中国人民深为感动。韩国出现较大规模疫情后,中国也向韩国伸出了援手,一批批来自中国各界的捐赠防疫物资紧急驰援韩国,加深了双边友好关系。

目前,中国疫情防控阻击战已取得卓越战果,工业企业稳步复工复产,农业春耕春播有序进行,而韩国抗疫压力仍然较大。中国质优价宜的农产品对于韩国稳定食品供给、保障消费者需求具有重要意义。当务之急是加强双边经贸联系和贸易促进,提高我国出口企业对自贸协定的认知度和利用率,稳住、扩大对韩国农产品出口。这一方面可为韩国保障蔬菜等农产品需求提供支持,另一方面可为国内受流通限制影响的滞销农产品找到外销出路。

《中欧地理标志协定》对中欧"吃货"带来了什么福利？

谢众民

2020 年 9 月 14 日，中国商务部部长钟山与德国驻华大使葛策、欧盟驻华大使郁白正式签署了《中华人民共和国政府与欧洲联盟地理标志保护与合作协定》（以下简称《中欧地理标志协定》）。该协定谈判于 2011 年启动，至 2019 年年底中欧双方宣布结束谈判。这个历时 8 年谈判的协定，是中国对外商签的第一个全面高水平的地理标志双边协定，也是近年来中欧之间首个重大贸易协定，对深化中欧经贸合作具有里程碑式的意义。那么究竟什么是地理标志？它有什么特点？协定包含了什么内容？协定的签署对于老百姓来说又意味着什么呢？

◆ 什么是地理标志？

地理标志（Geographical Indication，简称 GI）是表明产品产地来源的重要标志，属于知识产权的一种。它是针对具有鲜明地域特色的名、优、特产品所采取的一项特殊的产品质量监控制度和知识产权保护制度。这种基于原产地的命名保护最初起源于法国的葡萄酒酿造业，后来逐渐成为一种与地理标志相关的产权保护制度，为世界各国所认可。

根据世界知识产权组织（WIPO）的定义，地理标志是在具有特定地理来源、并因该来源而拥有某些品质或声誉的产品上使用的标志。它既指产品也指区域，通常被用于农食产品。WTO 的《与贸易有关的知识产权协定》第 22 条至第 24 条明确提出了地理标志保护（Protection of Geographical Indications），并对葡萄酒（Wines）和烈酒（Spirits）提供了特殊规格的保护。

◆ 地理标志产品保护制度有什么特点？

地理标志产品保护制度的特点有以下 3 个方面。

（1）明确了标志的使用权限。只允许地理标志保护范围内，按标准组织生产的产品加贴专用标志和使用地理标志产品名称销售。产品鲜明地标示了原产地域，清楚告知消费者该产品来自何地，保证消费者明明白白。

（2）表明了产品的质量信誉。地理标志产品大多数是地方特色产品，产品质量稳定，特点突出。

（3）反映了一个地域的历史。地理标志产品作为一种自然和人文资源，是历史文化的客观存在。对这些产品进行地理标志保护，既是保护民族精品，同时也是保护传统历史文化。

◆《中欧地理标志协定》包含了哪些内容？

《中欧地理标志协定》包括14条和7个附录，主要规定了地理标志保护规则和地理标志互认清单等内容。协定纳入双方各275个地理标志（共550个），涉及茶叶、大米、枸杞等农食产品。保护程序分两批进行：第一批双方互认的各100个地理标志将于协定生效之日起开始保护；第二批各175个地理标志将于协定生效后4年内完成相关保护程序。

我国地理标志产品丰富。根据协定，安溪铁观音、五常大米、郫县豆瓣、烟台苹果、武夷山大红袍等我国第一批100个知名地理标志将在协定生效后立即获得欧盟的保护。相关地理标志产品有权使用欧盟的官方标志，有效阻止仿冒等侵权行为的发生。中方列入协定清单的地理标志不仅涉及大米、茶叶等农食产品，还涉及代表中国传统文化的宣纸、蜀锦等中国特色地理标志。这是欧盟第一次在其对外商签的地理标志协定中纳入此类地理标志。

◆《中欧地理标志协定》的签署对于老百姓来说又意味着什么？

一方面，协定可以让欧洲消费者进一步了解中国产品。我国很多地理标志产品产自经济欠发达地区，协定提供的高水平待遇将有利于我国相关产品获得欧盟消费者的认可，可促进相关产品的对欧出口，为推动地区农民增收、助力乡村振兴、实现经济可持续发展提供有力支撑。

另一方面，协定为欧盟的优质特色产品在进入我国市场时提供充分保护，消除欧盟生产商的后顾之忧，使其放心地进入我国，同时也让我国消费者能享受到货真价实的欧盟商品，提高人民的生活品质，满足人民日益增长的美好生活需要。

欧越自贸协定对我国影响几何？

刘芳菲　　刘文泽

2020 年 8 月 1 日，《欧盟-越南自由贸易协定》（以下简称协定）正式生效，越南由此成为亚太地区第一个与欧盟建立双边自贸区的新兴市场国家。欧盟和越南均是我国重要农产品贸易伙伴，我国与越南在《中国-东盟自由贸易协定》项下互相开放了农产品市场，但与欧盟暂未签署双边自贸协定。欧越建立起更加紧密的"朋友圈"，对我国农产品贸易投资将产生何种影响？

◆ 欧盟农产品市场进一步向越南开放

协定生效后，欧盟农产品对越进口关税进一步降低，实现零关税的农产品比例将达 96%。

具体看，维持 WTO 最惠国零关税和协定生效即取消关税的农产品合计占比高达 72%，基本覆盖了欧盟自越南进口较多的虾类、贝类、冻墨鱼及鱿鱼等水产品；协定生效后经 4～8 年逐步取消关税的农产品占比达 23%，包括越南巴沙鱼、鱼肉馅面食、面包糕点饼干等；对苹果、柑橘、猕猴桃等 28 种实行进口最低准入价管理的果蔬产品部分降税，越南相关产品无须缴纳从价税，从量税从 100 欧元/吨逐渐降至 75 欧元/吨；对越南大米、鱼糜、金枪鱼制品、禽蛋等增设了国别关税配额。总的来看，越南对欧盟出口最多的咖啡、腰果、胡椒等产品已经享受最惠国零关税，出口的水产品基本在协定生效 8 年后就可全部享受零关税。

◆ 越南农产品对欧盟开放水平高于其在《中国-东盟自由贸易协定》项下对我国的开放水平

越南 98% 的农产品将在协定生效后经最长 16 年对欧盟实现零关税，高于其在《中国-东盟自由贸易协定》框架下农产品对我国开放 92% 的水平。

哪些产品越南给予欧盟优惠却对我国保留了关税？一部分是绿茶、糙米、肠衣、口香糖、烈性酒等产品，这些产品在越南国内有生产，进口关税为 25%～40%。由于欧盟基本不产，尤其像绿茶和肠衣还需要大量从其他国家进口，因此越南大胆对欧盟开放，经过 6～11 年逐步取消欧盟相关产品关税；但中国有同类产品生产，为了给国内产业一定保护，越南对中国相关产品保留了 5% 的进口关税。另一部分是禽蛋、食糖和烟草等。越南对这些产品的进口向全球发放配额，配额内进口关税基本在 25%～60%，配额外进口关税税率远高于此。中国和欧盟在这些产品的生产和出口上各有优势，但中国鲜活农产品输越与欧盟比运费更低、运程更短，相对而言竞争力更强。因此，在《中国-东盟自由贸易协定》中，越南只承诺相关产品的进口关税降到 50%，原本进口关税 40% 的禽蛋产品保持税率不降；在欧越协定中，越南的开放度相对更高，对在越南全球配额内进口的欧盟产品，协定生效后经 11 年时间逐渐取消配额内的进口关税。

◆ 协定对我国农产品出口和相关产业的潜在影响

（一）我国对欧盟出口水产品或将遭遇越南产品较大竞争

欧盟是我国水产品对外出口的第二大市场，2019 年我国对欧盟出口水产品 26.7 亿美元，占我国水产品出口总额的 13%。我国对欧盟出口水产品中 2/3 是冻鱼片，其余主要是贝类和软体动物、虾类等。对比越南的情况，2019 年越南对欧盟出口水产品 13 亿美元，其中一半以上是虾类，其余是冻鱼和冻鱼片。中越对欧水产品出口结构相似，存在直接竞争关系。协定生效后，越南对欧盟水产品出口随着关税削减成本相应降低，我国水产品在欧盟市场竞争优势则将显著被削弱。在当前国内水产业生产成本不断攀升、水产品出口乏力、顺差急剧缩窄的形势下，我国具重要出口利益的欧盟市场被越南分蚀，水产出口面临的贸易竞争将更加激烈。

我国畜产品、蔬菜及食用菌等其他主要对欧盟出口产品与越南结构差异较大，直接竞争关系不强，但不排除未来越南大力发展相关品种，从而与我国产品形成竞争的可能性。

（二）协定或将刺激我国对越南农业投资的扩大

根据协定原产地规则，越南出口欧盟并享受零关税的农产品多需满足"完全获得"的条件，也就是说只有越南本土生产的农产品，或是从欧盟进口后在越南再加工的农产品才可享受欧盟优惠待遇，这基本排除了我国农产品通过在越南加工增值享受欧盟给予越南零关税待遇的可能性。由于越南生产要素成本较低，受自然条件约束不大的水产品进来料加工、淡水鱼养殖、食用菌生产加工等劳动密集型产业有更大盈利空间，近年已有不少中国企业赴越南投资。欧盟对越南降税后，这些产业在越生产并出口的优势将进一步显现，可能导致我国相关产业加快向越转移。

（三）我国对越南农产品出口受协定影响相对较小

目前我国对越南主要出口果蔬，欧盟主要出口畜产品、酒类和乳制品，产品结构差异大。由于中国-东盟项下我国相关产品也享受越南较高的自由化水平，且我国对越南出口有着显著区位优势，因而受欧越协定降税影响的可能性较小。

从《北美自由贸易协定》到
《美墨加协定》的农业条款有哪些变化？

李　珂

2020 年 7 月 1 日，《美墨加协定》（US-Mexico-Canada Agreement，简称 USMCA）正式替代实施了 26 年的《北美自由贸易协定》（North American Free Trade Agreement，简称 NAFTA）。该协定在特朗普政府主导下，于 2018 年 10 月由三国签署达成。农业是全球多双边贸易谈判中的敏感议题之一，往往成为各方争论的焦点。新的贸易协定中有关农业条款究竟发生了哪些变化？

◆ NAFTA 中的农业条款

NAFTA 是由美加墨三国政府于 1992 年 8 月 12 日签署的全面贸易协议，于 1994 年 1 月 1 日生效。

农业是 NAFTA 谈判最敏感的领域，除按照货物贸易的立即、5 年、10 年和 15 年过渡期模式降到零关税外，三国对各自的敏感产品进行保护并通过双边磋商、两两承诺的方式达成，主要涉及市场准入、国内支持、出口补贴和特殊保障措施等内容。其中美墨两国最终取消所有农产品关税，但对橙汁和糖实行国别关税配额，且做出了详细规定；加墨两国取消除乳制品、家禽、蛋和糖以外的所有农产品关税，墨西哥对加拿大小麦、大麦及其制品、牛肉和奶油等产品实行国别关税配额；美加两国主要保留了此前签订双边协议内容，保留了双方对糖、乳制品、家禽类产品的限制及关税配额。

◆ USMCA 中的农业条款

USMCA 已于 2020 年 7 月 1 日正式生效实施。USMCA 在 NAFTA 市场准入基础上，进一步扩大市场开放。其中农业条款涉及农业国际合作、出口竞争、粮食安全、农业协商、特别保障措施、农业生物技术等领域。

市场准入方面，仍以双边成果为主，具体包括：加拿大扩大对美国乳制品、禽肉及蛋类产品的关税配额，取消特定等级的牛奶价格保护制度，对美国小麦与啤酒、葡萄酒、烈酒等酒类产品进口给予国民待遇；美国增加了对加拿大乳制品和糖类产品的关税配额，逐步取消花生和棉花产品的关税。

规则方面，三国同意加强食品安全检验与动植物防疫检疫措施（SPS）透明度，以及法规监管的协同性；同意制定包括基因编辑等农业生物技术标准，并加强农业生物技术贸易信息交流与合作等。

　　总体上，USMCA 与 NAFTA 在农业条款上的变化属于个别产品小范围调整。新协定升级的核心在于更高开放水平的规则和制度，以及数字贸易和宏观经济政策等新领域。因此，仅从农业角度来讲，升级后的 USMCA 对我国农产品贸易的实质影响相对较弱，但 USMCA 会在战略上对中国造成不利影响。例如 USMCA 第 32 条规定：任何一方与非市场经济国家签订自由贸易协议时，其他各方可在 6 个月内终止本协议，并以它们之间的协议（即双边协议）来取而代之。美国商务部长罗斯在接受路透社采访时直言不讳地称"这是某种毒丸"。由于美国不承认我国的市场经济地位，该条款主要目的就是限制加拿大、墨西哥与我国进行自贸谈判。因此，USMCA 的签订无疑会对我国带来负面影响。此外，由于 USMCA 的签订，墨西哥和加拿大可以享受向美国出口汽车零关税的优惠，众多整车及零部件供应商都在加拿大和墨西哥设厂，所以对中国的汽车制造业来说，USMCA 的签订无疑带来负面影响。

企业如何享受自由贸易协定优惠关税？

刘芳菲　四方旸

截至 2021 年 9 月 1 日，我国已与 26 个国家或地区签署了 19 个自由贸易协定（FTA）。自由贸易协定是国际经贸领域的专有名词，是指两个以上的主权国家或单独关税区通过签署协定，在 WTO 最惠国待遇基础上，相互进一步开放市场，分阶段取消绝大部分货物的关税和非关税壁垒，改善服务和投资的市场准入条件，从而实现贸易和投资自由化。企业如何才能享受这些自由贸易协定的优惠关税呢？通常需要满足三个条件。

◆ 条件一：上了"白名单"

不同自由贸易协定降税产品范围不尽相同，企业若要享受某一自由贸易协定的优惠关税，需先查询相关产品是否是该自由贸易协定关税减让清单上的降税产品，即是否上了关税减让的"白名单"。

进口企业可通过两种途径了解其进口产品是否上了"白名单"：一是我国每年出版发行的进出口税则，包括国务院关税税则委员会办公室编印的《中华人民共和国进出口税则》和中华人民共和国海关进出口税则编委会编印的《中华人民共和国海关进出口税则》，这两个税则所列明的相关优惠政策是一致的；二是海关总署"互联网＋海关"全国一体化在线政务服务平台，可以根据税号或商品名称查询进口商品税率。

出口企业可通过中国自由贸易区服务网（http://fta.mofcom.gov.cn/）查询自贸伙伴是否对其出口产品降税，该网站可以获得各自由贸易协定关税优惠的更多信息，包括产品的关税减让幅度和降税进程，享受关税减让优惠货物的原产地标准及申领优惠原产地证书的有关要求等。

◆ 条件二：获得"贵宾证"

优惠原产地证书是由自由贸易协定缔约方相互认可的机构签发的享受协定优惠关税的凭证，是产品进入自贸伙伴市场的"贵宾证"，由出口企业办理。进口企业在进口时，须将货物和出口企业办理好的优惠原产地证书一同向本方海关申报，方可享受优惠关税。出口企业获得优惠原产地证书包括向原产地签发机构申领和自主声明两种方式。

【申领】申领是企业获得自由贸易协定优惠原产地证书的主要方式。通常情况下，企业应向签证机构提出申请，并如实提供签证机构要求的生产商信息和货物信息等资料。签证机构接到申请后，将按照自由贸易协定规定进行审核，通过后签发原产地证书。该程序已基本实现电子化操作，出口企业可通过中国国际贸易单一窗口网站（https://www.singlewindow.cn/）或中国国际贸易促进委员会原产地证申报系统（https://co.ccpit.org/）进行申请。

【自主声明】企业自主声明适用于我国与冰岛、瑞士的自由贸易协定。企业在获得"经核准出口商"资格后可按照协定规定自行出具原产地声明，无需向签证机构申领证书。

◆ 条件三：坐的"直通车"

我国对外签署的自由贸易协定通常要求进口货物符合直接运输规则，从出口国直接运至进口国，即坐的"直通车"。

货物必须经非自由贸易协定成员的第三方中转的情况下，一般须由中转地海关出具货物未经实质性加工的证明文件方可享受优惠关税。若我国与自贸伙伴海关之间实现了信息联网，或者进口商能提供单份全程运输单证，则不用提交第三方证明文件也可享受优惠关税。

● 补充

谁能签发"贵宾证"？

我国原产地证书签发机构包括各地海关和中国国际贸易促进委员会及其地方分会。申领优惠原产地证书的企业须获签证机构备案。

"两证合一"影响企业申领优惠原产地证吗？

自2019年10月15日起，对外贸易经营者备案和原产地企业备案实施"两证合一"，企业在办理对外贸易经营者新备案或变更备案后，可根据进出口货物原产地管理相关规定，直接向海关申请原产地证书，无须再到海关办理原产地企业备案。

直接运输规则那些事儿，你都知道吗？

直接运输规则要求货物须从出口国直接运至进口国。与其说它是一种原产地规则，不如说是货物贸易中与原产地规则密切相关的运输条件和要求。

该规则主要是为了保证享受自由贸易协定优惠产品原产地的真实性，防止产品途经第三国时发生再加工或调包。但是，由于地理原因或运输需要，在满足适当条件的情况下，直运规则允许货物经过出口国之外的其他国家或地区。其条件是，货物一直置于过境国家或地区海关监管之下，且没有在当地进行贸易或消费，没有进行实质性加工。

自由贸易协定下货物享受
进出口关税减免的标准是什么?

刘淑慧　刘芳菲

　　自由贸易协定(FTA)优惠主要内容之一是货物进出口可减免关税,但前提是必须证明货物是自贸伙伴原产。原产地就是货物的"经济国籍",通常具有唯一性,无论货物在全球产业链上经历了几个国家(地区)的生产、制造或加工,其原产地通常只有一个。自由贸易协定成员通常依据三类原产地标准来判定货物是否能够享受减免关税,分别是完全获得标准、完全从原产材料加工或生产以及实质性改变标准。实质性改变标准又分为税则归类改变标准、区域价值成分标准(也称为加工增值标准)、制造加工工序标准和混合标准等四小类。

◆ 完全获得标准

　　指一种产品完全在一国(地区)内生产、获得或制造,多适用于农产品和矿产品,这也是最严格的原产地标准。如我国自产的雪梨,从梨树栽培到雪梨收获均在中国境内完成。

◆ 完全从原产材料加工或生产

　　指货物生产过程中所使用的材料均为原产材料,则货物的原产地就是生产该货物的国家或者地区。不同于完全获得标准,这一标准要求所有材料均已获得原产资格,不要求原产材料必须是完全获得,也可以通过实质性改变获得原产地资格。

◆ 实质性改变标准

(一)税则归类改变标准

　　它是指若某种进口原材料经过制造或加工成货物后,在海关税则归类上发生了税目改变,具体又包括章改变、品目改变和子目改变。

> ● 补充
>
> 　　　　　　　　**什么是税目改变?**
>
> 　　为便于统计监管,世界海关组织对所有货物用一套6位数字的 HS

编码来归类。如雪梨归为 HS080830，此处前两位数字 08 表示雪梨归为第 8 章"水果"大类的产品。加工成后成为梨汁，其编码为 HS200989，属于第 20 章"水果制品"大类的产品。归类从第 8 章"水果"大类变到第 20 章"水果制品"大类，发生了章改变。与此类似的还有品目改变和子目改变，前者指前 4 位数字发生了改变，如鲜牛肉（HS020110）变成冻牛肉（HS020210）；后者指前 6 位数字发生了改变，如鸭蛋（HS040729）变成皮蛋（HS040790）。

【案例】《中国-澳大利亚自由贸易协定》中，双方对原产于对方的水果汁给予进口零关税待遇，但需满足章改变标准，也就是说，我国制造商从任何国家进口鲜果，在国内加工成水果汁后向澳出口均能享受零关税待遇。

（二）区域价值成分标准

这一标准也可称为加工增值标准，是指进口货物在某一国（地区）制造加工后在该区域产生的价值占该最终货物价值的比例超过一定百分比，即要求最终货物必须含有一定当地价值。除了对特定产品的增值百分比有明确的规定，我国现行自由贸易协定框架下的区域价值成分大多是 40%。

【案例】在中国-东盟自贸区项下，我国对自东盟国家进口的棉纱实行零关税。东盟国家从印度进口棉花加工成棉纱，向中国出口棉纱的价格扣除进口棉花价格后为在东盟的增值额，该增值额占棉纱出口价格的比例如果超过了 40%，这种棉纱就被认定为东盟原产，在对华出口时可以享受零关税待遇。

（三）制造加工工序标准

只要货物在一国（地区）经历了某个特定工序的加工，就可以认定该国（地区）为原产国。

【案例】在《中国-澳大利亚自由贸易协定》中，双方对于熏制的虾适用的原产地标准就是需"在一方领土内经过熏制工艺获得"的加工工序标准。

（四）混合标准

混合标准是对上述实质性改变标准的组合。

【案例】在《中国-新西兰自由贸易协定》中，规定未浸除咖啡因的咖啡（HS090121）的原产地标准为"从任何其他子目改变到本子目，且区域价值成分不能低于 40%"。

农业贸易救济与技术性贸易措施

食糖保障措施是怎样助力脱贫攻坚的?

田　甜

食糖是我国重要的农产品,其产值和产量仅次于粮食、油料和棉花,对我国经济发展起着重要作用。近年来,我国食糖消费量不断增加,2018 年我国食糖消费量 1 520 万吨,人均消费量约 10.9 千克,约为世界平均水平的 50%。

我国食糖产业主要分布在广西、云南等甘蔗主产区,涉及糖农 4 000 多万人。糖料种植收入是主产区农民收入和财政收入重要来源,直接影响到边疆地区的社会稳定和经济发展。广西 110 个县市区中有 93 个种植糖料蔗,其中有 23 个国家脱贫攻坚重点县、19 个省级脱贫攻坚县和 6 个边境县,蔗农 2 000 多万人,相关产业工人 10 多万人。2018 年国家公布了广西龙州县等多个国家贫困县已"脱帽",全部都是糖料蔗种植大县。由此可见,食糖产业作为扶贫产业,在带动农民脱贫增收上作用显著。

◆ "先天不足"又遭进口冲击,产业受重创

我国甘蔗主产区主要为丘陵红壤旱地,土壤贫瘠、降水量不均,以散户经营为主,规模小自然条件差也制约了机械化水平的提高。加之我国劳动力工资、土地租金快速上涨,糖料蔗生产成本不断抬升,我国食糖产业基础竞争力不断下降。目前,如果要保证蔗农每吨 100 元以上的收益,收购价至少需要维持在 500 元/吨以上,这一价格水平分别是巴西、泰国、印度、澳大利亚等食糖主产国的 3.1 倍、2.8 倍、3.2 倍、1.8 倍。

近年来,受国内需求驱动和国际糖价低迷影响,我国食糖大量进口,2011 年进口 292 万吨,超过我国食糖 194.5 万吨的进口关税配额。随后进口持续高位,2015 年进口达 484.6 万吨。受进口激增影响,国内食糖产业遭受重创,连续 4 个榨季亏损,2013/2014 榨季全行业亏损 97.6 亿元,亏损面近 70%。

2015 年共有 45 家糖厂关停，近 1 万名产业工人失业。甘蔗收购价下调，蔗农种植出现亏损，2014 年每生产 1 吨甘蔗亏损近 60 元。广西糖业作为全国制糖业缩影，全区制糖业连续 4 年亏损，企业亏损额超 52 亿元，蔗农直接损失达62.5 亿元。

2015 年我国对食糖进口实行了进口自动许可管理，糖业协会加强了行业自律，同时进一步下调了主产区甘蔗收购价格，但进口对整个产业的影响依然严峻，食糖压榨产量和甘蔗产量双下降。

◆ 审慎启动保障措施，成效明显

在常规调控手段难见成效的情况下，食糖产业界和主产区政府积极寻求启动贸易救济措施的可能性。贸易救济措施主要包括反倾销、反补贴和保障措施。与反倾销和反补贴措施主要针对个别有倾销和违规补贴行为的贸易伙伴不同，保障措施是在正常贸易进行过程中对所有贸易伙伴可以采取的贸易救济措施。根据我国保障措施条例规定，启动保障措施必须满足"进口产品数量增加，并对生产同类产品或者直接竞争产品的国内产业造成严重损害或者严重损害威胁"的条件。我国食糖产业已经因进口激增受到严重损害，加上进口来源国较多，在这种情况下，启动保障措施调控食糖进口更加有力有效。

广西食糖产量占我国食糖总产的 60％以上，满足了代表国内产业提出采取保障措施申请的资格。2016 年 7 月 27 日，广西糖业协会代表国内食糖产业向商务部提交申请书，请求对进口食糖进行保障措施调查，云南糖业协会、广东糖业协会、新疆糖业协会、内蒙古糖业协会和黑龙江糖业协会纷纷代表各自食糖会员生产企业支持申请。9 月 22 日，商务部发布公告，对进口食糖进行保障措施立案调查。随后，经过听证会、问卷调查、实地核查等调查环节，商务部于 2017 年 5 月 22 日发布公告，裁定进口食糖数量增加与中国糖业受到严重损害存在因果关系，即日起对关税配额外进口食糖征收保障措施关税，实施期限为 3 年。我国保障措施条例规定，如果保障措施适用期限超过 1 年时应依固定时间间隔逐步放宽该措施，因此，本案实施期限内征税幅度逐年放宽5％，第一年 45％，第二年 40％，第三年 35％。措施实施当年，食糖进口229.1 万吨，同比下降 25.4％，创 2010 年以来最低水平。全国糖农收入同比增加 38.5 亿元，制糖业扭亏为盈 32 亿元。

◆ 以时间换空间，助力产业转型升级

保障措施的实施为我国食糖产业转型升级争取了 3 年缓冲期。以广西为例，在对进口食糖采取保障措施的机遇期狠抓"双高"（高糖高产）基地建设，

截至 2018 年，全区 500 万亩*"双高"糖料蔗基地累计完成土地整治 435.9 万亩。已建成的"双高"基地良种种植率达 100%，机种率为 75.66%，机收率为 15.11%，综合机械化率为 67.08%，糖料蔗种植水平进一步提高。同时，坚持政府引导，以市场为导向、以资本为纽带、以自愿为原则，大力推进核心制糖企业战略重组，产业集中度明显提高，目前 6 家核心制糖企业产糖量约占全区 75%。食糖商贸服务体系建设初见成效，服务能力和水平不断提升，泛糖产品现货交易平台的运行稳定了食糖价格，甘蔗生产大数据服务系统则为甘蔗生产提供了信息化、精准化服务。广西食糖产业迸发出新活力，呈现健康平稳的发展态势。

食糖保障措施是我国 2001 年加入 WTO 以来发起的首例涉农保障措施案件，也是我国涉农产业依法、依规合理运用国际规则保护国内行业利益的一次积极尝试，基本达到了以时间换空间，促进产业转型升级的立案初衷，同时也为保障老少边穷地区 4 000 万名糖农的生计、打赢脱贫攻坚战、实现全面小康做出了积极贡献。

---

* 亩为非法定计量单位，1 亩＝1/15 公顷。——编者注

"双反"措施如何助力马铃薯产业发展?

刘淑慧

马铃薯是我国第四大主粮作物,2017 年种植面积 8 696 万亩,产量 9 682 万吨,占世界总量的近 1/3。马铃薯耐干旱、耐瘠薄、抗灾能力强、稳产高产,是三北、西南等老少边穷地区的主栽农作物,种植区域与连片特困区高度重合,15 个主产省份有 6 000 多万名薯农。马铃薯产业是被列入国家"粮食安全""产业扶贫、精准扶贫"和"兴边富农"发展战略的重点扶持产业。

◆ 起步晚又遭遇进口冲击,产业发展艰难

我国马铃薯加工业相较于欧洲马铃薯加工业基地起步较晚。随着国内马铃薯种植业的发展,至 20 世纪 90 年代初,我国马铃薯加工业得到较大发展。马铃薯加工业主要包括淀粉、全粉和薯条薯片等三类产品,每年可消化 1 000 万吨左右鲜薯。其中淀粉加工(包括粉条、粉丝、粉皮等)占 70% 左右,每年可加工转化马铃薯 700 万~800 万吨,对马铃薯生产具有"稳定器"作用。因此,马铃薯加工业是贫困地区的支柱性产业,对区域经济发展、增加农民收入、带动老少边穷地区脱贫致富有重要意义。

马铃薯淀粉具有黏性大、膨胀效果好、吸水力强等特点,被广泛应用于食品、制药、化工、造纸、纺织、建材、发酵、水处理等几十个工业领域,国内对马铃薯淀粉的年需求量约为 70 万吨。

欧洲在马铃薯种植方面具有得天独厚的气候和土壤优势,长期发展中形成了规模化和现代化经营,机械化水平明显高于我国,其马铃薯加工企业平均生产成本只有我国的 50%~60%,形成了出口价格优势。据海关统计,2005 年我国从欧盟进口的马铃薯淀粉数量激增至 7.5 万吨,同比增长近 3 倍,比此前 3 年总和还多 1 万多吨。价格大幅下跌。欧盟马铃薯淀粉到岸价从 550 美元/吨猛降到了 360 美元/吨,最低时每吨折合人民币仅 2 800 元左右。伴随着欧洲马铃薯淀粉非常态化的进口,国内马铃薯淀粉企业出现资金周转困难、产品价格大幅下跌、产品滞销等情况,全行业处于大幅亏损状态,产业发展艰难。

◆ 实施反倾销措施,建立第一道进口冲击"防洪堤"

大量欧盟马铃薯淀粉涌入我国,国内产业界开始质疑其存在倾销,即产品以低于其正常价值的价格出口到另一国家(地区)的可能性。为了保护马铃薯

产业安全，2005 年 12 月 29 日，国内马铃薯淀粉骨干企业内蒙古奈伦、黑龙江沃华、大兴安岭丽雪精、青海威思顿、内蒙古科鑫源、甘肃兴达和云南昭阳等代表国内产业向商务部提交反倾销调查申请。这些企业马铃薯淀粉产量占当时国内同类产品总产量的 50% 以上，符合《中华人民共和国反倾销条例》（以下简称《反倾销条例》）规定的申请人资格要求。

反倾销是针对不公平贸易采取的贸易救济措施。根据我国《反倾销条例》，采取反倾销措施需满足"进口产品以倾销方式进入中华人民共和国市场，并对已经建立的国内产业造成实质损害或者产生实质损害威胁，或者对建立国内产业造成实质阻碍"的条件。2006 年 2 月 6 日，商务部决定立案调查，经过一系列调查程序，2007 年 2 月 6 日发布最终裁定，认定原产于欧盟的进口马铃薯淀粉存在倾销，对国内马铃薯淀粉产业造成实质损害且倾销和实质损害之间存在因果关系，决定对原产于欧盟的马铃薯淀粉征收 17%～35% 的反倾销税。该措施的实施为国内产业创造了有序稳定的市场环境，国内马铃薯淀粉产量由 2005 年的 12.5 万吨迅速增至 2007 年的 34.5 万吨，价格实现恢复性上涨，国内产业扭亏为盈。

◆ 进口过猛势头再现，产业提起反补贴诉讼

实施反倾销措施两年后，2009 年开始自欧盟进口马铃薯淀粉开始反弹，2010 年达到 14 万吨，自欧盟进口量占总进口量 80% 以上，反倾销措施效果受到侵蚀。马铃薯淀粉专业委员会代表国内产业于 2010 年 6 月 30 日向商务部提出了反补贴调查申请。反补贴是针对不公平贸易采取的贸易救济措施。根据我国《中华人民共和国反补贴条例》（以下简称《反补贴条例》），采取反补贴措施需满足"进口产品存在补贴并对已经建立的国内产业造成实质损害或者产生实质损害威胁，或者对建立国内产业造成实质阻碍的"的条件。2010 年 8 月 30 日，反补贴案件正式立案调查。经过 1 年多的调查、听证和实地核查，2011 年 9 月 16 日商务部裁定欧盟对马铃薯淀粉存在补贴并对国内产业造成实质性损害，决定征收 7.5%～12.5% 的反补贴税。自此，我国对原产于欧盟的进口马铃薯淀粉实施了反倾销和反补贴两项贸易救济措施，为国内马铃薯淀粉产业赢得了宝贵的发展机会。

◆ 延续"双反"措施，助推产业扶贫

"双反"措施是合理运用 WTO 公平贸易原则，维护我国农业产业安全的重要方式，同时对保障老少边穷地区 6 000 万名薯农的生计、推动产业扶贫及实现脱贫攻坚具有重要意义。措施实施后效果明显。首先，马铃薯淀粉进口得到一定控制。2007 年国内进口总量和自欧盟进口量分别由 6.9 万吨和 6.7 万

吨降至 1.0 万吨和 0.7 万吨。2011 年，商务部在 2010 年进口量异常激增至 14.2 万吨，其中自欧盟进口量高达 14 万吨情形下，对原产于欧盟的马铃薯淀粉实施反补贴措施，进口量再次得到控制。其次，国内产业稳定发展。马铃薯播种面积由 2006 年的 6 316.5 万亩增加至 2016 年的 8 439 万亩，年均增长 2.9%。马铃薯淀粉（等级以上）产量由 2006 年的 18.8 万吨增加至 2016 年的 32.9 万吨，年均增长 5.8%。马铃薯淀粉售价从 2005 年的 3 600 元/吨恢复到 2008 年以后的 7 000～8 000 元/吨的合理水平，2010 年以来各地生产企业均实现扭亏为盈，开工率 90% 以上。第三，薯农收入明显增加。反倾销措施实施以后，马铃薯淀粉加工原材料价格不断提高，薯农收入由 2005 年的 360 元/吨增至 2016 年的 1 000 元/吨，年均增长 9.7%。

根据相关条例，我国反倾销和反补贴措施的实施期均为 5 年。实施期间，应利害关系方请求，调查机关可对"双反"措施进行复审。根据复审结果，由国务院相关部门做出保留、修改或取消有关措施的决定。迄今为止，我国对原产于欧盟的进口马铃薯淀粉反倾销和反补贴措施已分别进行了 2 次和 1 次期终复审，即 2013 年 2 月 5 日，商务部决定延长反倾销措施 5 年；2019 年 2 月 1 日，商务部终裁决定继续实施反倾销措施 5 年。2017 年 9 月 15 日，商务部在反补贴措施期终复审后决定继续实施反补贴措施 5 年。

我国为什么对原产于澳大利亚的
进口大麦实施"双反"措施?

李 楠

2020年5月18日,我国宣布对原产于澳大利亚的进口大麦实施反倾销、反补贴(以下简称"双反")措施,决定自5月19日起对自澳进口大麦征收反倾销税和反补贴税,其中,反倾销税率73.6%,反补贴税率6.9%,实施期限均为5年。一时间,国际农产品贸易中的"小类品种"大麦引起了广泛的关注,而对于长期以来深受自澳大利亚进口大麦冲击的国产大麦,也迎来了难能可贵的喘息期。

◆ 大麦在我国有多重要?

大麦是我国种植历史最为悠久的作物之一,据考证其种植历史至少有4 000多年。专家介绍,大麦可分为皮大麦和裸大麦。皮大麦中既有啤酒的重要酿造原料啤酒大麦,还有饲养家畜的重要饲料之一饲料大麦;裸大麦就是我们熟知的青稞,是藏族同胞的重要口粮。我国大麦种植1/3分布在相对较为发达的农区,2/3分布在中西部农牧结合区。大麦产业担负着为酿酒行业、饲料行业和特色食品行业提供原料,保证青藏高原地区人民粮食安全,为当地水产、水禽和牲畜养殖提供饲料,为牧区提供越冬饲草料等多种功能。无论是在相对发达的农区还是在相对落后的农牧结合区,大麦产业发展对于促进当地农牧民就业、增加农牧民收入和繁荣地方经济都有着重要作用。

◆ 我国每年要进口多少大麦?

大麦在我国主要作为食用、饲用、种用和工业消耗。近年来随着我国啤酒、肉类、乳品等消费增加,大麦消费量猛增。由于我国对大麦贸易没有特殊的保护措施,WTO最惠国进口关税税率仅3%,因此随着近年需求大幅增加,大麦进口大幅增长。2014年以前我国大麦进口量多在150万吨和250万吨之间,2015年大幅增加到1 073万吨,此后年份大多超过500万吨,2019年为593万吨。按进口量占国内供给量比例计算,大麦进口依存度从2014年起普遍高于60%,2019年为67%。

◆ 自澳大利亚大麦进口为何独占鳌头?

澳大利亚一直是我国大麦最大进口来源国,进口量占比通常高于 50%,2011 年起多数年份高于 60%。应国内深受进口冲击影响的产业代表申请,我国商务部于 2018 年 11 月和 12 月对原产于澳大利亚的进口大麦先后正式发起反倾销和反补贴的"双反"立案调查,随后 2019 年我国自澳大利亚进口大麦占比降为 39%。自澳大利亚大麦进口为何占比如此之高呢?主要原因之一是澳大利亚出口商采取了低价出口策略,相对其他大麦主产国和地区的价格都低。其次是因为 2015 年 12 月《中国-澳大利亚自由贸易协定》签署后,我国自澳大利亚大麦进口关税降为零,使其进一步获得了相对竞争优势。澳大利亚大麦对我国大麦形成了冲击和打压。据分析,我国大麦需求快速增长的市场空间大部分被澳大利亚所占据,同期国产大麦生产不升反降,种植面积萎缩、产量下降。

◆ 世界上还有哪些大麦生产和贸易强者?

俄罗斯、欧盟、澳大利亚、加拿大和乌克兰是世界主要的大麦生产国(地区),也是主要的大麦出口国(地区),五国(地区)合计产量和出口量占全球大麦产量和贸易量均超过 70%。目前,全球大麦供给充足、库存增长、出口稳定。数据显示,2019—2020 年度,全球大麦产量 1.56 亿吨,同比增长 12.5%;消费量 1.52 亿吨,同比增长 8.1%;期末库存 2 204.8 万吨,同比增长 23.9%;全球大麦出口量 2 575.2 万吨,同比增长 0.4%。预计 2020—2021 年度,全球大麦产量 1.54 亿吨,同比下降 1.2%;消费量 1.53 亿吨,同比增长 0.6%;期末库存 2 350.7 万吨,同比增长 6.6%;全球大麦出口量 2 559.8 万吨,同比下降 0.6%。

在大麦需求快速增长条件下,国内外大麦产业应该都能分享到市场规模扩大带来的红利。若国际贸易正常进行,即便其他国家和地区在大麦生产上具有一定比较优势,国内大麦产业也应该具有其适当的市场份额。但近年来由于澳大利亚大麦的低价倾销和向我国的大量出口,极大挫伤了国内农民种植大麦的积极性,严重冲击了国内大麦生产,影响了广大农民收入和就业。

大麦"双反"案正是基于澳大利亚大麦对我国产业造成的实质性损害于 2018 年 11 月发起调查的,并于 2020 年 5 月公布裁定结果,符合我国《对外贸易法》以及 WTO 相关规定。相信对澳大利亚进口大麦"双反"措施的实施将有助于遏制澳大利亚大麦产品的不公平贸易行为,恢复扭曲的市场秩序,有助于保护国内大麦上下游产业链的健康发展,保护广大大麦种植户的根本利益。

新冠肺炎疫情下如何应对农产品贸易救济案件？

李　楠

新冠肺炎疫情的发生给外贸企业正常生产经营造成了一定困扰，而对于那些正面临外国贸易救济调查的出口企业来说，疫情将给案件调查取证和裁决带来更多的不确定因素甚至不利影响。农产品出口企业应如何妥善应对贸易救济案件？如何有效寻求有关部门的帮助？以下的建议希望能给予一些启发。

◆ 立案国家或地区可能会因疫情采取临时措施

从笔者掌握的情况看，新冠肺炎疫情发生后，部分国家和地区对涉华的贸易救济案件相关事项进行了一些调整，如欧盟委员会调整了涉华的贸易救济案件调查程序，该委员会 2020 年 2 月 12 日通告称，受新冠肺炎疫情影响，欧盟暂时取消涉华贸易救济案件的实地核查调查，并适当延长相关调查问卷的答卷截止期。部分国家收紧了对华签证政策，如美国已对疫情期间来自中国的外国人实施了临时入境禁令。

◆ 近期国外贸易救济调查政策调整会带来的影响

外国调查机关取消了实地核查，我国应诉企业提供和解释必要信息的渠道和机会明显受限，对已提交的信息进行澄清和解释的难度就增加了，外国调查机关可能会更多采信外国起诉方的信息。调查问卷答卷期不足，势必影响答卷质量，进而影响采信。我国涉案企业人员出国签证受限，应诉人员可能无法赴境外应诉。

◆ 各方协作做好疫情形势下的贸易救济措施应对

面对疫情给广大企业带来的各种影响，政府相关部门有针对性地推出了多项政策措施，帮助企业应对挑战、维护合法权益、减少经济损失。

商务部先后于 2020 年 2 月 17 日和 2 月 18 日印发了《关于帮助外贸企业应对疫情克服困难减少损失的通知》和《关于应对新冠肺炎疫情做好稳外贸稳外资促消费工作的通知》，提出将强化提供法律咨询等相关服务，支持中国国际贸易促进委员会、中国食品土畜商会等相关机构为外贸企业和境外项目实施主体无偿出具因疫情导致未能按时履约的不可抗力事实性证明，积极推进无纸化流程、优化出口退（免）税服务、加大信贷支持力度、实行更优惠的进口税收政策等。

中国国际贸易促进委员会除为企业及时出具不可抗力事实性证明书外，还积极开展调研，邀请相关企业和专家进行线上座谈研讨，反映外贸企业遇到的难点问题，提出政策建议，利用"贸促通"平台为中小企业提供国际贸易突发风险防范和应对服务。

农业农村部农业贸易促进中心为应对疫情对我国农产品出口企业造成的冲击，制定并通过"农业贸易促进"微信公众号等多种形式公布了服务农业企业的"五条措施"：帮助企业妥善处理境外参展相关问题；为出口受阻企业提供法律咨询服务；帮助企业应对新技术性贸易壁垒；积极宣传我国防控疫情成果和农产品安全性；为重疫情区出口企业提供优惠服务。

从企业层面，面对国外贸易救济措施调整的形势变化，以下三点非常必要：一是请求外国调查机关在安全情况允许或疫情结束后尽快进行实地核查。若无法进行实地核查，应积极主张和争取更公平合理的实地核查替代方案，充分保障自身抗辩权。二是要求外国调查机关不得随意采用"可获得信息"，若无证据证明我方提供的信息失真或有误，应暂视为真实准确，或至少不对"可获得信息"作出肯定性裁决，而应对相关信息进行核实后再作出相应裁决。三是积极争取个案调查延期，并请求我国主管部门及行业协会对外说明疫情影响，要求给予充分延期。

新冠肺炎疫情下国家有针对性的进出口支持政策措施还在陆续出台落地，我国应诉企业和广大农产品外贸企业应树立信心，积极应对挑战。

如何利用贸易救济措施避免过度进口损害?

田　甜

　　近一个时期,贸易摩擦成为大众关注的热点,"贸易救济"一词也频繁出现在人们的视野中。顾名思义,人们容易把贸易救济同政府或民间贸易方面的救助联系起来,可实际上却看不到发放所谓贸易救济补助或开展慈善捐款活动,这是为什么呢?

◆ "物美价廉"反遭诉讼——异国同业竞争隔空交锋

　　"物美价廉"是我国商家争取市场常用的方法。改革开放之初,由于我国劳动力丰富、生产成本低,优势特色产品品质好且种类丰富,大量品质优良、价格便宜的产品如大蒜、大葱、香菇、蔺草席等成为出口创汇的优势产品,受到西方发达国家和地区的欢迎。然而1994年初,美国大蒜协会向美国商务部提交对我国大蒜的反倾销调查申请,美国商务部随即宣布对原产于我国的鲜蒜进行反倾销立案调查,并于当年9月作出裁决,对我出口大蒜征收376.7%的高关税,而其正常的大蒜最惠国进口关税仅为13%。一时间中国的蒜农难以理解,阻止物美价廉的大蒜进口,难道美国人算错账了吗?

　　实际上这个道理说起来也很简单,一国生产商不仅要面对本国消费者,也要面对他国同类产品出口商,两者之间是竞争的。一旦进口商品的价格低于国内同类商品,那么国内的生产商就会面临被挤出本国市场的风险。所以,"物美价廉"商品的进口对于国内消费者来说肯定是好事,但对于本国生产商来说可能就是遭遇了灭顶之灾。因此,当进口产品竞争力大大超过国内同类产品竞争力的时候,本国政府就需要采取措施来保护或补偿国内生产商的利益,这就是各国要采取贸易救济措施的最初用意,英文中用"Trade Remedy"来表示,具有"贸易补助"和"贸易补救"的含义,在我国正式文件中使用"贸易救济"的译法。

　　贸易救济一般包括反倾销、反补贴和保障措施三种措施。这三种措施的适用情况有所不同,但都是在国内产业受到进口损害时经常使用的市场保护手段,也是WTO规则允许的贸易"安全阀"。

◆ 设置贸易"安全阀"——贸易自由化中的"逃逸"机制

　　贸易救济的做法可以追溯到19世纪末20世纪初。1890年美国出台《反补贴法》，针对来自欧洲的糖、面粉和酒的出口补贴加征关税。随后比利时也出台了针对有出口补贴产品的《反补贴法》。十年后加拿大施行了首个《反倾销法令》，用以限制美国低价钢铁大量进入其市场。美国则于1921年效法加拿大颁布了《反倾销法案》。这些措施的初衷都是设置更加严苛的贸易壁垒。

第二次世界大战后世界经济百废待兴，国际经济合作方兴未艾，贸易自由化成为主流。1947年，《关税与贸易总协定》签署，削减关税、消除贸易壁垒势在必行。为了防止不公平竞争、转嫁危机或过度进口对协定成员内部经济造成冲击，各成员进行了艰苦谈判，形成了《关税与贸易总协定》第6条、第16条和第19条，也就是人们常说的贸易救济三项条款，对成员经济体在遇到倾销、补贴和突然大量进口冲击情况下可以采取的市场保护手段进行了规定。由于这些条款实际上是对各成员在市场受到过度进口影响时的机制性安排，人们将其称为逃逸削减关税义务机制，被视为《关税与贸易总协定》的贸易"安全阀"。值得关注的是，贸易救济三项条款最初主要是美国、加拿大、比利时等欧美发达国家根据各自反垄断、反价格歧视和反补贴有关法律所提出的，大部分实践经验来自工业品，很多规定并不完善。在后来的多轮《关税与贸易总协定》谈判中不断得到补充和完善，1995年1月1日WTO成立，《关税与贸易总协定》升级成为《1994年关税与贸易总协定》。除保留和完善贸易救济三项条款之外，还特别签署了《关于实施〈1994年关税与贸易总协定〉第6条的协定》《补贴与反补贴协定》和《保障措施协定》三个附件，对贸易救济措施的使用做了更为详细的纪律约束。

◆ 到进口国去打官司——国内法律解决国际纠纷

WTO有关协定确定了各成员使用贸易救济措施的有关规则，但贸易救济措施立案、调查和裁决的权利却归各成员自己。因此一旦出口到某个国家或地区的产品遇到了进口国或地区的反倾销、反补贴或保障措施诉讼，生产和出口这些产品的企业或代表企业的行业协会组织乃至行政主管部门都必须到进口国或地区去应诉抗辩，遭遇各种客场不便不说，烦琐的法律程序和高昂的打官司费用就会让很多中小企业望而却步，但如果放弃诉讼，一旦案件裁决成立，就将被视为接受了最高裁定税率，在措施实施期间就很难坚守市场份额了。

2003年12月，美国的暖水虾生产者组织向美国商务部和美国国际贸易委员会提出申请，要求对巴西、厄瓜多尔、印度、泰国、中国和越南等6国进口的部分冷藏及罐装暖水虾开展反倾销调查。2004年1月，美国商务部决定立案调查，有4家中国出口企业被美国商务部列为强制被调查企业。

7 月美国商务部初步裁定中国企业除广东省湛江的国联水产外，其他都存在倾销，倾销幅度为 7.7％ 至 112.8％不等。众多中小企业对此一筹莫展，很多都转向开拓其他市场。我国在美国的 13％左右暖水虾市场份额面临损失殆尽的风险。广东省中联公司和谊林公司被裁定倾销幅度为 80.2％和 82.3％，他们拿起法律武器，聘请了美国和中国的专业律师团队向美国国际贸易法院提起上诉。经过4 年多的顽强抗辩，美国商务部终于在 2009 年 5 月出台重审结果，对中联和谊林两家公司的反倾销税率从原 80.2％和 82.3％分别降至 5.1％和 8.5％。7 月，美国国际贸易法院作出裁决，同意美国商务部的这次重审结果。

◆ 构筑牢固的"防洪堤"——依法开展农业贸易救济

现实活动中，不少国家经常打着保护国内产业的幌子，借贸易救济措施之名，行贸易保护主义之实，这是 WTO 众多成员坚决反对的。加入 WTO 前后的 20 多年间里，我国的出口农产品遭受国外贸易救济措施处于多发期，一些案件如美国对我国大蒜、蘑菇罐头等采取的反倾销措施持续实施 20 多年，是极不公平的。

我国于 1994 年制定《中华人民共和国对外贸易法》，对贸易救济进行了明确的法律规定，此后陆续颁布了《中华人民共和国反倾销条例》《中华人民共和国反补贴条例》和《中华人民共和国保障措施条例》（简称"两反一保"条例）。现在执行的《中华人民共和国对外贸易法》和"两反一保"条例是 2004 年修订的。根据"两反一保"条例规定，当进口产品对国内产业造成损害（严重损害、实质损害或损害威胁等）时，国内产业或者代表国内产业的自然人、法人或者有关组织可以依照相关条例向商务部提出贸易救济（反倾销、反补贴或保障措施）调查的书面申请。商务部自收到申请书及有关证据后对申请人提供内容及证据进行审查并决定是否立案调查。对损害的调查和确定由商务部负责，涉及农产品的国内产业损害调查由商务部会同农业农村部进行。立案调查后，商务部将按照相关程序开展案件裁决相关工作。裁定后如果需要采取贸易救济措施，商务部将提出建议，国务院关税税则委员会根据商务部的建议作出决定，由商务部予以公告。对于措施决定不服的，可以依法申请行政复议，也可以依法向人民法院提起诉讼。

农业贸易救济是贸易救济措施在农业领域的具体实践与应用。我国《中华人民共和国农业法》规定"为维护农产品产销秩序和公平贸易，建立农产品进口预警制度，当某些进口农产品已经或者可能对国内相关农产品的生产造成重大的不利影响时，国家可以采取必要的措施。"我国加入 WTO 以来，依据WTO 规则，按照我国《中华人民共和国对外贸易法》和"两反一保"条例相关法律法规，已经开展了对原产于美国的白羽肉鸡反倾销、反补贴调查，对原产于欧盟的马铃薯淀粉反补贴、反倾销调查，对原产于美国的干玉米酒糟反补贴、反倾销调查，对进口食糖实施保障措施，对原产于美国的高粱反补贴、反倾销调查，对原产于澳大利亚的大麦反倾销、反补贴调查等多起农业贸易救济案件裁决工作，对保护国内相关产业、促进农民增收、助力扶贫攻坚和农业供给侧结构性改革起到了重要作用。

农产品生产经营者如何提出反倾销申请？

张军平

日常生活中，作为普通消费者，我们喜欢物美价廉的商品，商家也经常在节庆或特定的时点进行打折促销，聚拢人气、拉升销售业绩。琳琅满目的农产品和食品也常成为各种打折季的主力，让消费者目不暇接、难以抑制"买买买"的冲动。然而在国际贸易实践中，类似的低价销售行为往往会遭受倾销的质疑，从而遭遇进口国家或地区生产者的反倾销诉讼。那么，反倾销作为一种WTO允许的贸易保护手段，在我们国家谁可以提起反倾销申请？提起反倾销申请又需要具备怎样的条件呢？

◆ 以事实为依据，以法律为准绳

我们国家对于反倾销诉讼是有严格法律规定的，依据《中华人民共和国对外贸易法》，国务院于 2001 年 11 月 26 日颁布了《中华人民共和国反倾销条例》（简称《反倾销条例》），并于 2004 年 3 月 31 日根据《国务院关于修改〈中华人民共和国反倾销条例〉的决定》进行修订，这是我国管理反倾销的针对性法规。《反倾销条例》规定"国内产业或者代表国内产业的自然人、法人或者有关组织"都可以依《反倾销条例》规定向商务部提出反倾销调查的书面申请。如同其他法律诉讼一样，申请人提起诉讼申请也必须提供足够的证据来证明自身权利受到了侵害。主要证据要求通常集中在三个大的方面：一是申请调查的进口产品存在倾销；二是对申请人所代表的国内产业造成了损害；三是倾销与损害之间存在因果关系。

◆ 以生产者为主，要具有代表性

虽然国内产业或者代表国内产业的自然人、法人或者有关组织都可提出反倾销申请，但《反倾销条例》同时也规定反倾销申请需要得到国内产业同业者的支持，具体要求是"在表示支持申请或者反对申请的国内产业中，支持者的产量占支持者和反对者的总产量的 50％以上的，应当认定申请是由国内产业或者代表国内产业提出，可以启动反倾销调查；如果表示支持申请的国内生产者的产量不足国内同类产品总产量的 25％的，不得启动反倾销调查。"这是保证国内外同类产业进行公平竞争的一个必要条件。此外，《反倾销条例》也规定，"在特殊情形下，商务部没有收到反倾销调查的书面申请，但有充分证据认为存在倾销和损害以及二者之间有因果关系的，可以决定立案调查。"这通常是在保护国内生产者规模过于弱小而且分散的弱势产业时才使用。2018 年 2 月 4 日，商务部对原产于美国的进口高粱进行反倾销调查就是我国首次使用这种方式立案的。

◆ 行政部门受理，多机构提供服务

提出申请是开展反倾销诉讼的第一步，大多数情况下都由企业或企业组成的行业协会发起，但其受理部门并非法院，而是行政机关，因此申请人一定要"找对门"。反倾销申请人可以依照《反倾销条例》规定向商务部提出反倾销调查的书面申请，具体部门就是商务部贸易救济调查局。实际操作中，申请人在决定提交申请之前可能会遇到很多问题需要向有关部门寻求咨询服务，因此还存在"问对人"的问题。商务部贸易救济调查局本身可以提供全面权威的贸易救济法律法规咨询指南服务，同时也具有指导和协调商（协）会和企业开展中外业界对话磋商以及实行行业自律的职能。除此之外还有一些涉农部门也可以为农产品生产经营者提供相关的咨询服务，其中，农业农村部农业贸易促进中心就可以提供农业产业损害监测预警分析和农产品贸易的相关咨询服务。中国国际贸易促进委员会法律事务部也可以提供专业的企业法律和权益保护咨询服务。

实际上，申请人提出申请的过程就是收集证据、开展所受损害调查的过程。这些活动必须依法依规进行，专业的法律服务是必不可少的。因此，大多数申请人都应聘请专业的律师事务所准备相关申请资料。目前我国已经涌现了一批专业性强、素质过硬的专业律师，可以为申请人提供一流的贸易救济法律服务，这也标志着我国农产品公平贸易环境建设进入了国际化、专业化和市场化的崭新阶段。

农产品反倾销案件终裁前有哪些关键程序和措施？

李　楠

农产品反倾销案件从立案到终裁都要经历一定时期的调查取证，其间会履行诸多调查程序，调查机关也可能会根据调查所取得证据和进口产品对国内产业的影响程度采取一些临时性措施。企业了解相关细节和关键环节对于积累有关知识和经验，增强反倾销应对能力是十分必要的。

◆ 初裁前调查

反倾销案件立案之后，调查机关即展开调查。调查期是有严格时间限制的，应当自立案调查决定公告之日起 12 个月内结束，特殊情况下可以延长，但延长期不得超过 6 个月。调查期内，利害关系方、利害关系国（地区）政府要按立案公告要求，在规定时间内向调查机关登记参加调查。登记应诉工作完成后，调查机关可以采用问卷、抽样、听证会、现场核查等方式向利害关系方了解情况，进行调查。利害关系方应当如实反映情况，提供有关资料。调查机关应当允许申请人和利害关系方查阅本案有关资料，属于按保密资料处理的除外。《反倾销条例》第 21 条明确规定，利害关系方不如实反映情况、提供有关资料的，或者没有在合理时间内提供必要信息的，或者以其他方式严重妨碍调查的，商务部可以根据已经获得的事实和可获得的最佳信息作出裁定。可见，相关企业在应对反倾销调查时，应该积极应诉，据理力争，最大程度争取有利条件。

◆ 初裁和终裁

调查机关根据调查结果就倾销、损害和二者之间的因果关系是否成立作出初裁决定并予以公告。但是，如果出现下列四种情形之一，即有申请人撤销申请，没有足够证据证明存在倾销、损害或者二者之间有因果关系，倾销幅度低于 2%，倾销进口产品实际或者潜在的进口量或者损害属于可忽略不计，商务部认为不适宜继续进行反倾销调查，调查机关则应终止调查并予以公告。

若初裁确定倾销、损害以及二者之间因果关系成立，调查机关会对倾销及倾销幅度、损害及损害程度继续进行调查，并根据调查结果做出终裁，予以公告，并将终裁决定所依据的基本事实通知所有已知利害关系方。

◆ 临时反倾销措施

如果初裁确定倾销成立，并认定倾销对国内产业造成了损害，调查机关就可以采取临时反倾销措施，主要包括征收临时反倾销税，要求提供保证金、保函或者其他形式的担保等。临时反倾销税税额或者提供的保证金、保函或者其他形式担保的金额应当不超过初裁确定的倾销幅度。临时反倾销措施的期限一般是自临时反倾销措施决定公告规定实施之日起不超过 4 个月，特殊情形下可以延长至 9 个月。值得注意的是，在反倾销立案调查决定公告之日起 60 天内是不得采取临时反倾销措施的，而且如果终裁决定不征收反倾销税，或者终裁决定未确定追溯征收反倾销税，那么已征收的临时反倾销税、已收取的保证金应当予以退还，保函或者其他形式的担保应当予以解除。

◆ 价格承诺

出口商在反倾销调查期间可以向商务部作出改变价格或者停止以倾销价格出口的价格承诺。商务部认为出口经营者作出的价格承诺能够接受并符合公共利益，可以决定中止或者终止反倾销调查而不采取临时反倾销措施或者征收反倾销税，并予以公告。商务部不接受价格承诺的，则应向有关出口经营者说明理由。

农产品反倾销案件立案后
如何开展调查取证？（一）

张军平

　　根据我国《反倾销条例》的规定，商务部在收到申请人提交的反倾销立案申请书和有关证据之日起 60 天内，要对申请人资格、申请书内容及所附证据等进行审查，然后做出立案调查或者不立案调查的决定。如果决定立案，在立案公告发布之前，应当通知有关出口国或地区政府，以便被诉方知晓，这是 WTO《关于实施〈1994 年关税与贸易总协定〉第 6 条的协定》，也就是我们通常所称的 WTO《反倾销协定》所规定的义务。一旦商务部发布立案调查公告，一个反倾销案件就立案了，紧接着就要启动立案调查程序。

◆ 立案调查讲程序，利害关系方要知晓

　　反倾销立案调查的决定由商务部予以公告。公告除了在商务部网站和相关媒体上公布之外，调查机关还要做大量细致的通知工作。被通知对象一般统称为利害关系方，包括案件申请人、已知的出口经营者和进口经营者、出口国（地区）政府以及其他有利害关系的组织和个人。在确保利害相关方知晓了立案消息之后，调查取证工作随即就开始了。

　　调查机关可以采用问卷、抽样、听证会、现场核查等多种方式向利害关系方了解情况、进行调查，主要宗旨是为各利害关系方提供充分的陈述意见和论据的机会。如有必要，调查机关还会派工作人员赴有关国家（地区）进行实地调查，但如果有关国家（地区）对调查提出异议就无须安排了。通常情况下，调查机关进行调查时，利害关系方应当如实提供资料和证据。如果利害关系方不如实反映情况、提供有关资料，或没有在合理时间内提供必要信息甚至以某种方式严重妨碍调查，调查机关可以根据已经获得的事实和可获得的最佳信息作出裁定。因此，反倾销案件利害关系方积极提供对自己有利的信息资料和证据是十分重要的。如果不提供资料，甚至不参加、不配合调查，很可能失去争取有利裁决结果的机会。利害相关方无须担忧所提供的信息资料和证据涉及自身商业秘密，因为《反倾销条例》有专门的保密条款来保障利害相关方的权益。正常情况下，反倾销调查的期限是自立案调查决定公告之日起 12 个月，特殊情况可以延长，但延长期不得超过 6 个月。

◆ 把握案件三要素，由表及里做调查

前面讲过，反倾销申请人提起诉讼申请必须提供足够的证据来证明自身权利受到了侵害，主要证据集中在三大方面：一是申请调查的进口产品存在倾销；二是对申请人所代表的国内产业造成了损害；三是倾销与损害之间存在因果关系。这三方面通常被称为反倾销案件的三要素。申请人的申请资料中这三方面的证据不可缺少，那么案件的调查取证也就会围绕这三个要素展开。一般情况下，我们把对进口产品是否存在倾销的调查称为对倾销的调查，简称倾销调查；把对进口产品倾销是否对国内产业造成了损害的调查和确定称为对损害的调查和确定，简称损害调查。在我们国家，依据《反倾销条例》规定，"对倾销的调查和确定，由商务部负责。""对损害的调查和确定，由商务部负责；其中，涉及农产品的反倾销国内产业损害调查，由商务部会同农业部进行。"2018 年机构改革以后，涉及农产品的反倾销国内产业损害调查由商务部会同农业农村部进行，这也是农产品反倾销案件与其他产品不同的地方之一。两项调查如果取得了有利于申请人的证据，那么就要确定倾销与损害之间存在因果关系。需要明确的是，这种因果关系并非指唯一因果关系，而是倾销事实是对国内产业造成损害原因之一即可成立，不过这要在前两项调查取得证据基础之上才能确定。

◆ 正常价值是尺度，去伪存真辨倾销

倾销在我们的印象里很容易同低价抛售联系在一起，但在国际贸易中倾销则有着严格的定义。我国《反倾销条例》第三条规定"倾销，是指在正常贸易过程中进口产品以低于其正常价值的出口价格进入中华人民共和国市场。"在WTO《反倾销协定》第二条里明确规定"如一产品自一国（地区）出口至另一国（地区）的出口价格低于在正常贸易过程中出口国（地区）供消费的同类产品的可比价格，即以低于正常价值的价格进入另一国（地区）的商业，则该产品被视为倾销。"因此，低价并不意味着就一定是倾销，高价也不一定就不存在倾销，关键是要以产品的正常价值为尺度。所以，我们消费者欢迎"物美价廉"的商品，只要不是低于这些商品的正常价值，对我国同类产品生产者造成损害，开展不公平竞争就可以，这样更能促进我国消费市场的繁荣和发展。

农产品反倾销案件立案后如何开展调查取证？（二）
—— 什么是同类产品和国内产业？

李　楠

反倾销案件立案公告发布后，我们首先会关注是源自哪个国家的哪个进口产品受到了立案调查，是由哪个行业提起的申请，国内哪些产品受到了影响，这些在大家看来都是很基本的信息，就像我们认识一个人要知道他的名字、来自哪个地区、从事什么职业一样自然。在反倾销案件调查中，这些信息都有专业概念，如"同类产品""国内产业"等。

◆ 同类产品相同又相似

同类产品（Like Product）是反倾销中的一个重要概念。根据乌拉圭回合谈判达成的反倾销法律《反倾销协定》，同类产品"为与有关产品完全同一、即各方面都相似的产品，如果无此种产品，则为尽管并非在各方面都相同，但具有与考虑中的产品的特性极为相似的另一种产品"。我国《反倾销条例》第12 条规定"同类产品，是指与倾销进口产品相同的产品；没有相同产品的，以与倾销进口产品的特性最相似的产品为同类产品。"这些条款看起来很拗口，但其含义却是明确的，即同类产品可以分两种情况：一是指相同产品，如果国内企业生产的产品与特定进口产品完全相同，则该相同产品就是同类产品；二是指相近相似的产品，如果国内企业生产的产品与进口产品不完全相同，则根据产品特性可选择相近和相似的产品作为同类产品。这给同类产品的界定留出了一定的灵活性，但在具体案件中，同类产品的界定必须清晰明确，以免造成不必要的歧义和误解。

◆ 同类产品需要多维度比较，明确界定

在实际的反倾销案件中，起诉书和裁决书通常都会有专门的被调查产品详细描述，以此来规范和明确被调查进口产品与国内产品是否属于同类产品。以我国对原产于美国的进口高粱反倾销调查案件为例，在立案公告第二部分"被调查产品及调查范围"中，对被调查产品高粱进行了如下描述：

【调查范围】原产于美国的进口高粱。

【被调查产品名称】高粱，又称食用高粱。

【英文名称】Grain Sorghum

【产品描述】高粱是禾谷类作物，具有独特的抗逆性和适应性。高粱的籽粒通常千粒重在35.0克以下，也包括35.0克以上极大粒品种。

【主要用途】可直接食用，亦可用作酿造、饲料、能源加工等。

该产品归在《中华人民共和国进出口税则》10079000项下。

这些描述中明确了高粱的生物学、农学、实际用途和海关分类等多个特征，从不同维度界定了本案中所指高粱的具体含义，对认定国内同类产品提供了明确的尺度。

◆ 国内产业与同类产品紧密相连

在明确了同类产品以后，受倾销产品影响的国内产业就很容易确定了。我国《反倾销条例》第11条规定"国内产业，是指中华人民共和国国内同类产品的全部生产者，或者其总产量占国内同类产品全部总产量的主要部分的生产者；但是，国内生产者与出口经营者或者进口经营者有关联的，或者其本身为倾销进口产品的进口经营者的，可以排除在国内产业之外。"这里明确排除了与被调查进口产品进出口经营者有关联的国内生产者和本身就是被调查进口产品进口经营者两类国内生产者。

在我国《反倾销条例》第11条中，还规定了一种国内产业的特殊情形，即"在特殊情形下，国内一个区域市场中的生产者，在该市场中销售其全部或者几乎全部的同类产品，并且该市场中同类产品的需求主要不是由国内其他地方的生产者供给的，可以视为一个单独产业。"这主要是针对国内区域市场，在实际应用中需要认真加以甄别。

农产品反倾销案件立案后如何开展调查取证？（三）
—— 如何认定进口产品的正常价值？

李 楠

前面我们提到，确定一项进口产品的正常价值是衡量其是否存在倾销的重要尺度。表面看这是件很普通和很容易的事，但在实际的反倾销立案调查中却是纷繁复杂的，也是控辩双方辩论的焦点问题之一。

◆ 按照出口国国内市场销售价格确定正常价值

WTO《反倾销协定》做出了各成员需要遵守的一般规定，在协定第二条中有详细说明，各成员基本都会据此作出本国（地区）的具体规定。我国《反倾销条例》第4条规定了直接的确定正常价值的方法是以出口国（地区）内部市场正常贸易过程中形成的"可比价格"为正常价值。例如，某出口国的大豆在其国内市场销售的平均价格为3 500元/吨，那么这个价格就可以被看作"可比价格"。出口国国内市场销售价格是确定正常价值最直接的方法。在我国对原产于美国的进口干玉米酒糟反倾销调查案件中，调查机关在初裁中正是依据美国干玉米酒糟的生产情况和在美国国内销售情况来认定正常价值的。选取出口国国内市场销售价格为正常价值一般需要符合以下原则：一是出口产品的同类产品，二是出口产品在出口国国内市场上占据一定销售份额，三是出口产品在出口国国内市场的销售价格必须是正常交易形成的市场价格，四是出口国国内市场销售价格能代表出口国国内市场一般交易水平。

◆ 间接方法确定正常价值

我国《反倾销条例》第4条规定除了直接用"可比价格"确定正常价值方法以外，还可用间接的方法来确定正常价值，这是对进口产品的同类产品在出口国（地区）内部市场的正常贸易过程中没有销售的，或者该同类产品的价格、数量不能据以进行公平比较的，以该同类产品出口到一个适当第三国（地区）的可比价格或者以该同类产品在原产国（地区）的生产成本加合理费用和利润为正常价值。这也是通常所说的"第三方价格"参照法，是一类间接方法。其中包含两种方法：一是以向第三国出口价格为正常价值。我国《反倾销条例》中未对如何选取第三国、如何计算向第三国出口的价格等问题做出规定，而WTO《反倾销协议》则明确规定该价格是向所有第三国出口价格中最高的价格、销售价格不能低于成本等细则。二是以生产成本加合理费用、利润为正常价值。例如，我国对原产于巴西的进口白羽肉鸡产品反倾销调查案件中，调查机关审查公司调查期内同类产品在巴西国内的销售情况发现，两个型号同类产品无国内销售或内销数量占同期向中国出口被调查产品销售数量的比例均不足 5%，决定采用结构正常价值方法确定正常价值，并进一步审查其生产成本以及销售、管理和财务费用。

◆ 以正常价值为参照确定倾销是否存在及其幅度

我国《反倾销条例》规定"倾销是指在正常贸易过程中进口产品以低于其正常价值的出口价格进入中华人民共和国市场。"在被诉进口产品的正常价值确定后，进口产品是否存在倾销很自然就可以确定了，我国《反倾销条例》第 6 条规定"进口产品的出口价格低于其正常价值的幅度为倾销幅度"。一旦存在明显的倾销，那么调查机关就可以对被调查产品进行裁定。需要特别注意的是，如果发现倾销幅度很小，调查机关会终止对被诉产品的倾销调查。在我国《反倾销条例》第 27 条中明确规定，当倾销幅度低于 2% 时，反倾销调查应当终止。

农产品反倾销案件立案后如何开展调查取证？（四）
——如何认定倾销损害？

李 楠

在反倾销调查过程中，开展国内产业损害调查是与倾销调查同样重要的内容。在实际的农产品反倾销案件中如何认定倾销损害呢？我国《反倾销条例》第7条明确规定，损害是指倾销对已经建立的国内产业造成实质损害或者产生实质损害威胁，或者对建立国内产业造成实质阻碍。这里涉及三种损害形式，即实质损害、实质损害威胁和实质阻碍。

◆ 实质损害

实质损害是指对国内产业已经造成的、不可忽略的损害。在认定实质损害时，主要调查以下几个方面：一是倾销进口产品数量大量增加。数量增加包含两种情形，可以是倾销进口产品的绝对数量大量增加，也可以是相对于国内同类产品生产或消费数量大量增加。二是倾销进口产品对国内同类产品价格的负面影响。与国内同类产品价格相比，倾销进口产品是否大幅削价销售？或者倾销进口产品是否大幅压低国内同类产品价格，或在很大程度上抑制国内同类产品本应发生的价格增长？三是倾销进口产品对国内产业的冲击。要对影响国内产业状况的有关经济因素和指标进行评估，例如销售、利润、库存、产量、市场份额、生产率、投资收益状况、就业、工资等受到的实际或潜在的负面影响。

以我国对原产于巴西的进口白羽肉鸡反倾销调查为例。调查显示，调查期内被调查产品进口数量逐年上升，累计增长153.84%；进口数量占中国国内市场份额逐年上升，累计增长157.58%；加权平均进口价格逐年下降，累计下降8.17%。对16项国内产业的相关经济因素和指标的调查显示，调查期内，国内产业税前利润持续为负值，亏损金额巨大；销售价格整体呈下降趋势，投资收益率一直为负、经营活动现金净流量均为净流出，期末库存持续增加，开工率较低。据此在2018年6月的初裁中认定，损害调查期内，被调查产品的进口数量及其各规格型号的进口数量均大量增加，较中国国内消费的相对进口数量均大量增加，价格始终低于国内同类产品价格，对国内同规格产品价格造成了削减，国内白羽肉鸡产业受到了实质损害。

◆ 实质损害威胁

实质损害威胁是指对国内产业尚未造成实质损害，但有证据表明如果不采取措施将导致国内产业实质损害发生的明显可预见和迫近的情形。我国《反倾销条例》中规定，对实质损害威胁的确定应当依据事实，不得仅依据指控、推测或者极小的可能性。实践中，实质损害威胁是根据明显可预见和迫近的情形来判断，并且如果不采取措施，实质损害将会发生。认定实质损害威胁时，主要审查倾销产品进口的增长幅度、出口商可自由使用的或即将实质增加的出口能力、进口产品是否将大幅压低或抑制国内同类产品价格、库存情况等因素。

◆ 实质阻碍

实质阻碍是对国内产业未造成实质损害或者实质损害威胁，但严重阻碍了国内产业的建立。实质阻碍的认定需要两个层面的审查。一个层面是从进口产品角度审查，具体审查内容与实质损害威胁类似。另一个层面是从国内产业发展状况角度审查，主要包括国内产业的建立或筹建情况、国内需求的增长情况及其影响、倾销进口产品对国内市场状况的影响、倾销进口产品的后续生产能力和在国内市场的发展趋势等因素。通过审查内外两个层面的因素，最终对进口产品是否对国内产业建立及发展造成不利冲击做出判断。

在已立案的反倾销案件损害调查中，实质损害是最常见的类型，实质损害威胁及实质阻碍则较少。国际上对实质损害威胁及实质阻碍的立法解释也相对简单，但在实践中一些国家却形成了操作性较强的措施，如美国的一种实质损害威胁认定方式被称为"库存猝死法"，即认为进口产品囤积到一定程度时很可能会低价销售占据市场。这种方法已经应用到美国对钢铁产品的反倾销调查当中。迄今为止，我国农产品反倾销案件中尚无相关案例，未来应对此加强研究，提高预见性，降低贸易风险。

国家间如何打经济"官司"?

刘 岩

　　针对美国的单边主义、贸易保护主义行为，2018年4月初中国将美国301调查等措施诉诸WTO。作为中美贸易摩擦的重要"战场"，WTO多边贸易争端解决机制受到各方高度关注。自1995年以来，争端解决机制成功处理了大量高难度和敏感的贸易争端，因其重要作用，被称为多边贸易体制"皇冠上的宝石"。因为利用WTO争端解决机制"打官司"的不是个人或公司而是WTO成员，所以与一般法院审理相比，WTO争端解决程序有许多不同之处。在此，我们将结合上述中国诉美国案例给大家做简要介绍。

◆ 正式"上堂"之前双方必须先磋商尝试"私了"

　　通常而言，一个完整的WTO争端解决程序包括磋商、专家组程序、上诉程序、裁决执行四个环节。与一般法院审理程序不同，WTO要求争端双方在正式"对簿公堂"之前先自行磋商，以求通过"私了"解决争端。这个强制环节很有必要：WTO报告显示，磋商是WTO成员解决贸易争端的主要途径，很多争端都是不"上堂"就能得到解决的。

◆ WTO"审案"的不是法官而是专家

　　当然，不是所有争端都能"磋"出结果，在磋商未果的情况下，贸易争端最终还要靠"审理"解决。这个"审理"的环节就是专家组程序。WTO设有专门的争端解决机构（Dispute Settlement Body）来负责审理成员争端。争端解决机构派来"审案"的人也与法院不同：不是法官，而是一个专家组。专家组要通过审阅当事成员书面材料、召开听证会听取各方当面陈述等方式，对争端涉及的事实情况，适用的法律等做出分析评估，并形成专家组报告。专家组的这个报告还要由争端解决机构通过后才能成为最终的"裁决结果"。

◆ 在WTO"打官司"也是可以上诉的

　　上述裁决结果并不是"一锤定音"的，不管是"原告"还是"被告"，只要当事成员对裁决结果不服，都可以向WTO争端解决上诉机构提出上诉。不过，上诉机构审查的内容仅针对法律问题，比如专家组对条款的解释是不是合理，专家组裁决时适用的法律是不是正确等。上诉机构不会重新核查现有证据，也不会去审理当事方新提出的其他新问题。

◆ WTO 裁决的执行方式也有"特色"

与法院裁决一样，WTO 贸易争端解决机构的裁决也是有强制执行力，是"有牙齿"的。成员败诉了，就要执行裁决。但是，如果一起争端的败诉成员是个"老赖"，WTO 怎样解决"执法难"的问题呢？与一般法院审理的强制执行方式不同，WTO 的执行方式是要求败诉成员"补偿"或者允许胜诉成员"报复"。根据 WTO 规则，如果败诉的成员国未能按期执行裁决，就必须同胜诉成员进行谈判，以求达成双方都满意的补偿协议。如果双方不能达成补偿协议，WTO 还给予胜诉成员对败诉成员进行报复的权力，报复的方式一般是中止关税减让等。

◆ 我国也在积极利用争端解决机制维护农业领域合法权益

我国是 WTO 争端解决机制的积极参与者和捍卫者。在农业领域，我国先后成功完成诉欧盟禽肉关税配额管理措施案（争端编号 DS492），诉美国反倾销归零措施案（争端编号 DS422）和诉美国影响中国禽肉进口的某些措施（争端编号 DS392）等案件，有力维护了国内产业和企业的合法权益。

除关税外，还有哪些措施
会对农产品出口产生影响？

刘　岩

农产品出口对实施乡村振兴战略、深化农业供给侧结构性改革、促进农民增收具有重要意义。要大力促进我国优势农产品出口，切实提高出口产品附加值，扩大出口产品品牌国际影响力，就需要我们对除关税外其他影响农产品贸易的措施有所了解。那么，当一家农业企业向国外出口农产品时，需要注意出口市场的哪些贸易措施呢？下面简要介绍最常见的两类。

◆ 与产品自身质量和特性相关的措施——技术性贸易措施

此类措施的出发点是保护消费者健康、动植物安全、防止欺诈和保护环境等。狭义的技术性贸易措施包括技术性贸易壁垒措施（TBT 措施）和卫生与植物卫生措施（SPS 措施）。SPS 措施指以保护人类和动植物生命及健康为目的的检验检疫等措施，而除此之外的其他各类技术法规、标准、合格评定程序等均属于 TBT 措施范畴。前者适用 WTO 的《实施卫生与植物卫生措施协定》，后者适用《技术性贸易壁垒协定》。

举例来说，一家企业出口苹果到国外，出口市场会要求对苹果进行必要处理以防止虫害传播，此类要求就属于 SPS 措施。而出口市场对苹果的包装方式、包装材料、标签内容、仓储运输等方面的要求、标准则属于 TBT 措施。苹果农药残留限量标准很可能属于 SPS 措施，而规范相关农药活性物质的规则一般是 TBT 措施。

◆ 与产品出口价格相关的措施——贸易救济措施

当进口对进口国国内产业造成负面影响时，进口国政府所采取的减轻乃至消除此类负面影响的措施被称为贸易救济措施。技术性贸易措施的出发点是保护消费者、动植物和环境安全，而贸易救济措施的出发点是保护进口国国内产业安全。贸易救济措施包括三种形式：反倾销、反补贴和保障措施。反倾销指出口国以低于本国国内市场正常价格的价格向别国出口产品，并给进口国国内生产同类产品的产业带来损害时，进口国采取的抵制措施。反补贴指出口国政府或者任何公共机构向本国企业提供优惠，使其具有竞争优势，给进口国国内生产同类产品的产业带来损害时，进口国采取的抵制措施。保障措施是指当不可预见的发展导致某种产品的进口数量增加，对进口国生产同类或直接竞争产品的国内产业造成严重损害或严重损害威胁时，进口国采取的应对措施。

我们还是使用出口苹果的例子。假设某企业生产的苹果在国内销售净价3元/千克，抵达出口市场所需运费等费用合计0.5元/千克，但出口价依旧维持在3元/千克，则净出口价只有2.5元/千克，就有可能被进口国认定存在倾销行为。这里只是用简单化的数据来描述"倾销"的内涵，实际计算倾销的过程要复杂得多。如果出口国向出口苹果的这家企业提供补贴，让企业能够以有竞争力的低价格出口苹果，则可能被进口国认为存在补贴行为。当倾销和补贴行为给进口国国内苹果产业带来损害时，进口国就有可能采取反倾销、反补贴措施，主要方式是征收反倾销税、反补贴税。不论是倾销还是补贴，都是出口方存在不公平竞争的情况。还有一种贸易救济措施，是出口方在"无辜"的情况下也可能遭遇的，就是保障措施。当不可预见的发展导致进口国苹果进口数量大幅增加，对进口国国内苹果产业造成严重损害或严重损害威胁时，进口国就可能采取保障措施。

WTO成员实施上述措施的情况可以通过WTO官网的I-TIP数据库进一步了解。

平衡"吃得安全"与"卖得顺利"
——SPS 措施及其规则

刘 岩

每当一国暴发动物疫病或食品安全事件，相关国家的相应检验检疫措施都会有所反应。这类检验检疫措施基本上都属于卫生与植物卫生措施（SPS 措施）的范畴。WTO 允许其成员使用 SPS 措施来防范因进口农产品和食品给本国或者本地区带来风险。与此同时，为了保证措施不被滥用，WTO 对各成员实施 SPS 措施予以一定规范。在此，将简要介绍 SPS 措施的内容和实施规则。

◆ SPS 措施是什么？

SPS 措施是指 WTO 成员采取的旨在保护食品安全和动植物健康的措施（food safety and animal and plant health measures），可分为食品安全、动物卫生和植物卫生措施三个大类。举例来说：规范食品中农药残留限量、重金属限量以及食品添加剂使用等措施都是食品安全领域的 SPS 措施；因某种果蔬产品携带病虫害而禁止其进口，或需对果蔬产品进行某种杀菌处理等措施都是植物卫生领域 SPS 措施；因禽流感、口蹄疫等动物疫病而禁止进口相关肉类的措施则属于动物健康领域的 SPS 措施。

◆ WTO 成员制定 SPS 措施需要满足哪些前提？

WTO 允许其成员合理使用 SPS 措施是非常必要的，只有这样才能有效保护人类和动植物安全健康，让各成员消费者"吃得安全"。而与此同时，某些国家或地区也可能利用这项措施作为手段，采取一些没有科学根据或者非必要的 SPS 措施来限制正常的农产品贸易。因而，为保证在"吃得安全"的同时让农民和出口企业把产品"卖得顺利"，WTO 要求其成员在采取 SPS 措施时必须遵守《实施卫生与植物卫生措施协定》（SPS 协定）。该协定的初衷就是要规范 SPS 措施的实施条件和原则，力争把措施对国际贸易的不利影响减到最小。

根据《实施卫生与植物卫生措施协定》，WTO 成员在制定 SPS 措施时必须满足三个前提条件：一是必要原则，即成员所采取的措施应仅在保护人类、动植物生命健康所必需的限度内实施；二是科学原则，即采取的措施要基于科学原理，有科学证据支持；三是非歧视原则，即不应对条件相同或相似的缔约成员构成不合理的歧视对待，措施实施方式不得变相限制国际贸易。

◆ WTO 各成员实施 SPS 措施还要遵守哪些原则?

各成员实施 SPS 措施还要遵循协调原则、风险评估与适度保护原则、透明度原则、等效性原则和区域化原则等。

协调原则，即鼓励 WTO 各成员根据现有的国际标准、指南或建议制定本国或者本地区的 SPS 措施（在充分科学证据支持下，WTO 也允许成员采取更高的安全标准）。

风险评估与适度保护原则，即以对人类、动植物的生命或健康的风险评估作为确定适当的保护水平的基础。

透明度原则，即各成员实施的 SPS 措施应公开透明，如按照规定通报其实施和变更情况。

等效性原则，该原则为各成员目前热议的内容之一。根据《实施卫生与植物卫生措施协定》，如果出口成员能证明其 SPS 措施对消费者和动植物提供的保护与进口成员相应措施提供的保护达到同一水平，则进口方应认可出口方的措施与自身的等效并主动接受。举例来说，a 国通常对某种水果采用热处理方式灭菌杀虫，而 b 国对该水果采取冷处理或者辐射方式，如果 b 国能证明自己的方式能够达到与热处理同样的灭菌杀虫效果，则 a 国认可 b 国措施与自己等效，接受其进口产品。在此之前，一些进口成员会苛刻地要求出口成员 SPS 措施与自己的完全相同，这对部分出口成员，尤其是发展中成员来说有时难以实现。等效性原则的推进落实对促进国际贸易无疑是很有利的。等效性认可可以是对单一措施的认可，对特定产品措施的认可，也可以是对出口方措施系统的认可。

区域化原则，目前也受到 WTO 各成员普遍关注。成员可以在严格风险分析和科学依据基础上划定自身病虫害非疫区及低度流行区，而其贸易伙伴要在充分风险分析的基础上认可这些区域。该原则的出发点是在某成员存在疫情时，通过实施防控措施，保证其非疫区及低度流行区能继续开展国际贸易。由于该原则的落实可以减轻 WTO 成员因境内部分地区发生疫病而遭遇相关产品出口全部被禁的风险，所以对于那些国土面积大的 WTO 成员来说，区域化原则的推进就尤为重要。目前 WTO 的 SPS 委员会已制定了区域化的指导方针，明确出口成员和进口成员分别应怎样做，并配以应遵循的程序。

如果读者想对具体 WTO 成员、具体产品、具体年份的 SPS 措施作进一步了解，可以通过 WTO 官网的 I-TIP 数据库查找。

TBT 措施是如何制定并应用的？

刘　岩

购买食品时，消费者首先考虑的肯定是食用安全问题，"安全"一词包含着多方面内容：产品质量是否达标、食品包装是否能保证食品新鲜卫生、包装材料是否合适、是否在保质期内、是否含有可能致敏的物质等。保证食品安全的措施大部分属于 SPS 措施和 TBT 措施。

◆ TBT 措施是什么？

TBT 措施是 Technical Barriers to Trade 的简称，通常译为技术性贸易壁垒措施。根据 WTO《技术性贸易壁垒协议》（Agreement on Technical Barriers to Trade），TBT 措施指 WTO 成员为了保护国家安全、人类和动植物健康、保护环境、保证产品质量、防止欺诈等目的而采取的技术法规、标准和合格评定程序等。

SPS 措施针对的产品以农产品和食品为主，而 TBT 措施针对所有产品。在涉及农产品时，人们偶尔会混淆 TBT 措施与 SPS 措施，其实只要仔细分析，二者区别还是比较明显的。从涵盖内容看，SPS 措施主要是食品安全、动物卫生和植物卫生三个领域的措施，而除此以外的各类技术法规、标准、合格评定程序等均属于 TBT 措施范畴。从措施目的看，WTO 成员只能为了人类或者动植物的健康或者生命安全采取 SPS 措施（危险一般来自添加剂、污染物、毒素或动植物疫病），但可以为了保护环境、防止欺诈等更广泛的原因采取 TBT 措施。举例来说，我们从超市购买了一篮苹果，规定它如何包装、标签要注明哪些内容、能用哪种肥料、需要达到什么等次的规则属 TBT 措施，规定苹果中农药残留限量、有毒物质限量的规则属于 SPS 措施。

◆ WTO 成员制定 TBT 措施要遵守的主要规则是什么？

WTO 规范 TBT 措施的主要规则是《技术性贸易壁垒协议》。WTO 认可成员为实现安全健康等合理目标而采取 TBT 措施的权利，但也认识到因为成员经济和技术发展水平不同，各自的 TBT 措施差别很大，难免对国际贸易产生阻碍，同时一些 WTO 成员还可能利用措施对别国产品进入本国市场设置障碍，造成壁垒。正如 WTO 官网指出的，各类差异明显的标准让生产者和出口商日子都不好过。WTO 成员签订《技术性贸易壁垒协议》的目标就是要确保技术法规、标准和合格评定程序的非歧视性，保证其不会对贸易造成不必要的障碍，促进商品国际贸易自由化和便利化。为了促进贸易，《技术性贸易壁垒协议》鼓励 WTO 成员将其措施建立在国际标准基础上。同时，它希望通过坚持透明度原则，给各成员创造一个可以预测的稳定贸易环境。

◆ WTO 成员实施 TBT 措施需要符合哪些基本原则？

为确保各成员出台的法规、标准是必要而有用的，而不是武断的、以贸易保护主义为隐藏目的的，根据《技术性贸易壁垒协议》，WTO 成员制定、实施和维持 TBT 措施需要遵循非歧视、透明度、特殊与差别待遇、必要性、最小贸易限制、协调一致等重要原则。非歧视、透明度、特殊与差别待遇是《技术性贸易壁垒协议》与其他 WTO 协议所共同遵循的基本规则，而最小贸易限制、协调一致原则等则是为了达到协议签订目标所需要的"特色"原则：

非歧视原则，即措施不应歧视外国产品或者对条件相同或相似的 WTO 成员的产品构成不合理的歧视对待。

透明度原则，即各成员实施的 TBT 措施应公开透明。对生产者和出口商而言，知道当前和未来出口目标市场的最新标准和要求是什么至关重要。为保证 WTO 各成员法规、标准制定及实施透明化，保证 TBT 措施信息的可获得性，WTO 要求各成员建立咨询点，互相通报各自 TBT 措施，并提供措施相关咨询服务。

技术援助及特殊与差别待遇原则。《技术性贸易壁垒协定》要求成员国向其他成员，特别是发展中成员提供咨询和技术援助。同时，作为给发展中成员的优惠待遇，协定允许发展中成员在一定的范围和条件下背离协定所规定的适用于所有成员的一般权利和义务，享有更优惠的待遇。

最小贸易限制原则，也称避免不必要贸易障碍原则，即成员所采取的措施应限于达成环境、人类健康、动植物健康等保护目标所必需的限度内。从 WTO 贸易争端案例中可见，如一 WTO 成员可证明另一成员在有贸易限制性更小且可达到同样目标的措施供选择时，采取了贸易限制性更大的措施，就可认为对方的 TBT 措施违反最小贸易限制原则。

（与国际标准）协调一致原则，即鼓励各 WTO 成员根据现有的国际标准、指南等制定本国或者本地区的 TBT 措施。如果成员的 TBT 措施被认为与国际标准一致，则一般不认为其对国际贸易造成不必要障碍。

如果读者想对具体 WTO 成员、具体产品、具体年份的 TBT 措施作进一步了解，可以通过 WTO 官网的 I-TIP 数据库查找。

如何判断某国技术法规
对我国出口农产品造成歧视？

李　婷

WTO《技术性贸易壁垒协定》（以下简称《协定》）2.1 条规定"各成员应保证在技术法规方面，给予自任何成员领土进口的产品的待遇不低于其给予本国同类产品或者源自任何其他国家同类产品的待遇"。这一条款阐述的就是《协定》最核心的原则之一，即非歧视原则。

我们要判断进口国某项规定是否对我国出口的农产品造成歧视，违反《协定》非歧视原则，需要问自己三个问题：第一，这项规定是否属于技术法规；第二，我国被区别对待的农产品和进口国国内农产品或者源自第三国的产品是不是同类产品；第三，我国出口农产品得到的待遇是不是低于进口国或者源自第三国的同类产品。

◆ 如何判断出口产品遇到的进口国规定属技术法规？

《协定》2.1 条规定的原则针对对象为技术法规。所以我们想援引非歧视原则证明进口国违反 WTO 规定，首先要判断出口产品面对的某项规定是否属于技术法规。

《协定》在附件中对技术法规做出了定义，即规定强制执行的产品特性或者相关工序和生产方法，包括使用的管理规定在内的文件。该文件还可包括或者专门规定只用于产品、工序或者生产方法的专业术语、符号、包装、标志或者标签要求。如果把这个问题交给 WTO 争端解决机构专家组评判，可能需要开展"一案一分析"。但从 WTO 对以往争端作出的裁定中，我们可以总结出三个技术法规判断依据。一是看规定针对对象是不是明确的某个或者某组产品，针对全部产品做要求的一般不属此范畴。二是看规定是不是对产品的特性做出了规范。三是看规定是不是被强制执行，如果进口国对产品特性做出的要求是自愿的、可选择的、推荐的，一般也不会将其认定为技术法规。

◆ 如何判断出口产品与进口国国内或者第三国产品是同类产品？

《协定》2.1 条规定适用的范围是同类产品，因此判断我国出口产品和进口国国内或者来自第三国的产品是否为同类产品，也是援用非歧视原则的重要前提。

总结 WTO 对以往争端的裁定，可以综合考量四个主要因素来判断两产品间的竞争性质及竞争程度，从而判断其是否构成同类产品：一是产品的物理特性、性质和质量，二是产品在市场上的最终用途，三是消费者对产品的喜好和习惯，四是产品在关税表上的分类。值得特别注意的是，WTO 专家在对印度尼西亚诉美国丁香烟生产与销售措施争端的裁定中指出，出口产品和相应进口国国内产品或者第三国产品并不需要在整个市场上具有很强的替代性，只要两产品在部分市场、对部分消费者而言存在替代性，就足以证明其可能属同类产品。

◆ 如何判断出口产品获得待遇低于同类产品？

要判断进口国某项技术法规是否对我国出口该国的农产品构成歧视，还要分析我国产品得到的待遇是否低于进口国国内或者第三国同类产品。要确定这个问题需从三方面入手：首先，要分析该技术法规是否改变了进口国市场的竞争条件并损害了进口产品；其次，要分析该技术法规对进口产生的不利影响是否完全源自合法的法规制定目的，而非武断的、不公正的歧视对待；第三，要分析该技术法规的制定实施（包括法规的设计、构建、表述、操作和使用等）是否做到公平无偏见，这要具体案例具体分析。

如果一项技术法规改变了我国在进口国市场的竞争条件从而损害了我出口利益，同时这项技术法规的制定目的不是合法的，而是出于某些政治目的或者源自保护主义，或者法规的制定实施带有偏见，不能真正做到公平公正，我们就可以认定进口国违反了 WTO《技术性贸易壁垒协定》非歧视原则。面对进口国违反 WTO 规则的措施，我们可以通过双边磋商谈判、向 WTO 争端解决机构提出申诉等多个途径加以应对，维护我国农产品企业利益。

如何避免国外技术法规成为不必要贸易障碍？

李　婷

WTO《技术性贸易壁垒协定》（以下简称《协定》）2.2 条规定，"各成员应保证技术法规的制定、采用或实施在目的或效果上均不对国际贸易造成不必要的障碍"。这就是《协定》核心原则之一的避免不必要贸易障碍原则。如进口国技术法规违反这一原则，出口国有权要求其撤销。农产品企业如何援引该原则来应对进口国不合理技术法规呢？要判断某项技术法规是否违反避免不必要贸易障碍原则，需明确以下三个问题。

◆ 是否为实现合法目标？

根据《协定》，如果一项技术法规不是为实现合法目标而制定实施的，就违反了避免不必要贸易障碍原则。该协定对技术法规的合法目标做了列举，包括国家安全要求，防止欺诈行为，保护人类健康或安全，保护动物或植物的生命或健康及保护环境。例如，出于国家安全目的，进口国要求进口危险化学品的公司进行注册；出于保护人类健康目的，要求食品标签上注明配料表和营养成分等。

◆ 是否造成了不必要的贸易障碍？

技术法规对贸易的影响是必要还是过度是判断技术法规合规性的关键。从《协定》和有关专家分析中可以总结出，评估某项技术法规是否造成不必要的贸易障碍需考虑的几个因素：一是该技术法规对实现合法目标到底有多大作用，如果作用并不直接，那就值得商榷；二是该技术法规针对的风险危险性和未采取措施可能造成的潜在影响有多大；三是该技术法规对贸易造成负面影响的严重性；四是是否有贸易限制更小的替代措施。WTO 专家指出，对贸易障碍必要性的评价是个估量、权衡和梳理因果关系的过程。

◆ 是否依照有关国际标准制定实施？

根据《协定》2.5 条，进口国证明其技术法规合理性的最有力的证据就是符合国际标准。该条款规定"只要出于第 2 款明确提及的合法目标之一并依照有关国际标准制定、采用和实施的技术法规，即均应予以作出未对国际贸易造成不必要障碍的可予驳回的推定。"简而言之，如果进口国采取技术法规的初衷是维护国家安全、防止欺诈、保护环境、保护人类和动植物健康或安全，同时又与国际标准一致，就可以认定进口国没有违反避免不必要贸易障碍原则。

　　农产品出口企业遇到技术贸易壁垒问题应积极向农业部门或海关反馈，维护自身利益。面对进口国的违规措施，我们有多种途径加以应对，比如通过与进口国建立的定期磋商机制解决，通过就专门问题与进口国安排双边磋商解决，通过 WTO 技术性贸易措施评议机制应对，乃至向 WTO 争端解决机构提出申诉等。近年我国已通过这些途径解决了大量曾困扰我国农产品出口的贸易壁垒问题。

国内国际农产品贸易与产业发展

中国从非洲大量运回粮食是真的吗？

韩振国

时有国外媒体报道称，中国政府赞助企业去非洲购买土地、种植粮食再大量运回中国。这一说法甚至被部分别有用心者当作指责中国在非洲搞"新殖民主义"的佐证。但真实情况是怎样的呢？让我们从贸易角度分析这一"欲加之罪"。

◆ 中非粮食贸易基本情况

从近 20 年中非粮食（包括谷物和薯类）贸易情况看，中国以出口为主，且出口额呈上升态势，2001 年中国向非洲出口粮食 1.6 亿美元，2019 年增长至 5.5 亿美元；相比而言，其间中国从非洲进口粮食屈指可数，年平均进口额约 25.1 万美元。中国粮食出口非洲除一般贸易外，还包括国家和国际组织对非洲的无偿援助和赠送。2001—2019 年中国平均每年发出国家和国际组织无偿援助和赠送非洲粮食额约 1 644.7 万美元，远超每年从非洲的粮食进口额。在 2011 年、2012 年、2014 年、2016 年四年间对非洲粮食无偿援助和赠送额甚至超过了一般贸易出口额（图 1）。

◆ 中国向非洲出口的主要粮食品种

具体到品种来看，以 2019 年数据为例，中国出口非洲的粮食中既有谷物也有薯类，但以谷物为主，出口额 55 327.6 万美元，占比超 99%。主要出口谷物包括稻谷和小麦，出口额分别达 54 938.7 万美元和 321.8 万美元。在薯类出口中，主要出口品种为马铃薯，2019 年出口额 16.2 万美元。

◆ 中国在非洲的主要粮食贸易伙伴

从非洲主要粮食贸易伙伴国分析，以 2019 年数据为例，我国出口粮食金

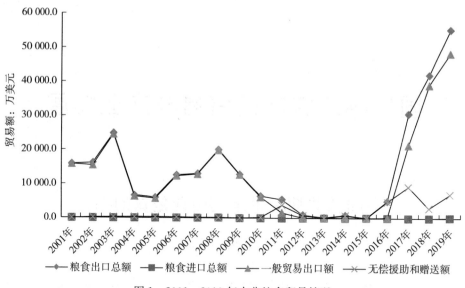

图 1   2001—2019 年中非粮食贸易情况

数据来源：中国海关

额超 1 000 万美元的非洲国家有 14 个，超 1 亿美元的国家有 1 个，即埃及（表 1）。在前十大出口伙伴国中有 5 个西非国家、2 个北非国家、2 个中非国家和 1 个南非国家，其中西非、北非国家多为热带沙漠气候，农作物以可可、花生、咖啡、棉花为主，粮食产品进口较多。

表 1   2019 年我国粮食产品出口非洲国家情况

出口国家	所属地区	出口金额（万美元）
埃及	北非	13 247.7
科特迪瓦	西非	8 468.4
塞拉利昂	西非	3 866.8
喀麦隆	中非	3 621.7
尼日尔	西非	3 606.1
马达加斯加	南非	2 794.5
塞内加尔	西非	2 624.3
利比亚	北非	1 973.6
几内亚	西非	1 813.5
刚果（金）	中非	1 232.9
莫桑比克	南非	1 168.7
贝宁	西非	1 139.0
利比里亚	西非	1 062.8
津巴布韦	南非	1 030.3

数据来源：中国海关。

◆ 粮食贸易在中非农产品贸易中的位置

粮食贸易在中非农产品贸易中的占比较小，2019 年，中非农产品贸易总额 77.7 亿美元，粮食产品只占 7.1％。从总体情况来看，2019 年中国向非洲出口农产品额 36.2 亿美元，进口非洲农产品额 41.4 亿美元，中国贸易逆差额 5.2 亿美元。从贸易产品类别来看，中国向非洲出口的前五类产品主要为水产品、饮品类、粮食（谷物）、蔬菜以及糖料，粮食排第三，占比约为 15.3％；中国从非洲进口粮食较少，前五类进口产品主要为油籽、棉麻丝、水果、水产品和畜产品，占比达 69.9％。

综上所述，中国非但没有从非洲大量运回粮食，反而通过多种方式将本国生产的粮食和其他农产品运往非洲。所谓"新殖民主义"的指责确实是"欲加之罪"。

新冠肺炎疫情影响下的全球大米贸易
对我国影响几何？

马建蕾　徐智琳

受全球新冠肺炎疫情影响，自 2020 年 3 月中下旬起多国加入限制粮食出口行列，引发人们对粮食安全相关问题的深切关注。其中，限制大米出口的主要为越南、柬埔寨两国，虽有消息称越南之后放松了大米出口限制，但后续大米贸易走势仍扑朔迷离。疫情影响下的大米贸易会对我国大米供给造成何种影响？如何看待当前国际粮食贸易形势下大米生产和供需面临的风险和机遇？

◆ 越南、柬埔寨限制大米出口对我国国内供给影响有限，但可能加大中短期内国际市场米价波动

越南常年大米出口量约 700 万吨，柬埔寨约 150 万吨，两国合计约占世界大米贸易量的 18%～20%。2019 年，我国从越南、柬埔寨分别进口大米 47.9 万吨和 22.5 万吨，合计占大米进口量的 27.6%；而我国大米进口量占消费量之比近 5 年来一直徘徊在 1%～2%。因此，两国限制大米出口不会对我国国内供给造成冲击。

从全球范围看，大米进口地较为分散，主要有菲律宾、欧盟、中国、尼日利亚、沙特阿拉伯、科特迪瓦等，进口量均在 100 万～300 万吨。大米贸易占全球大米消费比重约为 10%，主要消费国中国、印度、孟加拉国、日本、巴西等同时也是大米生产国，自给率均较高。2010 年以来，全球大米供给宽松，库存持续增长。据 FAO 2020 年 3 月初的数据，2019 年全球大米产量 5.12 亿吨，是历史第二高产年；大米消费量 5.14 亿吨；期末库存量 1.82 亿吨，为历史次高。尽管如此，由于各国库存水平、生产及供需调节能力不一致，不排除其他大米出口国"跟风"限制出口、非主产大米消费国加大进口的可能，从而改变短期国际市场大米供求，导致米价上扬。而鉴于全球疫情影响持续时间难以预见，后期各国生产增加和历史库存的叠加又可能造成国际米价跳水，大米价格波动风险加大。

◆ 我国大米产需总体稳定、库存充足，国际市场变动影响有限，但部分高端米和加工米制品价格可能上扬

2015 年以来，我国粮食产量连续 5 年保持在 6.5 亿吨以上，供给充裕。

稻谷常年产量约 2.1 亿吨，持续高于国内消费量，"十三五"以来每年均高出 1 500 万吨以上，价格也多年保持基本稳定。鉴于进口消费占比较低和国内充足的库存，国际市场米价波动对国内大米市场影响总体可控，引发国内米价大幅波动的可能性不大。

近年国内大米虽连年结余并呈阶段性过剩特征，但每年仍有 200 万～400 万吨进口。其用途一是起品种调剂作用的价格较高的食用米（约占 30%），主要自泰国、柬埔寨进口；二是作为加工原料或掺兑后销售的低价原料米（约占 70%），多自越南、巴基斯坦、缅甸等国进口。自 2020 年 3 月初以来，泰国 B 级白米出口价格由 487 美元/吨上涨到 580 美元/吨，涨幅达 19%。越南大米出口价格也突破 400 美元/吨，创 2018 年 12 月以来最高水平。受其影响，国内部分高端米及加工米制品价格短期内可能出现一定上涨。

◆ 国际米价上扬客观上有利于化解我国大米多年供大于求、农民种植收益低的问题，但需防范后续价格变化影响

加入 WTO 后，我国对大米进口实行关税配额管理，年配额量 532 万吨，主要产品配额内关税 1%，配额外关税 65%。由于关税较低，自越南等国进口大米远比国产大米便宜，部分时段甚至以 65% 的配额外关税进口，其价格仍低于国内。因此，部分加工企业在利益驱动下会选择使用低价进口大米。这加剧了国内大米阶段性过剩，加大了库存压力和价格下行压力，使国内大米种植收益下降，挫伤了农民生产积极性。特别是与其品质接近的早籼稻受影响更大。国内早籼稻净利润由 2012 年的每 50 千克 15.1 元降至 2016 年的每 50 千克 0.2 元，2018 年更是转为亏损。受此影响，早籼稻种植面积下降，产量持续下滑，由 2013 年的 3 276 万吨降至 2019 年的 2 627 万吨。2019 年全国稻谷产量同比下降 252 万吨，其中 232 万吨源自早籼稻。国际米价抬升一定程度上有利于消化我国大米库存，有利于农民稳生产稳增收。

为保持粮食生产稳定、充分调动农民生产积极性，国家 2020 年继续在稻谷主产区实行最低收购价政策，价格与 2019 年基本持平略有提高（籼稻收购价每 500 克提高了 0.01 元，粳稻不变）。当前国内大米库存充足，各地农业生产有序恢复，使我们可以从容应对国际大米价格的短期波动。但同时也要加强对大米生产贸易情况监测，特别是后续国际市场变动，防范疫情影响减弱后米价大幅波动的新一轮进口冲击，确保粮食生产稳定和国内供给安全。

我国玉米进口历程与形势如何？

马钰博

玉米是重要的饲用谷物和生物能源生产原料，也是我国第一大粮食品种。加入 WTO 后前几年，我国玉米一直保持净出口态势。2010 年我国首次转为玉米净进口国，2012 年我国玉米进口量达到历史峰值 521 万吨，随后玉米进口量一直维持较高水平。

◆ 我国玉米进口的发展进程是什么？

2010 年，我国从玉米净出口国转为净进口国。加入 WTO 以来，我国玉米以出口为主，主要出口至东亚、东南亚等国家和地区。2003 年出口量为 1 640 万吨，达到近 20 年来最高值；直到 2007 年，我国玉米净出口量一直保持高位。2009 年我国粮食主产区之一的东北地区发生自然灾害，产量下降。为满足加工业对玉米日益增长的需求，玉米进口量大幅增加，由 2009 年的 8.5 万吨上升到 2010 年的 157.3 万吨，出口量迅速下降，从 12.9 万吨锐减到 4 万吨，我国首次由净出口国转变为净进口国。

2011—2015 年，国内外价差拉大刺激玉米及其替代品进口快速增长。2012 年，我国玉米进口量激增至 521 万吨，达历史高峰。2015 年玉米进口 473.1 万吨处历史次高水平，但当年作为玉米替代品的高粱、大麦和干玉米酒糟进口量分别达到 1 070 万吨、1 073.1 万吨和 682.1 万吨，均创历史记录。由于玉米临时收储政策等多种因素影响，国内外玉米价格倒挂、进口量逐渐增加，"国货入市、洋货入库"造成我国收储政策效果被削弱、玉米库存高企。

2016—2019 年，我国玉米进口仍维持较高水平。2016 年玉米临储政策取消以后，我国玉米产业实行"价补分离、市场定价"机制，进口玉米成本优势基本丧失，进口开始下降。2018 年，我国玉米面积和产量连续第三年调减，去库存效果明显，供求关系逐步趋紧，进口开始增加，至 352 万吨。2019 年，我国农业结构继续优化，玉米播种面积 4 128 万公顷，同比下降 2%；但单产提高带来玉米产量恢复性增长 1.4%，达 2.6 亿吨；全年玉米进口量 479 万吨，同比增长 36%。

◆ 我国玉米主要进口来源国有哪些？

2010—2014 年，美国是我国玉米的第一大进口来源。从世界贸易格局看，玉米出口主要集中在美国、巴西、阿根廷、乌克兰等少数国家，这四国玉米出口量占世界玉米出口总量的比例常年超过 60%。由于进口来源可选择性有限，我国玉米进口比较集中。2010—2013 年，我国自美国进口的玉米占比超过 90%；但我国自乌克兰、俄罗斯等国玉米进口量也在逐年增长。2014 年，自乌克兰进口玉米占比达到 37.1%，仅次于美国的 39.9%。

2015 年乌克兰取代美国成为我国玉米第一大进口来源。乌克兰农业资源条件得天独厚，被誉为"欧洲粮仓"，出口潜力巨大。与美国相比，乌克兰玉米是非转基因玉米，且价格更有优势。另外，随着"一带一路"倡议不断推进，我国与乌克兰贸易关系日益紧密。

◆ 2020 年我国玉米进口形势如何？

2020 年上半年乌克兰仍为我国玉米第一大进口来源，但自美国玉米采购量正快速增长。2020 年上半年，玉米进口量快速增至 365.7 万吨，同比增长 17.6%；进口额 7.9 亿美元，增长 15.9%。乌克兰仍然为我国玉米第一大进口来源，进口 341.8 万吨，占玉米进口总量的 93.5%；美国为第二大进口来源，进口 6.5 万吨，占比 1.8%。

从供需关系看，随着 2020 年二、三季度生猪产能恢复刺激玉米需求量不断加大，下半年玉米供需紧张局面将较为明显，刺激进口增长。从国内外玉米价格看，新冠肺炎疫情在全球持续蔓延影响造成国际玉米价格明显下跌，而国内疫情控制后，玉米饲料及加工需求持续向好，玉米供需偏紧。

美国大豆产业的发展现状如何？

杨　静

自中美贸易摩擦以来，大豆这个名不见经传的农产品一时间成为舆论关注的焦点，大家都在聊中国人大豆少了怎么办、美国人大豆多了怎么办。美国到底种植、生产、消费、出口、库存了多少大豆？

◆ 大豆的前世今生

大豆最早起源于中国，是古代中国人民重要的粮食作物、植物蛋白和油脂来源。1995 年以前中国还是大豆生产大国和净出口国，年产量 1 000 万吨左右，除满足国内消费需求外，还可出口至日本、韩国等喜好豆制品的国家。随着中国经济发展和国内对食用油消费需求的增长，大豆进口量逐年增加，美国是我们主要的进口来源国。进口大豆主要是转基因大豆，具有蛋白质含量低而出油率高、单产高而成本低等特点，榨油后的豆粕还能当做动物饲料，真正做到了"豆尽其用"。

◆ 美国种植、生产了多少大豆？

20 世纪初起，美国大豆生产快速增长并于 20 世纪 50 年代超越中国成为世界第一。进入 21 世纪后，转基因大豆快速推广并逐渐占领美国市场。美国大豆快速发展得益于政府的各项支持政策，如通过《植物新品种保护法》保护大豆品种的知识产权以促进新品种的研发，通过方式多样的补贴来保护豆农的经济收益、提高市场竞争力，通过海外市场拓展为美豆打开世界贸易市场等。在政策的支持下，近年来美国大豆种植、生产逐年增长，2010—2011 年度（销售年度，指的是从当年收获季节起至来年收获季节前之间的时间间隔，这里美国大豆销售年度是 2010 年 9 月 1 日至 2011 年 8 月 31 日，下同）至 2018—2019 年度，美国大豆种植面积由 3 100 万公顷增至 3 566 万公顷，年均增长 1.8%；产量由 9 066 万吨增至 1.24 亿吨，年均增长 4%。目前，美国是全球第二大大豆生产国，在全球份额超过 30%，仅次于巴西。

◆ 美国大豆种在哪儿？

美国大豆种植主要集中在中部平原和密西西比河流域，主产州包括伊利诺伊、爱荷华、明尼苏达、印第安纳、内布拉斯加、俄亥俄等 18 州，2018—

2019 年度这 18 州大豆种植面积和产量合计分别占美国的 95.4％和 96.5％。从各州大豆种植面积占耕地面积的比例来看，各州耕地面积 20％～45％种植大豆；其中印第安纳、俄亥俄、伊利诺伊、密西西比等州比例均超过 40％，美国大豆的国内行情指标"IOM 大豆"就是由印第安纳（Indiana）、俄亥俄（Ohio）和密歇根（Michigan）的英文首字母构成。大豆主产州是美国前总统特朗普的重要票仓，主产 18 州中除伊利诺伊和明尼苏达外，其余 16 州在 2016 年美国大选中支持特朗普的比率均高于希拉里。

◆ 美国消费、出口了多少大豆？

美国大豆产量约 50％用于国内消费，用于压榨、种用等，2018—2019 年度国内消费量 6 065.7 万吨。大豆压榨出的豆油主要用于国内食用油消费，也有小部分用于生产生物柴油；压榨后的豆粕是重要的蛋白饲料来源。2018—2019 年度豆油、豆粕产量分别为 1 112 万吨、4 458 万吨。产量的另一半除库存外基本均用于出口，2018—2019 年度出口量 4 831 万吨，最高值 5 896 万吨出现在 2016—2017 年度。2018 年，中美发生贸易摩擦前美国大豆出口总量的 60％卖到中国。中国是全球大豆也是美国大豆头号买家，2014 年以来每年美国对中国大豆出口额约为 100 亿～140 亿美元。2018 年受中美贸易摩擦影响，当年美国对中国大豆出口额仅为 31.4 亿美元，同比下降 74.3％，占美国大豆出口总额的比例也减为 18.4％；当年美国大豆出口总额 171 亿美元，同比下降 20.3％。

◆ 美国库存了多少大豆？

近年来美国大豆期末库存维持在 300 万～800 万吨左右，2017—2018 年度期末库存首次突破 1 000 万吨，达 1 192.3 万吨，同比增长 45.3％。2018—2019 年度预测的美国大豆期末库存创历史纪录达 2 912.7 万吨，同比增加一倍多。预计 2019—2020 年度期末库存仍将维持 2 845 万吨的高位。目前美国大豆库存积压严重，2018 年 11 月甚至一度出现"爆仓"风波，美国农业部首席经济师认为当前庞大的大豆库存可能需要数年来消化。芝加哥商品期货交易所（CBOT）大豆价格自 2018 年 3 月开始下跌，到 2018 年 9 月的均价已达到近 10 年来历史最低值 306.6 美元/吨。2019 年 1—6 月（截止到 6 月 21 日）大豆价格维持在 325 美元/吨左右，仍在 2009 年以来的低位徘徊，刚刚超过 308 美元/吨（约为每千克 2.1 元人民币）的成本线。

世界大豆生产和贸易"霸主"是怎样演变的？

杨　静

上一篇我们了解了美国大豆的前世今生，以及美国种植、出口了多少大豆。本篇我们一起聊聊除了美国，世界上都有谁种植大豆？除了美国，中国还可以从哪些国家进口大豆？

◆ 中国曾是大豆"霸主"

是不是很惊讶，虽然中国现在是世界上最大的大豆进口国，但曾经也是最大的大豆出口国。大豆在中国经历了从野生到栽培种植、从作为主食到成为辅食、从主要出口到依靠进口的历史变迁。明清时期，大豆种植范围遍及全中国，而且清朝同治年间就有了对外出口。

20世纪以前，中国大豆及其制品的主要出口对象是以日本为主的亚洲地区；进入20世纪，随着豆油和豆粕（由于压榨工艺不同，当时大豆榨油后剩余物被压制成饼状，也称"豆饼"）在欧美市场的推广，大豆及其制品的世界需求量开始迅速增长。根据《中国近代农业生产及贸易统计资料》数据，1912—1928年，大豆主要输往苏联（1917年以前为俄罗斯帝国）和日本，豆油主要销往英国、美国、荷兰等国家，而豆粕最主要出口至日本。直到1937年全面抗日战争爆发以前，中国大豆产量仍占世界大豆总产量的80%以上。

◆ 美国大豆一家独大

与此同时，大洋彼岸的美国在大豆种植和生产上进入快速发展道路，特别是第二次世界大战以后，大量的技术投入以及大规模专业化生产使得大豆成为美国南部及中西部最重要的农作物，美国大豆全面发展。

1949—1953年，中美大豆产量交替领先，1954年后，美国完全赶超中国，成为世界最大的大豆生产国。根据美国农业部数据，1970年美国大豆产量和出口量分别达到世界的73%和95%。

◆ 南美洲国家后发制人

20世纪20年代起，南美洲阿根廷开始从中国和美国引进大豆品种并进行大面积试种但产量有限。直到20世纪70年代，阿根廷掌握了生物技术，对大豆进行品种改良并推广免耕直播种植技术，使大豆产量实现质的飞跃，开始跻身于大豆主要生产国之列。

与此同时，巴西开始种植大豆，不但积极培育大豆优良品种，还鼓励农民组建农场联合体，实现了大豆的规模化生产经营。依靠得天独厚的土地资源优势，巴西和阿根廷大豆产量占世界大豆总产量的份额不断上升，逐渐成为重要的大豆出口国。

◆ **南北美洲三国三分天下**

美国位于北半球，主要于每年 10 月至次年 4 月出口大豆；巴西和阿根廷位于南半球，其大豆生产季节正好相反，主要于 5 月至 9 月出口大豆，"此起彼伏"的季节性贸易给南北美洲大豆带来良好的发展机遇，世界市场由美国一家独大逐渐转变为美国、巴西、阿根廷三分天下。2013 年美国大豆占世界的出口份额降至 37%，首次低于巴西；巴西和阿根廷在世界大豆出口市场的份额则不断上升。根据美国农业部数据，2018—2019 年度美国、巴西、阿根廷大豆产量分别占世界总产量的 34.2%、32.3%、15.5%，出口量分别占世界总出口量的 52.4%、30.9%、5.2%。

◆ **排得上号的大豆种植和出口国还有哪些？**

美国、巴西、阿根廷三国大豆产量已占世界大豆总产量的 80% 以上，另外还有中国、印度、巴拉圭、加拿大、乌克兰、俄罗斯等国种植大豆。根据美国农业部测算，2018—2019 年度上述国家产量分别占世界的 4.4%、3.2%、2.5%、2.0%、1.2%、1.1%。大豆出口比生产更加集中于少数几个国家，美国、巴西、阿根廷三国出口占据世界近 90% 份额，另外还有巴拉圭、加拿大、乌克兰、乌拉圭、俄罗斯等国出口大豆，出口占比分别为 3.7%、3.6%、1.7%、1.3%、0.6%。

中国大豆进口来源国主要也是以上这些国家。2018 年，中国自美国进口大豆受到两国贸易摩擦的影响大幅减少，进口量同比下降 49.4%，同时自巴西大豆进口量增长 29.8%。为减少国际市场波动对国内大豆供给的影响，保障市场稳定运行，我们一方面要进一步拓展多元化进口渠道，降低进口来源国高度集中的风险；另一方面要立足国内，振兴自己的大豆产业，降低对外依存度。

中国为啥要进口大豆？

张明霞

中美贸易摩擦让大豆成为全球瞩目和热议的焦点。2018 年 7 月 6 日，美国宣布从即日起对自中国进口 340 亿美元商品实施加征 25％关税的惩罚措施。同日，作为反击，中国也对同等规模美国商品加征了 25％的进口关税，征税产品的范围包括汽车等工业品和 517 项农产品。这 517 项农产品 2017 年自美进口总额约为 210 亿美元，占中国当年自美国农产品进口总额的 87％，主要包括大豆、谷物、棉花、猪肉、牛肉、禽肉、水产品、乳制品、水果、坚果、威士忌酒和烟草。加征关税前，中国大豆进口关税仅为 3％；加征 25％关税后，美豆进口的大豆税后价每吨上涨了 700～900 元，市场对此迅速做出反应，美豆对华出口出现断崖式下降，价格大幅下跌，美国国内豆农和出口商的担心和焦虑上升。中国以大豆作为对美反制措施取得了明显成效。

大豆之所以能成为反制的精准利器在于中国从美国买得最多的农产品是大豆。据中国海关统计，2017 年美国对华大豆出口 3 285 万吨，占当年美国大豆出口总量的 57％和中国大豆进口量的 34％，出口额 140 亿美元，占美国对华农产品出口额的 58％和对华货物出口总额的 10％。从这些数据中我们可以知道，中国是美国大豆最重要的出口市场，出口份额占比已超过 50％，而美国大豆则占中国大豆进口市场份额的 1/3，当年中国从巴西、美国和阿根廷等国合计进口了 9 552.6 万吨大豆，占当年大豆全球贸易量的 2/3。中国为啥要进口这么多大豆呢？这就要从比较优势说起。

◆ 算清贸易上的"明白账"：两优相权取其重，两劣相衡取其轻

众所周知，在全球化的今天，一国不会自己生产所有的产品，而是通过参与国际贸易来获取更便宜的商品，进而增进本国的福利。各国在参与国际贸易时就需要盘算一下，要出口哪些产品、进口哪些产品才会对本国有利。

早在 19 世纪，英国经济学家大卫·李嘉图就已经帮大家算清了这笔贸易上的"明白账"。他在其代表作《政治经济学及赋税原理》中提出了一国参与国际贸易的依据：各国都应集中生产并出口具有比较优势的产品，进口具有比较劣势的产品，从而提升整体福利水平。正所谓术业有专攻，各国在参与国际贸易时也应专注于自己的所长，取他国之长补己之短，即生产并出口自己擅长的产品，进口他国擅长而自己处于劣势的产品。从经济学角度来讲，这种比较

优势就体现在产品生产的劳动生产率上，劳动生产率高、单位产品生产成本低，则该产品就是具有比较优势的产品。

◆ 大豆并非中国的比较优势产品，通过参与国际贸易满足国内需求是中国农业发展现实的必然

大豆是一种土地密集型产品。我国人多地少，在这类产品上确实不具有优势。2017 年，我国大豆播种面积 1.2 亿亩，产量 1 528 万吨，进口量则达到 9 552.6 万吨。如果按照国内大豆单产每亩 123.5 千克来计算，进口的 9 552.6 万吨大豆相当于 7.7 亿亩耕地播种面积的产出。2017 年我国共有耕地面积 20.23 亿亩，如果大豆全部由国内自给，那么就要用 44% 的耕地来种大豆，小麦和水稻等口粮的绝对安全也必然会受到严重的威胁。近年来我国劳动力成本也在不断提高。受制于土地、劳动力成本的上涨，包括大豆在内的大宗农产品生产成本与美国等主要农产品出口国差距也在不断拉大。2017 年美国大豆生产成本为每吨 2 246.3 元，中国则为 4 776.1 元，比美国高 2 529.8 元，其中土地成本和劳动力成本高 2 497.6 元，占高出部分的 99%。

随着国内消费水平的提高，人们对肉蛋奶的需求不断攀升，因而饲料蛋白需求也不断上涨。而进口这么多大豆除了榨油外，主要的用途就是用榨油后剩下的豆粕作为畜禽水产业的蛋白饲料。我国作为养殖业大国和饲料消费大国，国内有需求而生产成本又相对较高，通过进口满足需求不仅是我国农业发展现实的必然也是理性选择的必然。

我国目前已经成为全球农产品第二大贸易国和第一大进口国。农业依据比较优势出口果蔬、水产品等优势产品，进口大豆等大宗农产品。依据比较优势参与国际贸易不仅有效满足了国内农产品需求，也促进了农业的增值增效。

餐桌上的食用油：你都了解它们吗？

孙 玥

随着我国人口的增长和人民生活水平的提高，国内市场对食用油的消费需求也在持续增长。食用油也称为"食油"，是指在制作食品过程中使用的动物或者植物油脂，常温下为液态。由于原料来源、加工工艺以及品质等原因，常见的食用油多为植物油脂，包括菜籽油、花生油、火麻油、玉米油、橄榄油、山茶油、棕榈油、葵花籽油、大豆油、芝麻油、亚麻籽油（胡麻油）、葡萄籽油、核桃油、牡丹籽油等。那么超市里琳琅满目的大豆油、菜籽油、花生油、橄榄油都是我们自己生产出来的吗？如果是进口，又都是从哪些国家进口来的呢？

◆ 我国每年吃掉世界近 20% 的植物油

我国是世界第一大食用植物油消费国，2018 年消费量超过 3 700 万吨。同时，我国也是世界第二大食用植物油进口国，仅次于印度，2018 年进口量 808.7 万吨。2019 年前 10 个月，食用植物油进口量已经超过上一年全年进口量，达到 917.8 万吨。进口产品主要为棕榈油、菜籽油、大豆油、葵花籽油和花生油。

◆ 棕榈油：方便面中最爱用的植物油

棕榈油一直是肯德基、麦当劳等各大西式快餐店最青睐的一种油，它价格低、热稳定性好，烹调时油烟和致癌物质较少，制作食品口感酥软或酥脆，颜色明艳美丽，是食品制造商的宠儿，在方便面炸制和糕点烘焙中使用非常广泛。我国虽是食用棕榈油消费大国，但棕榈油产量极少，国内消费几乎完全依靠进口。近年来，我国棕榈油进口快速增长，加入 WTO 以来进口量由 151.7 万吨增至 532.7 万吨。印度尼西亚和马来西亚是全球最主要的棕榈油生产国，也是我国棕榈油主要的进口来源国。其中，2018 年自印度尼西亚进口 355.4 万吨（66.7%），自马来西亚进口 117.1 万吨（33.2%）。2019 年前 10 个月，我国棕榈油累计进口量达 598.9 万吨，其中自印度尼西亚进口 423.9 万吨（70.8%），自马来西亚进口 173.6 万吨（29.0%）。2019 年出现了一个新晋进口来源国巴布亚新几内亚，前 10 个月进口量 1.1 万吨，一跃成为我国第三大棕榈油进口市场。

◆ 大豆油：食用最广泛、消费量最大的食用油

大豆油由黄豆压榨加工而来，众所周知我国进口了全球50％以上的大豆，用途之一就是用来加工大豆油。目前，大豆油是我国居民生活中最为常用且消费量最大的食用油，特别是北方居民最主要的食用油。我国大豆油主要来自对进口大豆进行压榨，随着大豆进口量的增长，近年来我国大豆油进口量呈下降趋势。2018年我国大豆油进口量54.9万吨，前五大进口来源国为巴西、俄罗斯、阿根廷、乌克兰和土耳其，占比分别为占34.8％、34.4％、14％、11.1％、2.9％。2019年前10个月，我国大豆油进口量70.5万吨，前五大进口来源国依次为阿根廷、巴西、俄罗斯、乌克兰和白俄罗斯。我国除进口大豆油外，还出口少量大豆油，2018年出口21.8万吨，占全球大豆油出口量的2％。

◆ 菜籽油：最传统的食用油

菜籽油又叫菜油，由油菜籽压榨加工而来，主产于长江流域及西南、西北等地。菜籽油是我国传统植物油，消费量仅次于大豆油；我国也是菜籽油第一生产大国，产量超过600万吨。近年来，加拿大油菜籽和菜籽油颇受国内青睐，2018年我国菜籽油进口量129.6万吨，主要进口来源国为加拿大、俄罗斯、乌克兰和哈萨克斯坦，占比分别为87％、6.3％、2.9％、1.8％。2019年前10个月，受中加关系紧张影响，我国自加拿大进口菜籽油79.2万吨，仅占61.3％；自阿联酋进口菜籽油14.5万吨（占11.2％），增加近50倍。

◆ 葵花籽油和花生油：不可或缺的食用油

葵花籽油是由葵花籽加工而成，呈现金黄色，质地清爽，有淡淡的坚果味；花生油由花生加工而成，色泽清亮，滋味可口。它们是餐桌上食用油不可或缺的重要组成部分，为消费者多样化的食用油需求提供了选择。2018年，我国葵花籽油进口量70.3万吨，主要进口自乌克兰和俄罗斯，占比分别为63.9％和30.4％。花生油进口量12.8万吨，主要进口自阿根廷、巴西、印度、塞内加尔和苏丹，占比分别为39％、31.3％、14.1％、8.2％、7.3％。

非洲猪瘟对我国肉类供求有何影响？

吕玄瀚

非洲猪瘟是一种病毒性动物疫病，最早于 1921 年在非洲出现，2018 年在俄罗斯多地暴发。当年 8 月，我国首个病例出现在东北地区，随后在国内蔓延，影响巨大。表面上超市里肉价居高不下，影响老百姓日常吃肉；价签后则是猪肉大幅减产，对我国肉类供求造成了深刻影响。随着我国采取了一系列措施，已经防止了非洲猪瘟跨省传播，猪肉产能得到了大幅恢复，有效抑制了猪肉价格大幅上涨。

◆ 肉类产量有何变化？

根据联合国粮农组织（FAO）数据，2019 年全球肉类产量下降 1%，其中只有猪肉减产，减产 1 027 万吨，其余肉类均增产（图 1）。2019 年我国肉类产量（猪肉、牛肉、羊肉、禽肉，下同）为 7 997.2 万吨，比上年下降 8.1%。其中，猪肉 4 412.7 万吨，减少 1 085.1 万吨，下降 19.7%；家禽、牛肉、羊肉均有不同程度增产，其中禽肉增产 17.3%，成为猪肉的主要替代品（图 2）。

根据农业农村部畜牧兽医局消息，自 2019 年 10 月起，国内能繁母猪存栏数止降回升，持续 9 个月增长，2020 年 6 月同比增长 3.6%。同期，国内生猪出栏量环比增长 6.5%。

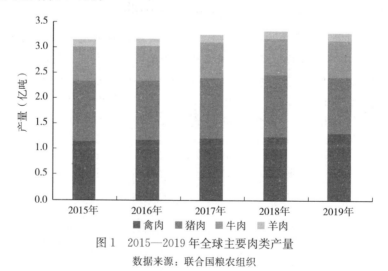

图 1　2015—2019 年全球主要肉类产量

数据来源：联合国粮农组织

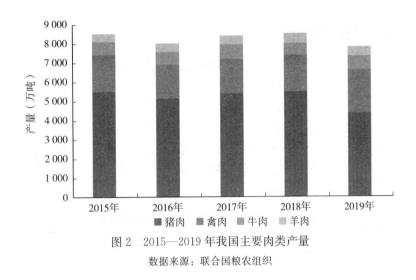

图2　2015—2019 年我国主要肉类产量

数据来源：联合国粮农组织

◆ **肉类价格有何变化？**

　　2019 年，受国内猪肉减产影响，国内肉类产品批发均价有不同程度上涨。根据农业农村部信息中心数据，2019 年 1 月，生猪产品批发均价为 18.97 元/千克，比家禽产品均价高 12.5%；之后一路上涨，到 11 月涨至 47.11 元/千克，比家禽产品均价高出 1.2 倍；随后两个月略有下降，到 2020 年 2 月又涨至峰值 48 元/千克，是家禽产品均价的 2.5 倍；随后下降，5 月降至 40.24 元/千克；6 月，随着国内新冠肺炎疫情防控趋稳，各行各业复工复产后对猪肉需求持续增长，生猪产品价格小幅反弹至 41.53 元/千克（图 3）。

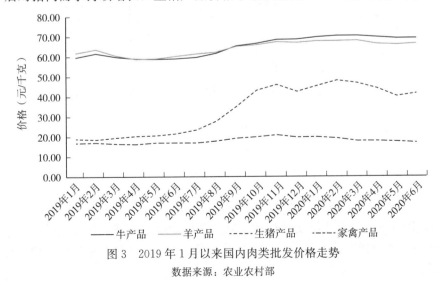

图3　2019 年 1 月以来国内肉类批发价格走势

数据来源：农业农村部

◆ 肉类进口有何变化？

从全球来看，由于美国、德国、西班牙等主要生猪产品生产和出口国未受非洲猪瘟影响，国外生猪交易价格总体呈下跌趋势。2019 年 5 月，美国芝加哥商品交易所生猪期货价格达到 13.08 元/千克的高峰，自 6 月起持续下跌。受新冠肺炎疫情影响，2020 年 2 月起已连续 6 个月跌至 10 元/千克以下。在国内外价差驱动下，2019 年我国肉类产品进口量 607.8 万吨，同比增长48.1%；进口额 191.8 亿美元，同比增长 69.8%，猪、牛、羊和家禽产品进口量和进口额均有不同程度增长（表1、图4）。

表 1　2019 年我国肉类产品进口量和进口额

肉类产品	进口量/万吨	进口量比上年增长/%	进口额/亿美元	进口额比上年增长/%
生猪产品	312.8	45.2	65.5	67.7
牛产品	176.0	56.4	86.9	42.7
家禽产品	79.7	57.9	20.6	80.7
羊产品	39.3	23.1	18.8	75.8
肉类产品合计	607.8	48.1	191.8	69.8

数据来源：中国海关

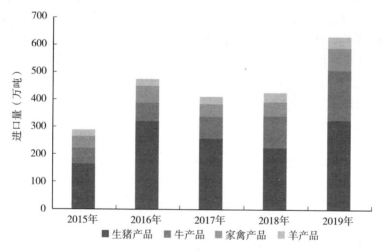

图 4　2015—2019 年我国肉类进口量

数据来源：中国海关。

2020 年 2 月，在新冠肺炎疫情影响下，肉类产品进口量环比下降 21.9%；3 月，国内新冠肺炎疫情逐渐得到控制，进口量迅速反弹，环比增长 67%；4 月和 5 月进口量连续下降，5 月比 3 月下降 11.8%；6 月，进口量反弹，比 5 月增长 4.5%（图5）。

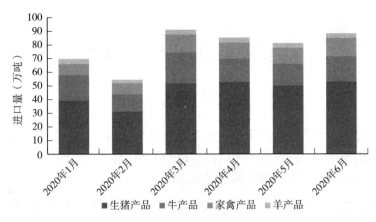

图 5　2020 年上半年肉类进口量

数据来源：中国海关

我国奶粉进口量有多大？

吕向东

我国是世界上奶类生产大国，也是奶类进口大国。奶类是 2019 年我国进口额最大的畜产品，约占畜产品进口总额的 1/3。那么，我国奶粉和其他乳品进口量是多少？主要来自哪些国家和地区呢？

◆ 奶粉进口占全球贸易量的一成多，进口主要来自新西兰、欧盟和澳大利亚

2019 年我国奶粉进口 139.5 万吨，较上年增长 20.9%，占全球贸易量的 12.3%，创历史新高。其中，散装粉（俗称"大包粉"，是指将鲜奶喷粉制成工业奶粉，用于乳品和食品企业再加工或生产使用）进口 105 万吨，婴幼儿配方奶粉进口 34.5 万吨。2008 年"三聚氰胺"事件前，我国奶粉年进口量基本在 10 万吨左右，2009 年以来进口快速增长，平均每年增量在 10 万吨以上，2014 年进口首次突破 100 万吨，达 105.4 万吨，2015 年和 2016 年分别回落至 73.4 万吨和 84.6 万吨，2017 年以来连续 3 年在 100 万吨以上（图 1）。

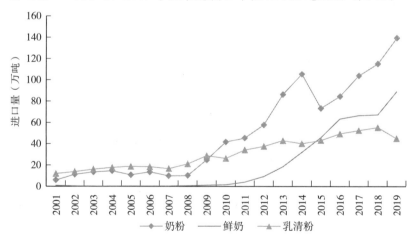

图 1　2001—2019 年我国主要乳品进口量

我国奶粉进口主要来源于新西兰、荷兰、澳大利亚、爱尔兰、法国和德国，6 国合计约占奶粉进口总量的 90%。2019 年我国自新西兰进口奶粉 82.5 万吨，占进口总量的 59.1%，其中，散装粉进口 75.5 万吨，婴幼儿配方

奶粉进口 7 万吨；自荷兰进口奶粉 13.3 万吨，占进口总量的 9.5%，其中，散装粉进口 2.3 万吨，婴幼儿配方奶粉进口 11 万吨；自澳大利亚进口奶粉 9.8 万吨，占进口总量的 7%，其中，散装粉进口 8.5 万吨，婴幼儿配方奶粉进口 1.3 万吨；自爱尔兰进口奶粉 6.5 万吨，占进口总量的 4.7%，其中，散装粉进口 1.8 万吨，婴幼儿配方奶粉进口 4.7 万吨；自法国进口奶粉 6.4 万吨，

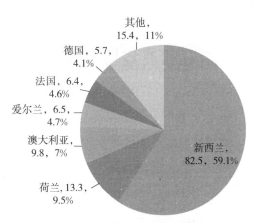

图 2　2019 年中国奶粉主要进口来源地（万吨）

占进口总量的 4.6%，其中，散装粉进口 2.6 万吨，婴幼儿配方奶粉进口 3.8 万吨；自德国进口奶粉 5.7 万吨，占进口总量的 4.1%，其中，散装粉进口 3.2 万吨，婴幼儿配方奶粉进口 2.5 万吨（图 2）。

◆ 鲜奶进口快速增长，乳清粉进口相对稳定，进口来源地比较集中

2019 年我国鲜奶进口 89.1 万吨，较上年增长 32.3%，创历史新高。2011 年以来，鲜奶进口快速增长，2011—2014 年进口几乎是每年翻一番，从 4 万吨增至 32 万吨，2015 年进口 46 万吨，2016—2018 年均为 60 多万吨。鲜奶进口主要来自新西兰、德国和澳大利亚，2019 年从上述三国进口量分别为 28.4 万、25.8 万吨和 10.3 万吨，分别占鲜奶进口总量的 31.9%、29% 和 11.6%。

我国乳清粉近几年进口量基本保持在 50 万吨左右，2019 年进口量为 45.1 万吨，较上年下降 18.7%。乳清粉进口主要来自美国和法国，2019 年从上述国家进口量分别为 16.2 万吨和 5.4 万吨，分别占乳清粉进口总量的 35.8% 和 12.1%。

◆ 全球奶粉主要出口国家和地区

2018 年全球奶粉贸易量 1 131.5 万吨，出口量居前五位的国家分别为新西兰、德国、美国、荷兰和法国，出口量分别为 183.9 万吨、86.4 万吨、81.4 万吨、76.4 万吨和 49.6 万吨，分别占全球奶粉贸易量的 16.3%、7.6%、7.2%、6.8% 和 4.4%。

新冠肺炎疫情期间乳清粉进口缘何逆势增长？

刘芳菲　康骏璞

新冠肺炎疫情在全球暴发以来，扰乱了全球农产品正常供应，多数农产品国际贸易大幅下降。在此背景下，我国乳清粉进口依然保持增长势头，2020年1—4月进口量达16.6万吨，同比增长11.4%。较大宗农产品而言，乳清粉虽然进口总量不大，但却是我国不可或缺的重要进口品种。疫情期间乳清粉进口表现为何异于其他多数农产品？我国乳清粉供应有保障吗？

◆ 乳清粉是什么？

乳清是乳制品企业利用牛奶制造干酪或干酪素时产生的天然副产品。液态的乳清经干燥加工后就成为乳清粉，其具有多种用途。优质乳清粉主要用于生产婴幼儿配方奶粉，可调整蛋白质比例，使奶粉易于婴儿消化吸收，在配方奶粉中含量占40%～50%；中等品质的乳清粉可用于生产蛋糕、面包等加工食品，作为添加辅料改善食品口感；品质较差的用作幼畜饲料添加剂。

◆ 我国乳清粉从哪里来？

由于我国奶粉之外的干乳制品（如干酪、黄油等）产量很低，年产100万吨左右，仅占我国乳制品总产量的4%，因而作为副产品产出的乳清粉极少，国内生产消费需求主要依靠进口，属于农产品中有刚性需求缺口的品种。随着婴幼儿配方奶粉的普及，2010—2019年，我国乳清粉进口量从26.3万吨快速增长到45.1万吨，其中2018年达到55.5万吨的历史峰值，约占当年乳制品进口总量的1/5。

我国进口乳清粉有近九成来自美国和欧盟（含英国，下同）。2019年，受中美贸易摩擦影响，欧盟首次超过美国成为我国乳清粉进口第一大来源地，我国自欧盟和美国乳清粉进口量分别为20.4万吨（占45%）和16.2万吨（占36%）。其中，自欧盟进口的主要是加工婴幼儿配方奶粉的高端乳清粉，进口均价为近2 000美元/吨；自美国进口的多为中低端乳清粉，用于奶粉加工及饲料添加剂，进口均价不足1 000美元/吨。

◆ 新冠肺炎疫情时期，我国乳清粉进口有保障吗？

抗击新冠肺炎疫情期间，我们对乳清粉有刚性进口需求的格局并无变化。

那么我们如此依赖进口的产品，供应上有保障吗？首先来看看各主产地的生产情况。

欧盟。欧盟是全球第一大奶酪产区，形成了独具特色的奶酪文化，奶酪品种有上百种之多。相应地，欧盟也是全球最大的乳清粉生产地，年产量 190 万吨左右，约占全球总产量 60％，其中 30％用于出口。2019 年主要出口市场为中国（约占出口量 30％）、印度尼西亚（占 13％）、马来西亚（占 9％）等东亚和东南亚国家。2020 年一季度，尽管疫情与奶牛丰产期"撞车"，但欧盟乳制品的生产受影响不大，产量稳中有升。其中原料奶收购量同比增长 2.5％，鲜奶、奶酪、黄油等乳制品产量同比分别增长 3.2％、2.5％、2.7％。由于乳清粉是生产奶酪等干乳制品时必然会产生的副产品，干乳制品产量增长意味着乳清粉产量增长。

美国。美国乳清粉产量居全球第二，2019 年产量 44 万吨左右。美国乳清粉约一半用于国内消费，一半用于出口，2019 年主要出口市场为中国（约占出口量 24％）、墨西哥（占 14％）和菲律宾（占 9％）。2020 年一季度，美国乳清粉产量约 11 万吨，同比增长 4％，其中 3 月产量同比增幅最高，为 5.4％，可见疫情对美国乳清粉生产也没有造成太多不利影响。

其次再看看主要生产地对乳清粉出口的态度。无论对欧盟还是美国来说，本次疫情对农业的冲击主要体现在需求不旺造成的价格下跌上，也就是我们常说的"卖难"，而畜产品又是受价格下跌影响最大的。根据美国农业行业组织的评估，价格下跌造成的损失在乳业方面超过 80 亿美元。为弥补生产者损失、保持供应链运转，4 月美国推出 190 亿美元的食品援助计划，欧盟也出台了针对乳制品（含乳酪）和肉类商业存储的补助政策。因此，两大主产地扩大乳清粉出口的意愿都很强烈。

2020 年年初，中美第一阶段经贸协议实施，自 3 月起我国企业可申请一年内自美国进口乳清粉豁免加征关税，这有力提振了我国企业自美国进口的意愿。1—4 月，自美国乳清粉进口量 7.2 万吨，同比增长 47.3％；自欧盟进口量 6.7 万吨，同比增长 2.6％。据美国农业部统计，一季度美国乳清粉出口量同比增长 13％，其中对华出口同比增长达 24％。鉴于扩大乳品对华出口是美方在中美第一阶段经贸协议中的一项重点内容，我国乳清粉进口不仅有较为充足的保障，而且还将为履行第一阶段经贸协议承诺、稳定中美经贸关系做出贡献。

我国鲜梨出口竞争力提升了吗？

康骏璞

我国是梨的原产国，也是全球最大产梨国和全球市场上的重要出口国。近年来我国鲜梨出口保持了良好态势，在水果贸易从顺差转为逆差的背景下其顺差逆势增长，对拉动农民增收，带动农民就业意义重大。

◆ 种植历史悠久，近十年产量稳定增长

梨原产我国，早在《诗经·晨见篇》即有"山有苞棣，隰有树檖"的记载（檖，即梨树）。在长期驯化栽培中，古人选育了很多优良品种，在《史记》《西京杂记》等古籍中已有蜜梨、红梨、白梨等品种的记载。

长期以来，我国是世界最大产梨国。据 FAO 统计数据显示，自 2010 年以来，我国鲜梨种植面积和产量均约占全球的 70% 左右。近 10 年产量平稳增长，从 2010 年的 1 410 万吨增长至 2019 年的 1 731 万吨，年均增长 2.3%，年均产量占水果总产量的 6.7%。其中河北、辽宁、安徽、山东、新疆和陕西是主产区，6 省份产量合计超过全国一半，种植面积合计约占全国一半。

◆ 出口量稳额增，主要出口到东盟市场

2010—2019 年，我国鲜梨出口量占产量的比例为 2%～3%。出口量从 43.8 万吨增长到 47 万吨，增长 7.3%；出口额从 2.4 亿美元增长到 5.7 亿美元，增长 137.5%。同期鲜梨出口额在水果出口额中的占比从 5.6% 增至 7.7%。值得注意的是，水果贸易由多年来的持续顺差在 2018 年转为了逆差，且逆差继续扩大，在此背景下，鲜梨顺差却逆势增长，年均增长 9.5%（图 1）。

我国鲜梨主要出口市场为东盟。2019 年对东盟出口约占鲜梨出口总额的 80%，主要出口到越南、印度尼西亚和泰国，对三国出口额占总出口额的 64.6%。除东盟市场外，我国鲜梨出口市场还包括美国、俄罗斯和中国香港等国家和地区。受俄罗斯对我国鲜梨限制和中美贸易摩擦影响，2019 年对中国香港出口大幅增长，对其鲜鸭梨雪梨和鲜香梨出口均增长两倍多。

◆ 竞争力稳步提升，对欧盟出口大幅增长

随着中国"朋友圈"逐步扩大，我国鲜梨的国际市场占有率逐年增长，2010 年时不到 10%，到 2019 年已将近 30%。在全球贸易受新冠肺炎疫情影

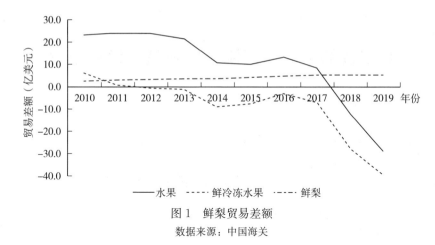

图 1 鲜梨贸易差额

数据来源：中国海关

响而大幅衰减的背景下，我国鲜梨出口仍逆势增长。截至 2020 年 7 月，我国鲜梨出口额达 3.5 亿美元，同比增长超过 70%，创近 10 年新高。其中对欧盟出口增长最快，同比增长 112%。由于欧盟市场对鲜果的品质要求极高，检验检疫标准严苛，鲜梨对欧盟出口大幅增长是竞争优势提升的有力表现。

综上所述，我国鲜梨在全球受欢迎度逐渐增强，国际市场竞争力稳步提升。在国内梨果产量持续扩大、国内市场价格低迷的背景下，扩大鲜梨出口、持续提升鲜梨国际市场竞争力是提高果农收入和促进产业发展的重要举措。

你消费的是"海南椰子"还是"洋椰子"?

刘文泽

海南省是我国唯一的热带海岛省份,素来有"天然大温室"的美称。椰子作为海南最具代表性的特色农产品之一,其汁液味道甘甜、清凉解渴且营养丰富,深受许多人喜爱。我们喝的椰汁、吃的椰果等椰子产品,真的是产自海南吗?

◆ 海南椰子产量有多少?

椰子为热带喜光作物,适合种植在海洋冲积土和河岸冲积土上,在高温、多雨、阳光充足和海风吹拂的条件下生长发育良好。海南是我国唯一的热带海岛省份,非常适宜椰子生长,椰子种植面积占全国 98%,但海南椰子产量远不能满足国内需求。以 2019 年为例,海南省椰子产量 2.31 亿个(图 1),而我国需求量约 26 亿个,且呈现上涨趋势。过去 5 年,海南椰子产量增长了 1/10,而我国椰子产品(包括鲜椰子、椰子汁和椰子加工制品)进口额翻了一番,进口依存度已超过 90%。这样看来,平时我们消费的椰子产品大多不是来自海南,而是"洋椰子"。

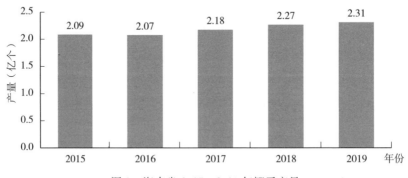

图 1　海南省 2015—2019 年椰子产量

数据来源:海南省统计局

◆ 我们消费的椰子从哪来?

世界范围内,椰子生产和出口主要集中在东南亚地区,其椰子产量占世界总产量85%以上。2019 年,菲律宾、印度尼西亚、泰国和越南四个国家椰子

出口总额超过全球的 70%。其中，菲律宾和印度尼西亚分别约占全球的 1/4
和 1/5。2019 年我国进口椰子产品总额为 3.50 亿美元，同比增长 40%
（图 2）。主要进口来源地为泰国、越南、印度尼西亚和菲律宾，合计约占
99%。其中，从泰国和越南进口分别约占 60% 和 20%。从类别上看，鲜椰子
进口占近 80%，椰子汁和椰子加工制品则较少。

受新冠肺炎疫情对消费和全球物流的影响，2020 年上半年我国椰子产品
进口额下降 24%。随着国内疫情得到有效控制，下半年开始椰子产品进口迅
速回升，7 月当月进口额已达到 3 540 万美元，同比增长 6.8%。长期看，未
来国内需求仍将持续增长，对"洋椰子"的依赖将进一步加深。

图 2　2015—2019 年我国椰子产品进口额

数据来源：中国海关

◆ 海南椰子产业的发展前景如何?

受气候等因素影响，海南种植的椰子树 90% 以上是本地高种椰子，植株
高大，生长期长，挂果量低。相比东南亚，海南椰子树品种劣势明显，在可预
见的将来产量仍将保持现状，不过椰子深加工的价值空间可以深入挖掘。

椰子浑身都是宝，除椰汁和椰果，椰子水可以制成液态肥，椰子肉可以制
成椰浆和椰蓉，椰子壳可以制成活性炭，椰棕可以制成床垫等。这些深加工制
品在 2015 年以前海南几乎无对外出口，近年出口开始稳定增长，2019 年已达
54.4 万美元，占海南椰子产品总出口额的 24%，改变了以往只有椰汁出口的情况。

2020 年 6 月，中共中央、国务院印发了《海南自由贸易港建设总体方
案》，提出对企业生产的含进口料件但在海南自由贸易港加工增值超过 30%
（含）的货物，经"二线"进入内地免征进口关税等政策，并鼓励加工企业入
驻海南。海南自由贸易港建设方案的提出，对海南椰子产业走精深加工之路是
难得的机遇。面对巨大的政策红利，海南做好椰子产业这块大蛋糕前景无限。

新冠肺炎疫情下我国坚果贸易情况如何？

李　楠

我国是坚果进出口大国，长期处于净出口地位。随着人民生活水平的提高，国内市场对坚果，特别是高端特色坚果的需求持续增长，坚果贸易呈现净出口量缩减、贸易逆差的局面。新冠肺炎疫情发生后我国坚果贸易又出现了哪些新动向？对我国坚果供需又有什么影响呢？

◆ 我国坚果进口增长潜力较大

2019年，我国坚果进口量41.6万吨，同比增长96.5%；进口额25.1亿美元，同比增长93.6%；出口量42.1万吨，同比增长14.1%；出口额15.8亿美元，同比增长20.8%；贸易逆差9.3亿美元。2020年1—5月，坚果进口量7.9万吨，同比下降20.8%；进口额4.7亿美元，同比下降20.4%；出口量14.5万吨，同比下降3.7%；出口额6.0亿美元，同比增长7.8%。这表明新冠肺炎疫情下坚果进口显著下降，出口也受到较大影响。

从贸易伙伴看，2019年我国坚果主要进口来源地包括美国、澳大利亚、伊朗、越南和墨西哥，出口主要市场包括吉尔吉斯斯坦、美国、日本和越南（表1）。

表1　2019年我国坚果进出口前五大伙伴

	美国	澳大利亚	伊朗	越南	墨西哥
进口量/万吨	13.7	6.9	4.4	3.9	2.8
进口额/亿美元	8.4	4.1	3.0	2.9	1.5
	吉尔吉斯斯坦	美国	日本	德国	越南
出口量/万吨	5.7	3.0	2.9	2.8	2.4
出口额/亿美元	2.1	1.7	1.4	1.2	0.9

从产品结构看，2019年我国坚果主要进口品种为开心果、扁桃核及仁、腰果、夏威夷果和榛子，主要出口品种为瓜子、核桃和栗子（表2）。

表2 2019年我国坚果进出口主要品种

	开心果	扁桃核及仁	腰果	夏威夷果	榛子
进口量/万吨	11.3	9.6	3.6	2.8	2.0
进口额/亿美元	8.1	5.3	1.8	1.5	0.7
	瓜子	核桃	栗子	—	—
出口量/万吨	12.5	9.6	5.2	—	—
出口额/亿美元	3.4	3.5	1.3	—	—

◆ 美国是我国坚果第一大进口来源地

美国是我国坚果第一大进口来源地。2015年以来我国自美国坚果进口持续高速增长，占我国自美国农产品进口总额的比例逐年上升，2019年为6.0%（8.4亿美元）。近5年自美国坚果进口量占我国坚果总进口量30%～50%，2019年占比为33.0%，2020年1—5月占比为24.8%。

自美国坚果进口的主要品种为开心果、扁桃核及仁和榛子。2019年，开心果进口量6.5万吨，进口额4.8亿美元；扁桃核及仁进口量3.8万吨，进口额2.0亿美元；榛子进口量1.6万吨，进口额4 121万美元。

2020年1—5月，受新冠肺炎疫情影响，自美国坚果进口下降。5个月累积进口2.0万吨，同比下降53.3%；进口额1.2亿美元，同比下降53.5%，进口额占自美国农产品进口额比例降至1.5%。对美国坚果出口则显著增长，出口量1.4万吨，同比增长30.4%，出口额7 876万美元，同比增长28.5%。

◆ 新冠肺炎疫情会影响我国坚果供需吗？

总体而言，新冠肺炎疫情对我国坚果供需影响不大。一方面，坚果的进口可替代性较强。美国对我国坚果出口面临与其他出口国的竞争，我国有条件实现进口替代。以开心果为例，美国是我国开心果进口最主要来源，自美国进口比例长期居高不下，2017年曾达到历史最高的96.5%，但2020年1—5月则跌至34.4%。自伊朗进口比例则一跃达到65.2%。另一方面，坚果消费的可替代性也较强。坚果不同于口粮，具有较强的需求弹性，对坚果的消费可以迅速做出调整。

我国茶叶贸易现状如何？

张明霞

茶是我国人们生活中不可或缺的饮品，与可可和咖啡一道并称当今世界三大饮料。在种茶饮茶的历史中，我国也形成了自己的茶文化。我国茶文化源远流长，内涵丰富，雅俗共赏，与人们的社会生活紧密相连。无论是历史文人生活中的琴棋书画诗酒茶，还是普通百姓生活中的柴米油盐酱醋茶，茶都是不可缺少的。中国人以茶会友、以茶示礼、以茶代酒、以茶养性、以茶献艺……茶已经融入中国人生活的方方面面。那么我国在世界茶叶贸易市场上的地位如何？主要出口哪些品种，又出口到哪些国家和地区，茶叶进口形势又是怎样的呢？

◆ 全球茶叶种植区域集中在亚洲、非洲和拉丁美洲

目前，世界上有超过50个国家和地区种植茶叶，但种植区域集中在亚洲、非洲和拉丁美洲。其中，中国、印度和斯里兰卡种植面积位居世界前三位，2017年种植面积分别为222.5万公顷、62.4万公顷和23.2万公顷，占全球茶叶种植面积的比例分别为54.6%、15.3%和5.7%。产量排名与种植面积略有差别，产量排名前三位的国家是中国、印度和肯尼亚，2017年产量分别为245.9万吨、130.4万吨和43.3万吨，占全球茶叶产量比例分别为40.3%、21.7%和7.2%。

◆ 茶叶进出口也较集中，红茶是世界茶叶贸易主要品种

尽管种植茶叶的国家和地区仅有50多个，但参与全球茶叶贸易的国家和地区却多达170多个。在这170多个国家和地区中，肯尼亚、中国和斯里兰卡是世界前三大出口国，2017年出口茶叶分别为46.8万吨、36.7万吨和28.9万吨，分别占全球茶叶出口量的20.3%、15.9%和12.5%。前三大进口国为巴基斯坦、俄罗斯和美国，2017年进口茶叶分别为20.5万吨、18.1万吨和16.6万吨，分别占全球茶叶进口量的18.6%、16.5%和15.1%。

国际上一般将茶叶分为绿茶（green tea）和红茶（black tea），其中红茶是全球茶叶贸易的主要品种。2017年世界茶叶出口230.7万吨，其中红茶出口166.1万吨，占72%；绿茶出口为45万吨，占19.5%。

◆ **我国茶叶种植面积、产量居世界之首，单产有待提高**

我国是茶的故乡，茶叶种植历史悠久。我国茶叶不仅具有较长的种植历史，种植面积和产量也遥遥领先于世界其他产茶国。我国茶叶种植面积占世界茶叶种植总面积的 50％以上，茶叶产量占世界茶叶总产量的 40％，面积和产量占比分别比世界第二大产茶国印度高出 39.3 个和 18.6 个百分点。但我国茶叶单产有待提高，2017 年只有 1 112 千克/公顷，是印度的 1/2。但单位面积产值较高，2017 年为 5 339.3 美元/公顷，高于印度、肯尼亚、斯里兰卡等世界茶叶主产国。

◆ **出口品种以绿茶为主，占全球绿茶出口的 70％**

我国不仅是世界第一大产茶国，也是世界主要茶叶出口国。尽管按照出口量计算我国排在第二位，仅次于肯尼亚，但按出口额计算的话，则我国茶叶出口自 2015 年以来连续多年位居世界首位。据我国海关统计，2018 年我国出口茶叶 37.7 万吨，同比增长 2.8％；出口额 19.1 亿美元，同比增长 10.3％；进口 3.8 万吨，同比增长 19.7％；进口额 2 亿美元，同比增长 19.7％；贸易顺差 17.1 亿美元，扩大 9.3％。2018 年出口绿茶 30.3 万吨，占我国茶叶出口总量的 80.4％，出口额 12.2 亿美元，占茶叶出口额的 63.9％；出口红茶 3.3 万吨，约为绿茶的 1/10。

◆ **出口市场集中度较高，中国香港和摩洛哥是前两大出口市场**

我国茶叶出口较集中。按出口额排序，前五大出口市场依次为中国香港、摩洛哥、越南、美国和马来西亚，出口额合计 8.8 亿美元，占出口总额的 46.1％；按出口量排序，前五大出口市场依次为摩洛哥、乌兹别克斯坦、塞内加尔、美国和中国香港，合计出口 15.5 万吨，占出口总量的 41％。

◆ **主要进口品种为红茶，斯里兰卡和中国台湾是前两大进口来源地**

我国茶叶进口以红茶为主，2018 年我国红茶进口量占茶叶进口总量的 77.1％，进口额占茶叶进口总额的 58.3％。从进口市场来看，按进口额排序，前五大进口来源地依次为斯里兰卡、中国台湾、印度、美国和肯尼亚，合计进口 1.7 亿美元，占进口总额的 77.3％。

按进口量排序，前五大进口来源地依次是斯里兰卡、印度、中国台湾、印度尼西亚和肯尼亚，合计进口 2.9 万吨，占进口总量的 72.3％；其中，从斯里兰卡进口 1.1 万吨，占比 29％。

　　作为我国特色优势出口农产品，茶叶贸易的历史由来已久。早在唐宋时期，我国西南边疆就已经形成了茶马互市，也就是现在闻名于世的茶马古道。作为世界最古老的经贸商路，茶马古道现在的价值更多体现在文化方面，构成了我国茶文化的一部分，也促进了世界范围内的文化交流。如今我们在发扬传统茶文化的同时，也通过举办茶博会来促进茶叶贸易、创新茶文化的交流方式，让古老的茶文化在茶叶贸易中焕发新的活力。

我国水产品贸易逆差时代来临了吗？

张雪春

水产品是我国第一大出口优势农产品，约占农产品出口总额的 30%，并长期具有明显顺差优势。近年水产品出口增速放缓，在中美贸易摩擦和新冠肺炎疫情的叠加影响下，出口大幅下降；同时，受国内动物蛋白消费需求增长驱动，水产品进口连年快速增加，贸易顺差急剧缩窄，由 2015 年的 113.4 亿美元骤降至 2019 年的 19.6 亿美元，为近 20 年来最低（图 1）。2020 年 1—5 月，水产品顺差 3.5 亿美元，收窄 62.1%，长期顺差局面或将出现拐点。水产品贸易逆差时代要来了吗？

图 1　2001—2019 年水产品贸易差额趋势图

数据来源：中国海关

◆ 出口增长平缓并现回落

加入 WTO 以来，我国水产品出口整体保持增长态势。2001—2019 年，出口额由 41.8 亿美元增至 206.6 亿美元，出口量由 205.4 万吨增至 426.9 万吨。从出口额增速看，2001—2011 年为高速增长期，年均增速达 14.8%；2012—2019 年增速明显变缓，年均增长仅为 1.2%。我国水产品出口前四大市场分别为日本、美国、东盟和欧盟，合计出口额占水产品出口总额 50% 以上，总体保持稳定。2019 年，受中美贸易摩擦影响，水产品对美国出口额 25 亿美元，出口量 45.7 万吨，同比分别下降 27.1% 和 18.7%，美国在我国水产品出口市场排名从第二位降至第四位。

◆ 进口连年增加势头迅猛

2015—2019 年，我国水产品进口量由 408.1 万吨增至 626.5 万吨，年均增长 7.9％；进口额由 89.8 亿美元增长至 187 亿美元。从进口产品看，虾类进口增长速度最快，特别是对虾，2019 年进口量 61.9 万吨，进口额 38.4 亿美元，分别比上年增长 227％和 290％，占虾类进口量和进口额的 80.4％和 64.0％。随着消费者收入提高和营养意识增强，巨大的市场需求潜力将驱动进口快速增长。此外，国内主动扩大进口，水产品自主降税，不断强化的贸易便利化措施，猪肉价格上涨导致水产品替代消费等多重因素均对水产品进口起到了助推作用。

◆ 未来趋势判断

从短期看，一是进口增长总体稳定。由于新冠肺炎疫情防控有力，国内市场情况总体好于欧美市场。二是出口形势不容乐观。我国水产品出口以加工产品为主，大部分依赖原料进口，产能恢复受国际市场消费萎缩和原料供应紧张的双重制约。综合来看，2020 年水产品贸易总体大幅下降已成定局，顺差持续的不确定性增大。

长期来看，国内动物蛋白供需缺口是决定水产品贸易流向的关键因素。一是海洋渔业资源总量管理制度落实将减少水产捕捞产量，养殖增产规模有限，国内水产品产量与市场消费需求的缺口难以弥合。二是国内供给的品种与消费者偏好的结构性缺口需要进口产品填补，如海捕鱼类和特定水域资源性产品等。三是电商渠道快速发展为商品流通提供便利，刺激水产品消费需求增加。

因此，随着疫情得到控制，贸易秩序逐步恢复正常，国内动物蛋白供需缺口持续拉大，导致水产品进口增加，加之出口增长乏力，水产品贸易逆差或将成为常态。

我国三文鱼贸易及受新冠肺炎疫情影响情况如何？

刘淑慧　刘丽佳

随着人民生活水平的提高和水产贸易的发展，国外水产品进口逐年增多，2019 年进口额达历史新高 187 亿美元。三文鱼因肉质绵密、口感柔爽，成为进口水产品里的座上宾。2020 年 6 月，北京新发地疫情中"进口三文鱼切割案板检测出新冠病毒"的新闻迅速占领各类媒体头条成为舆论焦点，由此也提高了我们对进口水产品防疫检测的重视。作为一个重要贸易品种，我国三文鱼贸易情况到底如何？

◆ 高纬度地区盛产三文鱼

三文鱼，是鲑科鲑属和鳟属几种特定鱼类的统称，最常见的有三文鳟、金鳟、太平洋鲑和大西洋鲑等，主要分布在大西洋与太平洋、北冰洋交界水域，属典型的冷水鱼。挪威、智利、瑞典、丹麦、英国等高纬度国家盛产三文鱼。据全球贸易观察数据库，2019 年全球三文鱼出口总额 317 亿美元，其中挪威出口 85 亿美元，占比 26.8%；智利出口 47 亿美元，占比 14.8%；瑞典出口 37 亿美元，占比 11.7%；丹麦出口 14 亿美元，占比 4.4%；英国出口 10 亿美元，占比 3.4%。我国也出口三文鱼，产地主要分布在东北地区，2019 年出口额 6 亿美元，占比 1.9%。

◆ 我国主要进口品种为大西洋鲑

全世界野生三文鱼资源有限，目前市面上消费的三文鱼多数来自养殖。我国是三文鱼净进口国，进口产品以鲜冷冻鱼和鱼片为主，活鱼和鱼苗进口较少。在我国进口三文鱼品种中，大西洋鲑占比最高。据海关数据，2019 年我国三文鱼进口量 9.3 万吨，其中大西洋鲑 9 万吨，占比 96%。其次是冷冻鳟鱼，2019 年进口量 2 481 吨，占三文鱼进口总量 2.7%。

◆ 自贸协定助推三文鱼进口

我国三文鱼进口来源主要包括智利、挪威、法罗群岛、澳大利亚、英国、加拿大和冰岛等地。2019 年我国从智利进口 3.5 亿美元，从挪威进口 2.4 亿美元，从法罗群岛进口 1.2 亿美元，从澳大利亚进口 5 190 万美元，从英国进口 2 519 万美元，从加拿大进口 866 万美元，从冰岛进口 657 万美元，合计占比

99.5%。这些进口来源中，智利、冰岛、澳大利亚已先后于 2005 年、2013 年、2015 年与我国签署自贸协定，挪威与我国正在开展自贸协定谈判。根据已生效自贸协定承诺，我国自智利、澳大利亚进口三文鱼关税已分别于 2015 年和 2020 年之前全部取消，自冰岛进口关税也将于 2025 年之前取消。作为全球第一大三文鱼出口国，挪威一直期望我国对其进一步开放市场。

◆ 新冠肺炎疫情下我国三文鱼进口减少

受新冠肺炎疫情对消费和全球物流影响，我国三文鱼进口锐减。2020 年 1—7 月，三文鱼进口额 3.1 亿美元，同比下降 35.8%，上海、广东、北京、山东和天津五大三文鱼进口省份进口额分别同比下降 28%、35.8%、60.1%、8.7%和 36.1%。在北京新发地疫情问题出现后，7 月三文鱼进口额较 6 月下降 16.8%，较 2019 年同期下降 54.9%。其中，北京、广东和上海较 6 月下降分别高达 99.4%、36.8%和 25.5%。但山东、天津较 6 月分别增长 150%和 12.5%，原因可能是部分产品存在转关入境。

新发地疫情发生后，海关总署立即对包括三文鱼在内的进口冷链食品开展了全面检测，包括产品样本、内外包装样本和环境样本，抽检结果显示，北京新发地进口三文鱼切割案板检测出的新冠病毒属于 L 基因型欧洲家系分支 I，随即暂停了自欧洲的三文鱼进口。2020 年 9 月 24 日，青岛港发现 2 名无症状新冠病毒感染者，又引发了人们对进口鲜冷产品的担忧，三文鱼等水产品进口恐将再受影响。

（数据来源：海关统计、全球贸易观察数据库）

你了解我国餐桌上的进口虾吗？

李　珂

随着消费者物质生活水平不断提高和健康意识增强，营养美味、做法多样的虾类产品逐渐成为我国百姓餐桌上的明星食材，市场需求逐年递增，国内捕捞和养殖的虾类产品供不应求，虾类进口在数量上有效弥补了供需缺口，在品种口味上更好地满足了百姓日常消费。

◆ 进口虾有多少？

我国进口虾类主要包括对虾、基围虾、红虾、北极甜虾、龙虾等。进口量从 2010 年 6.7 万吨、3.1 亿美元，增加至 2019 年 77 万吨、60 亿美元，虾类贸易自 2018 年由顺差转为逆差，2019 年逆差增至近 40 亿美元（表 1），进口量增长迅速。2019 年，对虾进口增长显著，进口量 61.9 万吨，进口额 38.4 亿美元，分别占虾类进口总量和进口总额的 80.4% 和 64%。

表 1　2019 年我国虾类进口增长情况

产品类别	进口量/万吨	同比增长/%	进口额/亿美元	同比增长/%
对　虾	61.9	290.0	· 38.4	227.0
龙　虾	0.3	14.6	0.4	19.6
其他虾类	14.7	5.1	21.3	2.9
虾类合计	77.0	153.8	60.0	83.2

◆ 进口虾来自哪些国家或地区？

我国虾类进口前十大来源国排名为厄瓜多尔、印度、加拿大、澳大利亚、泰国、越南、阿根廷、新西兰、沙特阿拉伯和墨西哥，从上述十国进口额合计54.3 亿美元，占虾类进口总额的 90.4%。

近年来，全球虾类出口国都在积极拓展中国市场。其中，自厄瓜多尔和印度进口对虾增长最快，2017 年自两国对虾进口量分别为 1 万吨和 0.7 万吨，2019 年增加至 32.2 万吨和 15.1 万吨，占我国虾类进口总量 60% 以上。水产业并不发达的沙特阿拉伯于 2018 年首次对华出口养殖对虾 71 吨，2019 年激增至 2.9 万吨，呈爆发式增长。加拿大对我国出口北极甜虾和龙虾，市场潜力巨大，2020 年新冠肺炎疫情暴发后，加拿大新斯科舍省于 3 月 7 日试运航班载 67 吨活龙虾抵达我国，为市场扩展打通运输渠道。

◆ 虾类进口激增的影响因素

近年来，消费者收入和营养要求提高，对优质动物蛋白的消费需求快速增长。国内虾类在深加工产品上具有国际竞争优势，但在初级冷冻产品方面，受养殖规模、品种、劳动力成本等因素影响市场竞争力较弱。因此，价格便宜、供给稳定的规模化养殖对虾进口快速增长。此外，国内主动扩大进口政策，海关贸易便利化措施，猪肉价格上涨导致替代消费以及美元汇率波动等，也都对 2019 年我国虾类进口激增起到了一定的助推作用。

◆ 新冠肺炎疫情对虾类进口的影响

2020 年一季度，新冠肺炎疫情的暴发，导致餐饮行业停滞，虾类消费骤降。4 月以来，随着疫情得到基本控制，消费需求逐步回暖。国内虾类生产受疫情影响也经历了停工停产、流动性降低等困难，短期扩大产能有限，难以满足供需缺口。同时，疫情国际蔓延给虾类出口商造成严重冲击，对虾主产国厄瓜多尔、印度、越南等已相继减产，出口一度降至正常水平的 30%～50%。但各出口商对中国市场的期望不减，只待疫情过后尽快恢复对华出口。

新冠肺炎疫情对咖啡贸易有什么影响？

谭　军

　　新冠肺炎疫情的暴发和蔓延给餐饮行业带来了严重的冲击。此外，拥有"中国星巴克"之称的中国最大连锁咖啡品牌瑞幸咖啡因财务造假导致股价暴跌，引发了广大消费者的高度关注，使得疫情期间的咖啡消费又蒙上了一层阴影。那么，究竟疫情对咖啡消费及贸易有什么影响呢？

◆ 疫情影响下的咖啡消费

　　疫情期间，我国超过半数餐饮企业处于停业状态，咖啡服务业更甚，停业率高达 83.30％（图 1）。2020 年 1 月 25 日，星巴克宣布春节期间湖北境内所有门店及配送全部暂停营业。12 天后，随着疫情的扩散，又关闭了全国半数以上的门店。2 月，星巴克中国市场门店的销售额同比下降 78％。国际咖啡组织（ICO）分析表明，随着疫情在全球蔓延，将给全球咖啡消费带来巨大的下行风险。

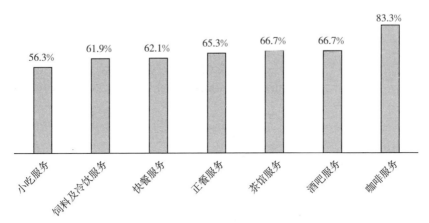

图 1　疫情期间餐饮业停业率

数据来源：北京企业评价协会

◆ 疫情影响下的全球咖啡贸易

　　ICO 市场报告显示，自疫情暴发以来，咖啡综合价格指数下跌，2020 年 2 月较 1 月持续下跌 4.6％，巴西日晒咖啡价格指数下跌 7.3％，罗布斯塔下跌 3.5%，哥伦比亚水洗豆下跌 0.7%，其他水洗豆下跌 4.7%。

◆ 疫情影响下的咖啡进出口贸易

根据美国农业部的数据显示，在 2018—2019 年咖啡生产季，全球主要的咖啡生豆出口国为巴西、越南和哥伦比亚，出口量分别为 3 738 万袋①、2 470 万袋和 1 250 万袋，而全球主要的咖啡生豆进口地区和国家分别为欧盟、美国和日本，进口量分别为 4 908 万袋、2 715 万袋和 737 万袋。疫情发生以后，全球咖啡生豆出口量下滑。2020 年 1 月全球出口总量为 1 029 万袋，同比下降 7.6%。2019—2020 年咖啡生产季的前 4 个月（2019 年 10 月至 2020 年 1 月），全球咖啡生豆出口总量同比下跌 5.8%，其中巴西日晒豆下跌 11.8%，除哥伦比亚水洗豆出口小幅增长 0.6% 外，其他产区的水洗豆平均下跌 6.6%（图 2）。

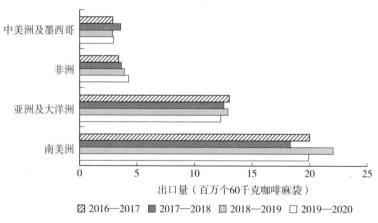

图 2　2019 年 10 月—2020 年 1 月主要地区咖啡生豆出口量

数据来源：ICO

◆ 疫情影响下的咖啡采摘与运输

疫情已在多个咖啡主产国暴发，咖啡的采摘、物流运输将会受到严重影响。截至 2020 年 4 月 16 日，巴西新冠肺炎疫情病例累计确诊 28 912 例，死亡病例达 1 760 例。这势必会对巴西的咖啡采摘工作造成一定的冲击，进而延迟其向全球市场供应的进程。此外，疫情对全球咖啡港口和运输业务也产生了影响，咖啡贸易商已着手应对可能出现的咖啡供应链中断的问题。

我国既是咖啡原产地又是咖啡消费大国，云南、海南是我国优质咖啡的原

---

① 在国际咖啡贸易中，咖啡生豆的产销量常用 60 千克标准咖啡麻袋做单位。

产地，年产量 15 万吨，星巴克、雀巢、上岛等国际知名品牌企业在云南均有咖啡种植园。目前，我国政府采取强有力措施有效控制了疫情，全国各地正在积极有序推进复工复产，咖啡服务业也已陆续开业，一定程度上可有效缓解疫情对我国咖啡市场造成的冲击，但就全球咖啡贸易而言，疫情的暴发和蔓延将给全球咖啡贸易带来严峻考验。

（作者单位：海南省农业农村厅）

中国葡萄酒进口格局变化几何?

丁雪纯

在中国,传统白酒占主导地位的格局正被多元化的消费需求打破。曾经主要用于商务场合的葡萄酒正在加速平民化,越来越多地出现在大众消费者的日常餐桌上,进口葡萄酒随之成为众多酒类产品中的"宠儿"。据中国海关数据统计,2019年中国酒精及酒类产品进口额为50亿美元,其中葡萄酒居首位,占70.5%。

◆ 中国进口了多少葡萄酒?

2010—2019年,中国葡萄酒进口额总体呈波动上升趋势,年均增长率为11.4%。2019年,中国葡萄酒进口额为35.3亿美元,比上年下降9.7%(图1)。受新冠肺炎疫情影响,2020年第一季度中国葡萄酒进口额为5.9亿美元,比上年同期下降26%。

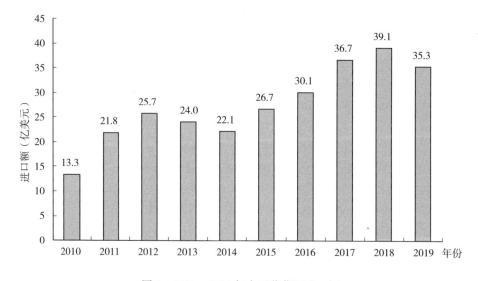

图1 2010—2019年中国葡萄酒进口额

根据联合国商品贸易数据库数据,2018年全球葡萄酒进口额超过20亿美元的国家有美国、英国、中国、德国、加拿大,中国居第三位,约占全球总进口额的8.3%。

◆ 中国从哪些国家进口葡萄酒？

2019 年，法国、澳大利亚、智利、意大利和西班牙居中国葡萄酒进口来源地前五位。约 60％的进口葡萄酒来自欧洲（图 2）。

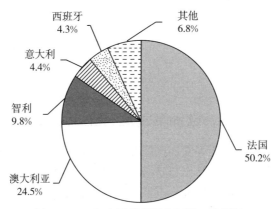

图 2 2019 年中国葡萄酒主要进口来源地

在 2010—2019 年，中国进口葡萄酒的前三大来源地中，法国稳居第一位，但其占比呈下降趋势。自澳大利亚和智利进口逐年增长且占比也逐步提升（图 3）。

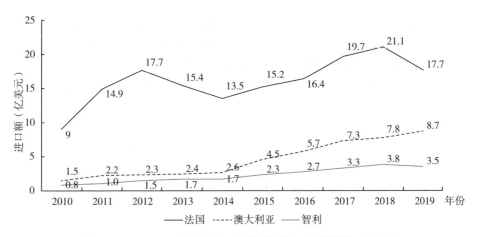

图 3 2010—2019 年中国前三大葡萄酒进口来源地进口额变化

法国为中国葡萄酒第一大进口来源地。法国有着悠久的酿酒历史和精湛工艺，"82 年的拉菲"几乎成了大众认识葡萄酒的代名词。2019 年中国自法国进口葡萄酒 17.7 亿美元，占进口总额的 50.2％，比上年下降 16.2％。2018 年法国向中国出口的葡萄酒占其葡萄酒出口总额的 8.2％，中国是法国葡萄酒第三大出口市场。

以澳大利亚和智利为代表的新世界葡萄酒，在中国市场的覆盖率快速提高。自中澳自贸协定生效以来，中国自澳大利亚进口葡萄酒关税在五年内降为零，期间进口额持续增长，由 2015 年的 4.5 亿美元增加至 2019 年的 8.7 亿美元，年均增长 17.5%。除了自贸区优势之外，澳大利亚葡萄酒的果香浓郁、口感圆润的风格深受中国消费者喜爱。

2019 年中国自智利进口葡萄酒 3.5 亿美元，2015—2019 年进口额年均增长 10.3%。智利葡萄酒单宁含量较高，口感层次丰富且性价比高，这在一定程度上促进了智利葡萄酒在中国迅速走红。

◆ 新冠肺炎疫情之下，欧洲葡萄酒行业现状如何？

法国、意大利、西班牙等欧洲国家是中国葡萄酒重要进口来源国，而葡萄酒产业也是欧盟第一大农产品出口产业。随着新冠肺炎疫情在欧洲各国蔓延，欧洲葡萄酒消费和出口需求均大幅下跌，法国、意大利等国葡萄酒出口遭受严重打击，2020 年第一季度中国自欧盟进口葡萄酒 3.1 亿美元，比上年同期下降 34.9%；其中从法国进口 2.3 亿美元，同比下降 39.4%；自意大利进口 3 480 万美元，同比下降 16.1%；自西班牙进口 3 186 万美元，同比下降 14.9%。欧洲议会的法国议员埃里克·安德烈预计欧洲葡萄酒过剩量将达 10 亿升。

面对新冠肺炎疫情，法国农业部和经财部表示将免除葡萄酒业中小企业的社会分摊金，并动用 1.4 亿欧元的"危机蒸馏"基金，以 700 欧元/千升的均价将 20 万千升过剩葡萄酒蒸馏成工业酒精。为应对疫情冲击，意大利农业支付局向葡萄酒行业发放补贴 1 540 万欧元，对葡萄园重建工程补贴约 22.9 万欧元。

（数据来源：中国海关）

"520""以爱之名"看我国花卉进出口有何新变化?

吴 薇

春季是花卉行业最重要的生产和销售季,但在 2020 年新冠肺炎疫情背景下,我国花卉市场销售和进出口贸易都出现了一定程度波动。2 月 14 日情人节时,口罩是情侣间最好的礼物;随着疫情逐步得到控制,"520"我们终于可以用鲜花表达爱意。

回顾我国花卉行业发展历程,由于种植技术改进、电商渠道打通、人们精神文化需求日益增长,花卉的市场规模不断扩大,进出口额持续增长,尤其是出口增长明显,花卉已成为我国具有出口优势的农产品之一。

◆ 2019 年我国花卉进出口贸易特点

出口增幅明显,进口首现负增长,贸易顺差进一步扩大。2019 年,我国花卉进出口总额 6.2 亿美元,同比增长 3.6%。其中出口 3.6 亿美元,增长 14.6%,增幅创近 5 年最高;进口 2.7 亿美元,下降 8.3%,为近 10 年首次负增长;贸易顺差 9 478 万美元,较上年扩大 2.8 倍。

盆栽植物出口增长快,鲜切花进口由增转降。花卉进出口产品分为装饰用花、苗木及接穗和种球三大类。2019 年,我国装饰用花出口额 1.8 亿美元,同比增长 6.7%,主要出口品种是以菊花、康乃馨和玫瑰为首的鲜切花、鲜切枝叶、干切枝叶等;苗木及接穗出口额 1.8 亿美元,同比增长 24.4%,主要出口品种是盆栽植物和种苗;种球出口额 259.3 万美元,同比下降 10.6%。2019 年,我国种球进口额 1.1 亿美元,同比下降 2.6%,主要为种用百合球茎;苗木及接穗进口额 8 460 万美元,同比下降 19.1%,主要为盆栽植物;装饰用花进口额 6 906 万美元,同比下降 1.6%,主要进口品种为以兰花、玫瑰、菊花为首的鲜切花、鲜切枝叶和干切花等。

越南首次挤入我国前五大出口市场。2019 年,我国花卉出口市场遍及 97 个国家和地区,前五大出口市场是日本、韩国、荷兰、美国和越南,合计出口 2.3 亿美元,占出口总额的 65%。我国对五个市场花卉出口额均不同程度上涨,对越南花卉出口增幅达 223.6%,使其一跃成为我国第五大出口市场。花卉进口来自 66 个国家和地区,前五大进口来源地为荷兰、日本、厄瓜多尔、泰国和智利,合计进口 2.1 亿美元,占进口总额的 80%。除自荷兰进口额保持平稳外,自其他四国进口额均明显下降。

广东出口增速快，进口仍集中在流通和消费中心地域。2019年，我国主要花卉出口省（自治区、直辖市）为云南、福建、广东、浙江、上海，其中云南出口额8 602.9万美元，同比增长10.3%；福建出口额8 306.1万美元，同比增长22.8%，增势明显；广东出口额8 244.8万美元，同比增长40.8%，为增长最快省份。进口省（自治区、直辖市）主要集中在云南、浙江、广东、上海和北京，均是我国花卉生产、流通集散地和花卉消费中心，其中云南以进口额7 994.7万美元位居第一。

◆ 新冠肺炎疫情下的花卉进出口贸易

随着新冠肺炎疫情全球蔓延，各国公共活动和庆祝活动减少，花卉市场需求受阻，全球范围内的花卉进出口贸易也受到了冲击。疫情对我国花卉进出口贸易的影响主要体现在出口增速放缓、进口大幅下降。2020年第一季度，我国花卉贸易总额1.4亿美元，同比下降12.5%。其中出口1亿美元，同比增长仅1.3%；进口3 968.7万美元，同比跌幅达35%。作为对照，2018年和2019年第一季度花卉出口额分别增长12.3%和25.5%，进口额分别增长27.8%和下降8.9%。

出口由日本、韩国等传统市场转向东南亚新兴市场。我国传统出口市场如日本、韩国、美国等国受疫情冲击，花卉进口需求下降，2020年第一季度，我国对三国出口额较上年同期分别下降了7.2%、12.1%、23.5%；出口目的地转向受疫情影响较小的东南亚市场，对越南和缅甸出口额分别增长了88.3%和383.8%。进口方面，因我国鲜切花市场遇冷，自日本、荷兰、厄瓜多尔、泰国等主要进口来源市场进口额均下降，自厄瓜多尔进口下降61.8%，为最大降幅。

云南、广东出口领跑全国。主要出口地区中，仅云南、广东两省实现了出口增长，2020年第一季度同比分别增长9.8%、16.3%；福建、浙江、上海出口额同比分别下降6.1%、1.7%、15.3%。进口方面，各主要进口地区进口额同比皆下降，最大降幅为北京，达64.1%。

目前，国内疫情的负面影响正在消退，花卉市场逐渐复苏。2020年5月10日母亲节，花卉市场生意火爆，销售量较上年同期有所提高。全球需求的稳步恢复将大大提振花卉进出口贸易，但仍需一些时间，让我们静待花开。

贸易伙伴与地方特色农产品贸易

巴西怎样一步步成为我国第一大农产品贸易国的?

张明杰

2019 年巴西连续第二年保持我国第一大农产品贸易国地位。巴西与我国相距遥远,20 年前只是我国第八大农产品贸易国,是怎样实现一步步转变的呢?

巴西土地资源丰富,淡水资源世界第一,气候条件优越,常年高温多雨,水陆交通便捷,农业生产和贸易条件得天独厚,大豆、牛肉、棉花和蔗糖等农产品生产和出口优势明显,是传统的农业大国和农产品出口强国。早在 1992 年巴西就制定了"亚洲战略",积极开拓我国市场,并于次年与我国建立了战略伙伴关系。两国农产品贸易发展迅速,2000—2019 年,两国农产品贸易额由 6 亿美元激增至 334.8 亿美元,其中 97% 以上贸易额为我国自巴西进口。巴西凭借强大的出口优势,将优势农产品源源不断出口到我国,在增加了我国农产品的有效供给、助力我国成为世界农产品贸易大国的同时,也实现了巨大商业利益,成就了其一路高歌进军我国这一世界重要新兴市场的事实。

2000 年巴西为我国第八大农产品贸易国。这年 1 月,中巴签署了关于我国加入 WTO 问题的双边协议。两国农产品贸易额 6 亿美元,其中我国自巴西进口 5.9 亿美元,80% 是大豆;对巴西出口 1 700 万美元,蔬菜和畜产品分别占 47% 和 27.2%。该年的农产品贸易额虽不高,占我国与全球农产品贸易额比例也仅 2.2%,但已显示出明显增势,与上年贸易额相比增长了近 70%。巴西排在日本、美国、韩国、澳大利亚、加拿大、阿根廷和印度尼西亚之后,列我国农产品贸易国第八位。

2001 年巴西为我国第七大农产品贸易国。2001 年 12 月,我国加入 WTO,中巴农产品贸易保持了上年增势,贸易额超 8 亿美元,占我国与全球农产品贸易额比例为 2.9%,比上年提高 0.7 个百分点。其中我国进口 7.8 亿美元，出口 1 850 多万美元。贸易结构与上年相同。巴西超过印度尼西亚成为我国第七大农产品贸易国。

2002—2003 年巴西为我国第五大农产品贸易国。按照我国加入 WTO 承诺，取消大豆和豆粕进口关税配额政策，实行单一的关税化管理、大豆进口关税税率为 3%，豆粕为 5%，豆油 2006 年起取消进口配额，实行 9% 单一关税。我国农产品市场开放为中巴农产品贸易注入了活力，加入 WTO 后两年的贸易额分别为 11.8 亿美元和 21.5 亿美元，分别增长 47% 和 82%，占我国与全球农产品贸易额 3.9% 和 5.3%。大豆和豆油合计约占我国自巴西进口额的 92%。巴西连续两年跻身我国前五大农产品贸易国行列。

2004—2007 年巴西跻身我国前四大农产品贸易国。随着加入 WTO 过渡期结束，我国畜产品、食糖等农产品进口关税进一步降低，农产品市场更加开放，巴西农产品国际竞争力更加显现，这期间双边农产品贸易额由 29 亿美元增长到近 50 亿美元，占我国与全球农产品贸易额比例由 5.6% 提至 6.3%。

2008—2017 年巴西为我国第二大农产品贸易国。2008 年世界爆发金融危机，中巴农产品贸易增幅则迎来最高峰，达到 82.7%。我国经济高速发展带来人民生活水平不断提升、居民膳食结构和消费水平升级，动物性食品等消费明显增加，大豆、禽肉、牛肉、食糖等进口量持续增长，巴西的出口实力得到充分发挥。10 年间两国贸易额由 90.7 亿美元猛增到 246.9 亿美元，占我国与全球农产品贸易额比例由 9.1% 增至 12.3%，其中大豆年均占比超过 82%。巴西连续 10 年保持我国第二大农产品贸易国地位。我国主要出口产品中，蔬菜相对稳定，畜产品缓慢增长，水产品增长较快。2013 年我国对巴西出口额 8.8 亿美元，为近 20 年最高。

2018—2019 年巴西跃居我国第一大农产品贸易国。2018 年中美发生贸易摩擦，后相互加征关税，双边农产品贸易额 246 亿美元，直降 23%。其中美国大豆因我国加征 25% 反制关税，失去竞争力，全年进口量减半，仅为 1 600 多万吨。巴西对我国大豆出口则超过 6 600 万吨，净增 30%，两国农产品贸易额 334.8 亿美元，增长 36%。中巴农产品贸易额占我国与全球农产品贸易额比例为 15.4%，超中美农产品贸易额占比（11.3%）。2019 年中美贸易摩擦持续，巴西继续从我国市场受益，连续两年替代美国成为我国第一大农产品贸易国。

我国与"一带一路"签约国
农产品贸易情况怎样?

李蔚青

2013 年 9 月和 10 月,国家主席习近平在出访中亚和东南亚国家期间,先后提出了共建丝绸之路经济带和 21 世纪海上丝绸之路(以下简称"一带一路")的重大倡议。2015 年 3 月,我国发布《推动共建丝绸之路经济带和21 世纪海上丝绸之路的愿景与行动》,随后为更好推动"一带一路"建设,又陆续发布了各项规划和措施,我国与沿线国家经济贸易投资得到迅速发展,农产品贸易也快速发展。

◆ 总体情况

截至 2019 年年底,我国已与 137 个国家签署了共建"一带一路"合作文件,其中亚洲 37 个、非洲 44 个、欧洲 27 个、大洋洲 11 个、美洲 18 个。2019 年我国与上述国家农产品贸易总额 928.5 亿美元,占当年我国农产品贸易总额的 40.4%。其中,出口额 365.1 亿美元,占出口总额的 46.2%;进口额 563.4 亿美元,占进口总额的 37.3%。

◆ 我国与"一带一路"签约国农产品贸易特点

我国与"一带一路"签约国农产品贸易额增长速度快于农产品贸易总额增长速度。2013 年以来,"一带一路"倡议得到越来越多国家积极响应,我国与签约国农产品贸易额由 2013 年的 613.9 亿美元增至 2019 年的 928.5 亿美元,年均增长 7.1%;同期我国农产品贸易总额由 1 866.9 亿美元增至 2 300.7 亿美元,年均增长 3.5%,前者增速是后者的 2 倍。

我国对"一带一路"签约国农产品贸易一直保持逆差且逆差额呈波动增长态势。2013 年以来,我国对"一带一路"签约国农产品贸易逆差额在 37.9 亿美元以上,2019 年增长至 198.3 亿美元。

主要出口产品为蔬菜、水产品、水果、饮品类和畜产品,进口以水产品、畜产品、水果、植物油为主。出口方面,2015 年以来,每年蔬菜、水产品、水果、饮品类和畜产品 5 类产品出口额合计占当年我国对"一带一路"签约国农产品出口总额的 2/3 以上。2019 年,5 类产品出口额分别为 84.6 亿美元、72.7 亿美元、52.7 亿美元、20.8 亿美元和 14.2 亿美元,分别占同类产品出口总额的 54.6%、35.2%、70.7%、42.7% 和 21.8%。蔬菜、水果和饮品类出口额同比分别增长 6.1%、15.6% 和 3.9%，水产品和畜产品出口额分别下降 0.6% 和 5.9%。

进口方面，2015 年以来，每年水产品、畜产品、水果和植物油进口额合计占当年我国从"一带一路"签约国农产品进口总额的 57% 以上。2019 年 4 类产品进口额分别为 113.6 亿美元、112 亿美元、89.6 亿美元和 66.4 亿美元，分别占同类产品进口总额的 60.8%、30.9%、86.4% 和 76.3%。4 种产品进口额同比分别增长 33.7%、28.5%、28.6% 和 24.3%。

出口市场和进口来源地集中度较高。以贸易总额来看，2013 年以来我国与"一带一路"签约国农产品贸易主要集中在亚洲，其次是欧洲。其中亚洲占 60%，欧洲、拉丁美洲、大洋洲和非洲分别占 12.2%、10.3%、9.1% 和 8.4%。

出口市场方面，我国农产品主要出口到亚洲、欧洲和非洲，三者分别占 74.9%、12.3% 和 9.2%，大洋洲和拉丁美洲合计占 3.6%。

进口来源地方面，我国农产品主要进口自亚洲，占 48.6%。

◆ 未来发展趋势

"共建'一带一路'倡议源自中国，更属于世界；根植于历史，更面向未来"。经过 7 年发展，"一带一路"建设已从"谋篇布局的'大写意'"转入精耕细作的'工笔画'"阶段。展望未来，相信随着沿线国家积极推进和各项相关规划逐步落实，贸易投资必将更快发展，农产品贸易作为其中重要一环，也必将更深入推进。

中国-东盟农产品贸易知多少?

吕玄瀚

东南亚国家联盟,简称东盟,成立于 1967 年,目前拥有文莱、印度尼西亚、马来西亚、菲律宾、新加坡、泰国、柬埔寨、老挝、缅甸和越南 10 个成员国。2002 年,中国与东盟签订了《中国-东盟全面经济合作框架协定》,正式启动自由贸易区建设;2004 年,双方签订了"早期收获计划",果蔬等 500 种农产品率先实施零关税,农业成为最早开放的领域之一;2010 年中国-东盟自由贸易区全面建成。截至 2020 年年底,双方 95% 的农产品关税已清零,越来越多的东盟农产品走上了中国消费者的餐桌。

◆ 资源互补的好邻居

东盟大部分地区为热带季风和热带雨林气候,终年高温多雨,适合种植热带作物,盛产天然橡胶、甘蔗、棕榈果、椰子、香蕉、荔枝、龙眼等农产品。而中国大部分耕地处于温带,以生产温带产品为主。中国每年从东盟进口热带水果和棕榈油满足国内消费,同时也向东盟出口温带水果和蔬菜等产品。

东盟位于太平洋与印度洋的交汇处,洋流交汇产生大量养分,给予了该地区丰富的海洋资源,尤其是印度尼西亚、菲律宾、泰国和越南的鱼类资源种类较多,泰国冻虾、印度尼西亚金枪鱼产量居世界前列。中国也是世界产鱼大国,双方在水产养殖、种苗培育和水产品加工方面有较大合作潜力。

◆ 共同发展的好伙伴

东盟是中国最大的农产品贸易伙伴,是中国农产品第一大出口市场和第二大进口来源地(仅次于巴西)。2018 年双边贸易总额为 360.4 亿美元,占中国农产品贸易总额的 17%,其中中国出口 175.6 亿美元,进口 184.8 亿美元。受自贸区降税和需求拉动,2003—2018 年,中国与东盟的农产品贸易总额年均增长 14%,高于对全球 11.9% 的增速。

从出口看,中国出口以蔬菜(蘑菇、大蒜、木耳、洋葱等)、温带水果(柑橘、苹果、梨等)和水产品(墨鱼及鱿鱼等)等劳动密集型农产品为主。2018 年,蔬菜、水果和水产品出口额分别为 46.3 亿美元、31.6 亿美元和 27.7 亿美元,同比分别增长 3%、0.6% 和 1.4%,分别占中国对东盟农产品出口总额的 27.2%、18.6%和 16.3%。

从进口看，中国进口以热带水果（榴莲、香蕉、火龙果、龙眼等）、棕榈油、水产品（对虾、鲇鱼、饲料用鱼粉等）和大米为主，2018 年水果、棕榈油、水产品和大米的进口额分别为 38.7 亿美元、34 亿美元、22 亿美元和 14.3 亿美元，同比分别增长 44.7%、-2.9%、54.1%和-16.9%，分别占中国自东盟农产品进口总额的 21%、18.4%、16.3%和 7.8%。

新冠肺炎疫情下我国与欧盟农产品贸易形势如何？

马钰博

加入 WTO 以来，我国和欧盟农产品贸易规模逐年扩大。据中国海关数据，2002—2019 年，我国对欧盟农产品出口额增长了 4.9 倍，2019 年已达到 94.4 亿美元，年均增长 11%，高于对美国同期增速 2.7 个百分点；进口额增长了 20.9 倍，2019 年已达到 186.4 亿美元，年均增长 19.9%。目前，我国是欧盟农产品第二大出口市场和第三大农产品进口来源，也是欧洲地理标志产品潜在核心市场之一。2020 年正值中欧建交 45 周年，欧盟在新冠肺炎疫情以及英国"脱欧"对经济严重冲击的双重影响下，与我国农产品贸易保持了良好的势头。

◆ 2020 年上半年我国与欧盟农产品贸易形势如何？

2020 年上半年，我国对欧盟农产品贸易额大幅增长，进口增幅大于出口。据中国海关数据，2020 年上半年，中国欧盟双边农产品贸易额达 143.9 亿美元，比上年同期增长 12.8%，占我国上半年农产品贸易额的 12.3%。其中，我国向欧盟出口农产品 38.3 亿美元，同比下降 14.9%，占农产品出口总额的 10.8%；自欧盟进口农产品 105.6 亿美元，同比增长 27.8%，占农产品进口总额的 13%。

从国别看，我国贸易对象多为欧盟内农业现代化程度较高的国家，中东欧国家贸易份额偏少。2020 年上半年，欧盟内，我国农产品的前 5 大出口市场是德国、荷兰、西班牙、意大利和法国，占我国向欧盟农产品出口比例分别为 24.5%、21.6%、15.3%、6.6% 和 6.4%；自欧盟前 5 大进口来源地是法国、德国、荷兰、西班牙和丹麦，占我国自欧盟农产品进口比例分别为 19.3%、18.3%、18%、16.4% 和 10.4%。

从产品看，双边农产品贸易种类呈现多元化。2020 年上半年，我国对欧盟出口的前 5 大农产品是鱼类、蔬菜、肠衣、坚果和食用油籽，出口额合计 16.8 亿美元，占对欧盟农产品出口额的 43.8%；我国自欧盟进口的前 5 大农产品为生猪产品、乳品、酒精及酒类、小麦产品和麻类，进口额合计 82.8 亿美元，占自欧盟农产品进口额的 78.5%（表 1）。

表1　2020年上半年我国与欧盟主要农产品贸易情况

出口商品	出口额/亿美元	占比/%	进口产品	进口额/亿美元	占比/%
鱼类	6.3	16.4	生猪产品	44.1	41.8
蔬菜	5.5	14.4	乳品	23.4	22.2
肠衣	2.2	5.7	酒精及酒类	9.2	8.7
坚果	1.7	4.4	小麦产品	3.3	3.1
食用油籽	1.1	2.9	麻类	2.8	2.7

数据来源：中国海关。

◆ 中国欧盟农产品贸易未来发展前景怎样？

2020年上半年，新冠肺炎疫情在欧洲快速蔓延，欧洲各国纷纷出台了严厉的防范措施，多国宣布进入"紧急状态"或"封城"，导致人工缺乏、劳动力流动受阻、物流不畅。后期欧洲各国逐步复工复产、各项经济刺激措施的推出以及多双边积极的贸易对话，为农产品贸易带来更广阔的前景。

中欧班列是我国农产品走向欧洲的新选择。中欧班列连通了我国60多个城市和欧洲15国50多个城市，年度班列数从2011年的17列增长至2019年的8 225列；2020年1—6月累计开行5 122列，同比增长36%，实现逆势增长。中欧班列为要求运输时间短、不适合海运的农产品提供了新选择。特别是疫情期间，在航空禁飞、海运停运的情况下，中欧班列不仅担负向欧洲国家运送防疫物资的新使命，更搭载了百姓日常必备的米面粮油、肉禽蛋奶等生活物资往返于亚欧大陆之间，体现了维护双边农产品产业链、供应链安全的独特优势。

《中欧地理标志协定》签署，为中欧农产品贸易提振信心。2020年7月20日，《中欧地理标志协定》正式签署，该协定确保了地理标志农产品在对方市场上将得到法律保护，对维护双方企业和农民合法权益至关重要。对我国而言，随着现阶段来自全国27个省份的100个地理标志产品在欧洲市场上市，农食产品的高标准要求也将倒逼我国相关产业的升级发展，进而提升产品的国际竞争力和品牌影响力。该协定更有利于双方进一步开展农业等相关领域的合作与投资，拓展贸易渠道，发挥各自比较优势实现互利共赢，为中国和欧洲在"后疫情时代"经贸合作创造更多机会，实现双边农产品贸易健康稳定增长。

我国与中东欧国家农业贸易合作前景如何？

史　越

2020 年 3 月，应塞尔维亚总统武契奇请求，我国派医疗专家队赴塞尔维亚帮助抗击新冠肺炎疫情。医疗队在机场受到武契奇碰肘迎接的最高礼遇，这使中塞关系迅速升温，塞尔维亚成了我国"老铁"。其实，不仅塞尔维亚，像波兰、匈牙利这些中东欧国家同我国关系也十分友好，在农业、科技、金融、交通等方面有着广泛合作。

◆ 中东欧国家有哪些？

现在常说的中东欧国家非地理意义，而是外交意义。2011 年，我国重提与中东欧 16 国互相合作，2012 年 4 月 26 日随着首次中国-中东欧国家领导人会晤在波兰华沙举行，中国-中东欧国家合作正式启动。

目前中东欧国家共有 17 个，包括阿尔巴尼亚、波黑、保加利亚、克罗地亚、捷克、爱沙尼亚、希腊、匈牙利、拉脱维亚、立陶宛、黑山、北马其顿、波兰、罗马尼亚、塞尔维亚、斯洛伐克和斯洛文尼亚。

◆ 中东欧国家有哪些特色农产品？

中东欧国家自然禀赋优越，盛产多种特色农产品。

【保加利亚玫瑰】保加利亚是闻名世界的"玫瑰之国"，盛产 7 000 多种玫瑰花，鲜花单产在 500～750 千克/亩。保加利亚玫瑰是制作天然香料的重要原料，同时也是制药、茶饮、美容、化妆品生产等不可缺少的原材料。

【罗马尼亚葡萄酒】罗马尼亚自古以来就是葡萄酒生产大国，2019 年其葡萄酒产量为 4.1 亿升，居中东欧国家第一位，其葡萄酒质量上乘、工艺独特，在国际上有很高知名度。

【希腊橄榄油】希腊全国约有 6 200 多万棵橄榄树，橄榄油是其最具特色的农产品。希腊橄榄油以品质优良著称，年产量约 30 万～40 万吨，其 70% 以上的橄榄油是超纯橄榄油。

【波兰乳制品】波兰是欧盟第四大乳制品生产国，牛奶年产量超过 130 亿升。2019 年波兰对中国出口 1.3 亿美元乳制品，出口额居中东欧国家第一。

【捷克啤酒】捷克是世界最高级的蛇麻草（酿啤酒的香草）的原产国，年人均啤酒消费量达 137 升。捷克啤酒产量在 2017 年就已突破 2 万千升，出口量超过 4 000 千升。

【立陶宛香料】立陶宛国内生产各种辛香调料，包括芥子、辣根、香菜、大蒜、胡椒等。其中仅胡椒一项在 2018 年就向全世界出口 4.9 万千克，产值达 40 万美元。

◆ 我国与中东欧国家农产品贸易情况

2019 年，我国与中东欧 17 国农产品贸易额合计 14.6 亿美元，同比增长 6.2%，其中我国自 17 国进口 6 亿美元，同比增长 23.3%；向其出口 8.6 亿美元，同比减少 3.3%；顺差 2.6 亿美元，减少 36%。在我国与中东欧 17 国农产品贸易中占比最大的为波兰，达 40.3%；其后依次为立陶宛、希腊、捷克和罗马尼亚，分别占 9.3%、9.2%、8.9% 和 7.7%。5 国贸易总额为 11 亿美元，占与中东欧 17 国贸易的 75.3%，其余国家所占比例均在 5% 以下。中国主要从 17 国进口畜产品（44.7%）、谷物（9.3%）和饮品（9%），主要出口水产品（20.5%）和蔬菜（11.7%）。

尽管我国与中东欧 17 国农产品贸易总体规模仍较小且集中，但双方具有比较优势的农产品差异较大，互补性强，双边农产品贸易有较大发展空间。

◆ 如何深化我国与中东欧国家农业贸易合作？

针对我国与中东欧国家贸易合作现状，可以在以下方面拓展：

一是发挥比较优势，推动双边农产品贸易。我国可增加具有比较优势的劳动密集型产品如水产品、水果等出口，推动农产品产业链延伸。进口中东欧具有比较优势的产品如奶制品、蜂蜜等，既可以满足我国内市场日益增加的需求，也可以发挥中东欧国家出口产品的潜力。

二是注重实施差异化营销策略。中东欧 17 国之间差异较大，我国与中东欧国家的农产品贸易产业间互补和产业内互补并存，因此在拓展中东欧农产品市场时，需考虑各国实际，实施差异化营销策略。

三是进一步提升贸易便利水平。双方进一步强化磋商，放宽市场准入，加强标准互认，削减非关税壁垒，加强关检合作，为农产品贸易提供更加便利的条件。

近十年来美国农产品贸易有哪些变化？

梁 勇

　　作为世界头号农产品贸易大国，美国农产品贸易额一直长期位居世界首位。近十年来，美国农产品贸易稳步增长，贸易总额从 2008 年的 2 297 亿美元增长至 2018 年的 3 223 亿美元，年均增长 3.4%。贸易额占世界农产品贸易总额的比例略有上升，从 2008 年的 9.7% 上升至 2018 年的 10.2%，贸易额年均增速高于世界平均水平 0.6 个百分点。

　　出口额从 1 255 亿美元增长至 1 561 亿美元，年均增长 2.2%；出口额年均增速低于世界平均水平 0.9 个百分点。进口额从 1 042 亿美元增长至 1 663 亿美元，年均增长 4.8%；进口额年均增速高于世界平均水平 2.2 个百分点。

　　近十年美国贸易差额波动较大，2008 年贸易顺差 213 亿美元，2011 年顺差额上升至十年间最高点 273 亿美元，之后逐步减少，2017 年转为逆差 26 亿美元，2018 年逆差进一步扩大至 102 亿美元。从贸易数据分析看（表 1），2017 年1月美国总统特朗普一上任即采用强硬贸易政策，但对美国农产品出口并未带来积极推动作用，反而使美国农产品出口环境和形势进一步恶化。特别是 2018 年中美贸易摩擦升级后，中美双方互相加征关税，这不仅影响了中国农产品对美国的出口，同时也影响了美国农产品对中国的出口，其中对美国的影响远大于对中国的影响。2018 年虽然美国对世界农产品出口较上年增加了 21 亿美元，但其进口却增加了 97 亿美元，贸易逆差增加了 76 亿美元；对中国出口减少了 104 亿美元，而自中国进口却增加了 8 亿美元。美国贸易政策的变化成为其农业贸易平衡明显变化的主要原因。

表 1　2008—2018 年美国与全球及与中国农产品贸易值

单位：亿美元

年份	美国与全球贸易情况			美国与中国贸易情况		
	出口额	进口额	贸易平衡（差额）	出口额	进口额	贸易平衡（差额）
2008	1 255	1 042	213	128	62	66
2009	1 075	942	133	138	53	84
2010	1 265	1 053	213	183	63	121
2011	1 515	1 242	273	201	71	130

（续）

年份	美国与全球贸易情况			美国与中国贸易情况		
	出口额	进口额	贸易平衡（差额）	出口额	进口额	贸易平衡（差额）
2012	1 553	1 313	240	271	77	194
2013	1 585	1 350	234	267	77	190
2014	1 651	1 447	204	255	77	178
2015	1 474	1 456	17	216	75	141
2016	1 494	1 477	17	228	73	155
2017	1 540	1 566	−26	209	77	132
2018	1 561	1 663	−102	105	85	20

数据来源：联合国商品贸易统计数据库。

◆ 农产品出口变化情况

美国是世界农产品第一大出口国。出口产品以谷物、畜产品、食用油籽、棉花等资源密集型产品为主。十年来各类农产品出口占美国农产品出口比例虽然有所变化，但这些农产品占该品种世界出口贸易的比例一直保持重要地位。其中，谷物、棉花、畜产品和水果出口额排世界第一位，食用油籽出口额排世界第二位。从农产品出口趋势来看，畜产品、水果、饮品和棉花出口额呈上升趋势，出口额占其农产品出口额的比例分别由 2008 年的 16.9%、7.9%、4.7%和 4.0%上升至 2018 年的 18.3%、8.8%、7.7%和 4.2%；而谷物和食用油籽出口额则呈下降趋势，出口额占比分别由 2008 年的 23.5%和 13.9%降至 2018 年的 13.7%和 13.1%。其中美国大豆出口表现最为突出，2018 年出口额较上年锐减 40 亿美元，出口量减少 831 万吨。

◆ 农产品进口变化情况

美国不仅是世界农产品的出口大国，同时也是进口大国。进口以饮品、水产品、水果和蔬菜等劳动密集型产品为主。其中饮品、水产品、水果、蔬菜进口额排世界第一位，食糖进口额排世界第二位，畜产品进口额排世界第三位。从农产品进口趋势来看，十年来，除谷物、食用油籽和棉花等美国优势农产品进口额略有下降外，其余品种均呈现上升态势。饮品、水产品、水果、蔬菜和畜产品进口额分别从 2008 年的 265 亿美元、162 亿美元、128 亿美元、98 亿美元和 110 亿美元上升至 2018 年的 377 亿美元、257 亿美元、268 亿美元、170 亿美元和 164 亿美元。上述品种进口额占美国国内进口额的比例升降不一，但占世界该品种进口额的比例均上升。其中，水果和蔬菜进口额占世界进口额比例变化最大，分别从 2008 年的 10.9％和 12.9％上升至 2018 年的 15.5％和 16.6％。

◆ 部分农产品贸易大进大出及互补性特征明显

以畜产品为例，美国 2018 年对世界出口额 286 亿美元，同时进口额也达 164 亿美元。其中尤以牛肉贸易最为明显，美国 2018 年牛肉出口 72 亿美元、101 万吨；进口 53 亿美元、97 万吨。美国水果、蔬菜等进出口品种与其国内品种互补性明显。例如，水果出口以柑橘、葡萄和苹果为主，2018 年出口额分别为 15 亿美元、13 亿美元和 11 亿美元，进口则以热带水果为主，如香蕉、龙眼和荔枝等，分别进口 28 亿美元、18 亿美元和 18 亿美元。

◆ 美国农产品进出口主要贸易伙伴

美国与全球许多国家进行贸易，但其农产品贸易集中在原北美自由贸易区伙伴国（加拿大和墨西哥）、欧盟、中国、日本和韩国等，贸易集中度达 60％以上。出口方面，近十年来，加拿大、墨西哥、欧盟、日本、中国和韩国一直是美国前六大出口市场，出口集中态势明显。对上述六大市场出口增长较快，出口总额由 2008 年的 819 亿美元上升至 2018 年 964 亿美元，年均增长 1.6％。从这十年来看，中国长期保持美国出口市场第二位，其间曾在 2012 年上冲至第一位，占美国农产品出口额比例达 17.8％，但受中美贸易摩擦影响，2018 年又下降至第五位，仅占美国农产品出口额的 6.9％。

进口方面，美国农产品进口来源地主要集中在欧盟、原北美自由贸易区伙伴国（墨西哥和加拿大）、中国和智利等几大经济体，进口集中度达 61％。从上述来源地进口增长迅速，进口额从 2008 年的 628 亿美元上升至 2018 年的 1 006 亿美元，年均增长 4.8％。近十年来，加拿大、欧盟和墨西哥一直是美国前三大农产品进口来源地，进口额占比均保持在 50％以上。欧盟从 2016 年起成为美国第一大进口来源地，加拿大和墨西哥分别变为第二和第三进口来源地，2018 年从上述来源地进口农产品占美国农产品进口比例分别为 18％、17.6％和 16.5％。中国一直是美国第四大农产品进口来源地，2018 年占美国农产品进口额的比例为 5.1％。

◆ 美国农产品贸易对其经济的影响

尽管目前农业在美国国内生产总值（GDP）中所占比例不到 1％，但美国农业贸易对美国除农业以外的其他部门的经济活动仍有贡献，其影响遍及全球。2018 年，美元实际贬值 1.8％，按美国农产品出口与贸易伙伴货币的加权价计算，美国产品在国外市场的竞争力有所增强。

研究显示，美国农产品出口对农业和非农业部门的产量、就业、收入和购买力等方面起到了支撑作用。尽管 2018 年美国对中国农产品出口有所减少，但 2018 年美国对全球的农产品出口总额增长了 1.0%，达 1 396 亿美元。美国农业部经济研究局（ERS）估计，2018 年，每 1 美元的农产品出口会带动 1.17 美元的商业活动，即 2018 年 1 396 亿美元的农产品出口增加了 1 629 亿美元的经济活动，总经济产出达 3 025 亿美元。2018 年，美国每出口 10 亿美元的农产品就可在整个经济中提供约 7 500 个工作岗位，农产品出口提供了 104.8 万个这样的工作岗位，其中包括非农业部门的 69.1 万个工作岗位。

日本是如何实施农产品出口促进战略的?

吴 薇

日本人多地少,自然资源约束条件与中国相似,由于其农业产业在国际竞争中不具备比较优势,一直以来农产品贸易都处于净进口状态。日本近年来实施"积极进取"的农业政策,将大力促进农产品出口作为提升本国农业竞争力的重要手段,提出农林水产品和食品出口额到 2019 年要达到 1 万亿日元(合人民币 649 亿元)、2030 年达到 5 万亿日元(合人民币 3 245 亿元)的目标。为什么促进本国农产品出口重新受到日本政府的关注?日本又有哪些经验和做法值得我们学习借鉴呢?

◆ 日本为何重视农产品出口促进

一是国内外市场需求发生变化。受少子化和人口老龄化影响,未来日本国内农产品市场规模将持续缩小,依靠国内消费需求带动农业发展难以为继。相比而言,国际市场农产品需求增长仍有较大空间。为使日本农业和农民在不断发展的全球农产品贸易中获益,进一步推动国内农业可持续发展,大力促进农产品出口成为日本政府的必然选择。

二是农产品出口困难重重。日本福岛核泄漏事故后,出于对农产品质量安全的担忧,包括中国在内的 20 个国家(地区)采取了限制或禁止原产于核泄漏地区的农产品和食品进口的措施,对日本农产品出口造成很大影响。日本迫切需要和这些国家交涉解禁事宜,消除本国农产品出口障碍。

三是贸易自由化带来新机遇。随着全面与进步跨太平洋伙伴关系协定(CPTPP)、日欧经济伙伴关系协定(EPA)、日美贸易协定接连达成,日本在国际经贸格局中的影响力得到提升,市场也得到进一步开放。为及时把握贸易自由化下的新机遇,日本需要不断强化农产品出口促进。

◆ 日本未来促进农产品出口的计划

2019 年,日本农林水产品出口额 9 121 亿日元,虽然实现了连续 7 年增长,但仍未达到 1 万亿日元的既定目标。为此,日本政府在 2020 年最新修订的《食品、农业、农村基本计划》中,计划通过以下手段进一步提振出口,力争到 2030 年,农林水产品和食品出口额可达 5 万亿日元。

一是消除农产品出口限制,改善出口环境。根据 2020 年 4 月出台的《农林水产品及食品出口促进法》，日本成立了农林水产品和食品出口总部，由其牵头制定出口促进政策、协调与出口相关的行政工作以及制定出口促进执行计划。在该总部的领导下，日本政府将统一开展农业对外谈判，与各主要出口市场就食品安全和放宽/取消放射性物质进口限制等议题展开磋商。

二是发展布局全球生产基地。为了生产的农产品更加符合国际规则、满足国际市场需求，日本将通过农林水产品和食品出口计划（Global Food Program，GFP）促进全球生产基地的建设。政府将为基地发展提供硬件支持，日本政策金融公库也将以低息贷款的形式提供支持。

三是建立健全海外商业推广渠道。日本政府将通过发展出口包装标准化和冷链物流，提高出口效率，提升产品出口附加值。同时，支持建设海外商业推广渠道，通过日本食品海外推广中心（JFOODO），针对农产品品种、产地等不同侧重点进行全方位宣传。此外，支持加强和食文化在海外的推广，向外国游客提供丰富的饮食体验，深度发掘出口潜在市场。

四是推进日本农食产业的海外扩张。日本政府还将从粮食安全和日本农业可持续发展的角度出发，利用日本技术建立起全球食品价值链，推进农食产业的海外扩张，进一步捕捉国外需求，为国内生产者开拓更多销售渠道。

日本对进口农产品如何征税？

滕雅楠

日本作为我国农产品出口重要市场，其农产品关税制度对我国农业贸易影响重大，那么日本的农产品关税制度如何？主要农产品关税税率是多少？

◆ 日本的关税税率

关税是对进口商品课征的税收，日本的关税税率有国定税率和协定税率。国定税率包括基本税率、暂定税率和特惠税率；协定税率包括 WTO 协定税率和经济伙伴协定（Economic Partnership Agreement，EPA）税率。

◆ 日本的关税形式

日本的关税形式有从价税、从量税、复合税、选择税及季节关税等。从价税是以进口商品的价格为标准征收的关税，比如牛肉关税采用 38.5% 的从价税；从量税是以进口商品的数量、重量、体积等为标准征收的关税，比如大米配额外关税采用 341 日元/千克的从量税；复合税是从价税加从量税，比如黄油配额外关税为 29.8% 的从价税加 985 日元/千克的从量税；选择税是选择从价税和从量税中较高者，比如用于制作淀粉的玉米配额外关税为 50% 或 12 日元/千克中的较高者；季节关税针对有季节特征的货物，制定两种或两种以上的税率，比如新鲜橘子关税在 6 月 1 日至 11 月 30 日期间为 16%，12 月 1 日至次年 5 月 31 日为 32%。另外，日本还实行关税配额制度，即在一定进口数量内，实行零关税或者低税率，以确保为国内需求者提供较低价格产品；进口数量超过定额时，实行较高的税率，以保护国内生产者的利益。

◆ 关税税率使用的优先关系

在使用关税税率时，国定税率和协定税率存在以下的优先关系。

国定税率中除了特惠税率，暂定税率优于基本税率；国定税率（除特惠税率）与协定税率，哪个低用哪个；特惠税率和 EPA 税率，如果满足原产地等要求，EPA 缔约国的原产地产品可适用 EPA 税率，发展中国家的原产地产品可适用特惠税率，最不发达国家的原产地产品可适用特别特惠税率。

◆ 不同国家出口日本的税率不同

鉴于优惠税率优先，不同国家出口日本的农产品税率会不同，以出口日本的小型鳕鱼和咖啡豆为例：如果是发达国家（不包括 EPA 缔约国），出口日本的小型鳕鱼肉糜的关税税率是 4.2％、咖啡豆的关税税率是 12％；如果是 EPA 缔约国比如墨西哥，则关税税率分别为 4.2％和 0；如果是发展中国家，则关税税率分别为 4.2％和 10％；如果是最不发达国家，则关税税率分别为 4.2％和 0。具体有关税率可查阅相关税率表。

◆ 日本主要农林水产品的关税税率

（一）粮油类

大米是日本重点保护产品，配额外关税高达 341 日元/千克，配额内进口关税为 0，但实际上这部分大米难以进入日本市场。对小麦、大麦的管理与大米类似，配额内零关税，配额外关税分别为 55 日元/千克和 39 日元/千克。杂豆（豌豆、红豆、扁豆、蚕豆等）的配额内关税税率为 10％，配额外关税为 354 日元/千克。花生配额内关税税率为 10％，配额外关税为 617 日元/千克。大豆、油菜籽实行零关税。

（二）蔬菜类

大部分新鲜蔬菜的关税税率为 3％（比如番茄、黄瓜、菠菜、白菜、萝卜、茄子、生菜、胡萝卜等）。新鲜洋葱的进口关税为：CIF 价格（CIF 价格＝进口商品的价格＋运输费＋保费）≤67 日元/千克时，关税税率为 8.5％；67 日元/千克＜CIF 价格≤73.7 日元/千克时，关税为（73.7 日元－CIF 价格）/千克；73.7 日元/千克＜CIF 价格时，关税为零。冷冻蔬菜的关税税率为 6％～12％。

（三）水果类

新鲜苹果的关税税率为 17％。新鲜橘子实行季节关税，6 月 1 日到 11 月 30 日为 16％，12 月 1 日到次年 5 月 31 日为 32％。橘子汁的关税税率最低为 21.3％，最高为 29.8％与 23 日元/千克两者中的较高者。苹果汁的关税税率最低为 19.1％，最高为 34％与 23 日元/千克两者中的较高者。

（四）禽肉蛋类

牛肉的关税税率为 38.5％。猪肉（部分肉）的关税为：CIF 价格≤64.53 日元/千克时，关税为 482 日元/千克；64.53 日元/千克＜CIF 价格≤524 日元/千克时，关税为（546.53 日元－CIF 价格）/千克；524 日元/千克＜CIF 价格时，关税税率为 4.3％。鸡肉的关税税率为 8.5％～11.9％，鸡蛋关税税率为 8％～21.3％。

（数据来源：日本农林水产省网站）

英国脱欧影响中英农产品贸易吗？

刘淑慧　张红玲

英国于 1973 年"嫁入"欧洲共同体（欧盟前身），与欧洲共同体各成员之间取消货物关税，对外执行统一关税。在历经 3 年多的"分手"谈判后，英国与欧盟于 2020 年 1 月 31 日正式"离婚"。为减少伤害，欧盟同意给予英国 11 个月过渡期，即在 2020 年 12 月 30 日之前，英国与欧盟之间所有产品均继续维持以前的零关税，过渡期后关税取决于双方能否达成新的自贸协定。中国于 1975 年与欧洲共同体建立双边关系，英国脱欧后，对中英农产品贸易有什么影响？

◆ 中国对英国农产品贸易保持顺差

目前，在欧盟内部，英国是中国农产品第 3 大出口市场，第 5 大进口来源地；从全球看，按单独的国家或地区排序，英国是中国第 13 大出口市场，第 22 大进口来源地。2009—2018 年，中英农产品贸易从每年 8.9 亿美元增长到 19.4 亿美元，增长 1.2 倍。其中，中国对英国出口额从每年 6.6 亿美元增至 11.6 亿美元，增长 75.8%；自英国进口额从每年 2.4 亿美元增至 7.7 亿美元，增长 2.2 倍。中国连续十年对英国农产品贸易保持顺差，但顺差额从 2010 年的 5 亿美元不断下降，2018 年为近 10 年最低的 3.9 亿美元。

◆ 中英农产品贸易品种多元

中国对英国主要出口农产品包括鲜冷冻鱼、畜产品和蔬菜等，三类产品出口额接近中国对英国出口额的 50%。2018 年，中国对英国鲜冷冻鱼出口额 2.6 亿美元，占 22.7%；畜产品出口额 1.6 亿美元，占 13.7%；蔬菜出口额 1.3 亿美元，占 11.0%。从英国主要进口农产品包括酒精及酒类、生猪产品和乳品三类，进口额也接近从英国进口额的 50%。其中，酒精及酒类进口额 1.8 亿美元，占 23.9%；生猪产品进口额 1 亿美元，占 13.1%；乳品进口额 0.9 亿美元，占 11.2%。

◆ 中英农产品贸易面临机遇

英国多年来均是农产品净进口国，近十年进口额基本在 650 亿美元左右，出口额在 300 亿美元左右。主要进口产品包括水果、蔬菜、酒、水产品和乳品等，五类产品接近进口额的 50％；主要出口酒、水产品、乳品、水果和蔬菜，五类产品超过出口额的 50％。在过渡期内英国将重点和其最大的贸易伙伴欧盟开展自贸谈判，以及"转签"作为欧盟成员时与其他国家签订的自贸协定。过渡期内，英国仍将执行欧盟对外的统一关税政策，过渡期后英国将对没有自贸协定的国家执行最惠国税率。此前英国曾表示，脱欧后 87％的产品最惠国关税将为零，但最新信息显示，英国拟推出"全球性关税"制度，主要内容包括"取消低于 2.5％的进口关税，同时把其他关税税率就近下调至 2.5％、5％或 10％税级"。

当前正是英国布局贸易的关键时期，加强中英贸易合作正当其时。中国是英国第三大贸易伙伴，仅次于欧盟和美国。中国巨大的消费市场对英国具有不可抗拒的吸引力，在脱欧过程中英国已大力开拓中国农产品市场，且成效显著。2018 年 8 月，英国鲜活海螯虾获得出口中国的许可；2019 年 6 月，英国牛肉拿到了进入中国市场的准入证。英国方面预计，未来五年英国鲜活海螯虾出口将增长 40％，英国牛肉生产商将因此获得 2.3 亿英镑的价值。

由于中国与欧盟没有自贸协定，英国脱欧后就更加期待能够通过自贸协定全面打开中国市场，以便能与德国和法国等欧盟强国在中国市场的竞争中获得优势。对于英国来说中国是块新大陆，虽然农业不是它的优势产业，制造业也不如德国和法国等，但考虑到中国与欧盟没有自贸协定，英国在高端制造业上相对于中国仍有优势。此外，英国在金融、旅游、教育、创新技术等领域相对于中国也有优势，中英在货物、服务、投资和规则等方面可以合作共赢。因此可以预见，中英之间商谈自贸协定的可能性较大。倘若中英能达成自贸协定，必将促进双方农产品贸易开启新时代。

在中国自贸伙伴中，澳大利亚有哪"三高"?

刘淑慧　李子晔

2015 年 6 月，《中国-澳大利亚自由贸易协定》（简称《中澳自贸协定》）签署，澳大利亚作为中国自贸伙伴当中的"重量级选手"正式登场。历经 5 年时间、6 轮降税，中澳在农产品贸易领域的联系愈加紧密和深入。相对于中国其他自贸伙伴，身兼农业强国和发达国家的澳大利亚表现出"三高"的突出特质，应予关注。

◆ 高外贸依存度的农业强国

澳大利亚是世界上唯一国土覆盖整个大陆的国家，享有"骑在羊背上的国家""手持麦穗的国家"等声誉，可见其农业资源之优渥。澳大利亚国土面积 769.2 万平方千米，居世界第六位，其中农业用地约 3.7 亿公顷，而人口仅 2 500 万人，属于典型的地广人稀。澳大利亚农业生产机械化、集约化程度高，盛产小麦、大麦、棉花、糖及大部分畜产品。

由于国内市场有限，澳大利亚农业外贸依存度很高，3/4 的初级农产品及 1/4 的加工农产品均销往国际市场。其中小麦、大麦出口量占产量 50% 左右；牛肉、食糖、奶制品、葡萄等均超过 70%；棉花、羊毛更达 95% 以上。据全球贸易观察（GTF）数据统计，澳大利亚 2018 年为世界第七大农产品出口国，同时也是羊毛、羊肉、大麦第一大出口国，牛肉第二大出口国，棉花第三大出口国，小麦第五大出口国，且中国是澳大利亚最大的农产品贸易伙伴，澳大利亚对中国农产品出口额占其农产品出口总额的 26.2%。

◆ 高自由化水平的《中澳自贸协定》

《中澳自贸协定》是我国迄今已商签的贸易投资自由化整体水平最高的自贸协定之一。根据《中澳自贸协定》，我国承诺对澳大利亚 1 375 个税号的农产品最长在 12 年内逐步取消关税，约占农产品品类的 93.7%。澳方则承诺对我国 1 061 个税号的农产品 3 年内关税全部降零，占澳大利亚农产品品类的 100%。我国各类农产品降税情况见表 1。

目前，中国对澳大利亚已实现 1 315 个税目的农产品关税降零，占农产品品类的 89.6%，而澳大利亚对我国农产品已全部实现零关税。

表 1　我国对澳大利亚各类农产品降税情况

降税方式	主要产品	税目数
维持零关税	种用活畜禽、种植用种子、鱼虾蟹苗、啤酒等	118
立即降零	冻虾、牡蛎、干豆、大麦、燕麦、香料、水产制品、饲料等	93
3 年降零	生马皮	1
5 年降零	活动物、猪肉、鲜冷冻鱼、乳清、乳酱、婴幼儿奶粉、蔬果及制品、果糖、巧克力、葡萄酒、亚麻等	1 101
6 年降零	山羊皮	2
8 年降零	牛杂碎、橙汁、生羊皮、生牛皮等	18
9 年降零	羊肉、柑橘属水果等	16
10 年降零	熏牛肉、鲜奶、酸奶、黄油、奶酪等	15
12 年降零	奶粉	3
10 年内降为零实施特保措施	牛肉	6
12 年内降为零实施特保措施	全脂奶粉	2
	以上合计	1 375
增设国别配额	羊毛	6
例外处理，不参与降税	粮棉油糖、油菜籽、烟草、鲨鱼翅等	86

◆ 高增长率的对华农产品出口

在双边降税的刺激下，澳大利亚对我国农产品出口持续快速增长，2018—2019 年已连续两年突破 110 亿美元，较 2015 年签署协议时增长了 38.1%，其中对我国畜产品出口额 58.10 亿美元，增长 43.2%；饮品 9.23 亿美元，增长 93.7%；水产品 7.76 亿美元，增长 8.2 倍；鲜冷冻水果 3.75 亿美元，增长 2.3 倍（表 2）。澳大利亚农民和企业从《中澳自贸协定》中受益颇丰。相较之下，尽管澳大利亚对我国全面开放了农产品市场，但受限于澳方严苛的检验检疫措施以及两国农产品竞争力、国内市场供需等方面的总体差异，我国农产品对澳大利亚出口增长有限。

在两国农业贸易快速发展，尤其是澳大利亚农产品对华出口明显增长过程中，出现了澳大利亚部分农产品对我国低价倾销以及与双方共同同意的检验检疫规定不符等问题。我国商务部于 2018 年 10 月 9 日收到国内大麦产业申请人代表正式提交的反倾销调查申请，请求对原产于澳大利亚的进口大麦进行反倾销调查。商务部随后依法启动了相关立案调查，并于 2020 年 5 月 18 日发布最

表 2　澳大利亚对我国农产品出口增长

品类	初始税率/%	降税方式	对我国出口额/亿美元					2019年较2015年增长/%
			2015年	2016年	2017年	2018年	2019年	
农产品			80.63	67.08	89.53	104.47	111.38	38.1
畜产品			40.58	35.96	43.40	51.47	58.10	43.2
牛肉	12~25	10年降零实施特保措施	7.93	5.60	6.59	9.98	17.68	123.0
羊肉	12~23	9年降零	2.13	1.74	3.23	4.79	7.76	264.3
奶粉	15	12年降零	2.59	2.91	3.84	4.04	5.87	127.2
羊毛	38	国别关税配额	15.68	16.30	20.32	22.78	17.74	13.2
饮品类			4.76	5.96	7.61	8.34	9.23	93.7
葡萄酒	10	5年降零	4.54	5.72	7.28	7.81	8.67	91.0
水产品			0.84	0.91	3.13	6.80	7.76	823.2
虾类	5~16	立即降零	0.14	0.38	1.56	4.70	5.42	3 730.9
鲜冷冻水果			1.14	1.92	2.76	3.30	3.75	228.0
柑橘	12	9年降零	0.56	0.71	1.26	1.49	1.43	153.7
葡萄	13	5年降零	0.49	1.02	1.30	1.40	1.82	273.5

终调查结果，裁定原产于澳大利亚的进口大麦存在倾销和补贴，使我国国内产业受到实质损害，且倾销和补贴与实质损害之间存在因果关系。国务院关税税则委员会据此决定，自 2020 年 5 月 19 日起对自澳大利亚进口大麦征收 73.6% 的反倾销税和 6.9% 的反补贴税，期限为 5 年。另外，近期中国海关在对进口肉类产品进行查验时，连续发现澳大利亚个别企业多批次输华牛肉产品存在违反双方主管部门共同确定的检验检疫要求的情况，为保障中国消费者健康和安全，中方决定暂停接受 4 家澳大利亚企业肉类产品的进口申报，并已通报澳方主管部门，要求澳方全面彻底调查原因并作出整改。

　　据中国海关数据统计，受疫情影响，2020 年一季度澳大利亚对我国农产品出口出现协定签署以来的首次下滑，同比下降 9.3%，其中受影响较大的是大麦、棉花和虾，分别下降 78.1%、74.1% 和 52.8%。在全球共同面对疫情防控和恢复经济的背景下，中澳之间"合则两利，斗则俱伤"，而受影响更大的应是从自由贸易中受益匪浅的澳方。

澳大利亚 2019 年森林大火
对其农业产生了哪些影响?

徐亦琦

2020 年 2 月,澳大利亚基本控制了燃烧 5 个月的森林大火。这次大火主要发生在昆士兰州和新南威尔士州,蔓延澳大利亚东海岸 1 400 多千米的海岸线,过火面积超过 1 000 万公顷,远大于之前同样令人瞩目焦心的加利福尼亚火灾和亚马孙火灾,对当地生态系统造成巨大破坏,并造成 33 人死亡及巨大的经济损失。本次大火主要是受夏季炎热干燥影响,2019 年是澳大利亚有记载以来最热、最干燥的一年。

澳大利亚的干旱气候对其种植业生产造成了不利影响。受灾最严重的是位于澳大利亚东部的昆士兰州和新南威尔士州,其中新南威尔士州更是首都堪培拉和著名城市悉尼的所在地。两州对澳大利亚农业生产做出了巨大贡献,农业用地占全国的 50%,农业总产值占全国的 47%。

◆ 澳大利亚农业概况

澳大利亚是世界上重要的农产品生产国。目前农业用地约 3.7 亿公顷,占全国土地面积的 48%。30 多万劳动力直接参与农业生产,占总劳动力的 3%,与农业相关的产业链提供了 160 万个工作岗位。牛肉、小麦、牛奶和羊毛是澳大利亚主要农产品,2019 年农业生产总值为 610 亿澳元。

澳大利亚也是农产品出口大国,77% 的农产品用于出口。据联合国商品贸易数据库统计数据,2018 年澳大利亚农产品出口接近 490 亿澳元,占总出口额的 14%。羊肉出口位居世界第一,羊毛和油菜籽居第二位,牛肉和食糖居第三位,奶制品居第四位。

◆ 澳大利亚水资源情况及政策

干旱和水资源紧缺一直是澳大利亚农业面临的主要问题。根据降水量的丰沛程度将农业分成三个区域:①集约农业带/高雨量带,范围为东部沿海、西南部和塔斯马尼亚,降水较为丰沛,适合发展种植业和奶牛业;②小麦、养牛带,是半干旱至湿润气候的过渡区,适合小麦种植、养羊和肉牛业;③牧业带,位于大陆中部沙漠地区,经营粗放养牛业。除降水量外,河流灌溉也影响农业生产,墨累-达令河是澳大利亚唯一发育完整的水系,但全年径流量仅有塔里木河的 60％，流经的盆地是最重要的粮食主产区，占全澳大利亚灌溉土地的 2/3，农业总产值的 1/3。

为帮助农民应对干旱问题，澳大利亚政府出台了一系列政策，调动社区、金融机构等社会各界力量共同面对干旱危机。例如设立了 390 亿澳元的未来干旱基金，用于帮助农民解决未来的干旱情况；设立了 33 亿澳元的国家水利基础设施发展基金，建设水坝和输水管道；设立了 5 000 万澳元的基础设施补贴，用于帮助农民购买和升级供水基础设施；设立了农业家庭津贴，通过规划和培训，帮助面临经济困难的农业家庭改善财务状况。

◆ 干旱对澳大利亚农业的影响

连年的干旱造成了澳大利亚农业减产，夏季作物减产超过 60％，主要体现在棉花和高粱作物；牛羊养殖业也受到影响，牛群数量降到 1990 年来最低，但因畜牧业季节性不强，在数据上体现不明显。

棉花主产区位于新南威尔士州内地河流一带和昆士兰州，因灌溉水供应大幅减少以及长期干旱导致土壤水分明显下降。2019 年澳大利亚棉花种植面积从 2018 年的 38 万公顷下降到 6 万公顷，减少 84％。棉花产量从 2018 年的 48 万吨下降到 14.7 万吨，减少 70％，从世界第八降至第十七；棉籽产量从 2018 年的 106.5 万吨下降到 39.7 万吨，减少 63％。棉花出口量从 2018 年的 79 万吨下降到 28 万吨，减少 65％，从世界第三降至第六，棉花出口量超过产量主要是因为 2017 年丰产带来了高库存。此外，高粱产量从 2018 年的 127.8 万吨下降到 40 万吨，减少 69％。高粱种植面积从 2018 年的 50 万公顷下降到 25 万公顷，减少 50％。高粱出口量从 2018 年的 15 万吨下降到 5 万吨，减少 67％。

澳大利亚农业生产一直面临干旱的风险，2019 年下半年以来的森林大火使其农业遭受了沉重打击。如何保护和合理利用水资源，恢复农业生产是澳大利亚政府即将面对的难题。同在一个地球上的其他国家也应该认真研究和分析澳大利亚此次森林大火对全球造成的影响。

（数据来源：澳大利亚农业部、澳大利亚气象局、WTO 澳大利亚政策审议秘书处报告、美国农业部）

进口新西兰农产品，自贸协定"拉力"有多大？

刘芳菲　邹　慧

2008 年《中国-新西兰自由贸易协定》（简称《中新自贸协定》）签署生效，这是我国同发达国家签署的第一个自贸协定，具有历史性意义。12 年后的今天，我国关于货物降税的承诺已全部履行完毕，自新西兰进口的绝大多数商品进入零关税时代。在农产品贸易方面，协定生效后我国从新西兰进口增长明显，2010 年起超过美国、澳大利亚成为新西兰农产品最大买家。中新之间的这份"降税合约"让国内消费者无须跋山涉水就能喝到新西兰牛奶、吃到新西兰猕猴桃，也让不少农业企业遭遇了进口农产品带来的"大考"。

◆ 得天独厚的农业强国

新西兰国土面积 26 万平方千米，和我国广西壮族自治区差不多大，总人口却只有 473 万人，不到广西人口的 1/10。农业用地面积 1 065 万公顷，其中 94% 是草地和牧场。全国约有 6 万家农场，44% 饲养肉牛和羊、21% 饲养奶牛、15% 种植果树。优质的自然资源和环境使新西兰产出了地球上 6% 的羊毛、3% 的羊肉、3% 的牛奶和 10% 的猕猴桃。在货物出口结构中，农产品也占压倒性态势。由于农业资源丰富、人口少，消费市场非常有限，新西兰所生产的乳制品、羊肉、羊毛、猕猴桃等主要用于出口，且出口量均居世界前列，使其成为全球第 12 大农产品出口国。由于新西兰倡导贸易自由化，产品并非靠补贴而是完全凭借质量和价格竞争力出口，因此说新西兰是农业强国一点不为过。

◆ 实实在在的关税优惠

根据《中新自贸协定》，我国在农业领域承诺对 93 个农产品维持零关税，91 个农产品立即取消关税，1 030 个农产品经最长 12 年的过渡期逐步取消关税，最终实现零关税的农产品合计占到农产品总数的 95%。其中，对于新方最具出口优势的乳制品，为减少对国内产业和相关企业的冲击影响，协定规定了较长的零关税降税过渡期，同时设立了数量触发的特殊保障措施，即在进口超出限定数量后中止实施当年的协定优惠税率改为实行原进口税率。对于其另一大优势产品羊毛，则为其增设国别关税配额，配额内进口不征关税。

◆ 降税拉动自新西兰农产品进口迅猛增长

对新西兰进口关税逐步取消的同时，我国自新西兰农产品进口增长迅猛。2008—2019 年，自新西兰进口农产品总额由 10 亿美元增长到 89 亿美元，翻了三番，年均增长 21%，远高于我国从全球农产品进口 9% 的年均增速。其中，2013 年完成第 6 次降税时（农产品零关税税目比达到 93%），进口额增量达最大。总体上看，我国对新西兰关税削减与自新西兰农产品进口增长呈现"此消彼长"的趋势，充分表明关税削减有力地释放了新西兰农产品对我国出口潜力（表 1）。

表 1　中国自新西兰农产品进口额变化情况

单位：亿美元

主要进口产品	主要降税类别	2008	2012	2013	2016	2017	2019
农产品合计		10.2	38.2	56.1	45.1	60.0	89.0
畜产品	5～12 年降零	7.2	30.2	46.5	34.5	48.8	73.1
乳制品	关税 6%～20%，2012 年/2017 年/2019 年降零	3.2	20.2	32.7	21.8	34.0	46.1
羊肉	关税 12%～23%，2016 年降零	0.7	2.6	5.4	3.9	5.4	10.4
牛肉	关税 12%～25%，2016 年降零	0.0	0.3	1.6	3.3	3.8	10.7
水果	5～9 年降零	0.3	1.2	1.1	3.4	3.6	5.3
鲜苹果	关税 10%，2012 年降零	0.1	0.0	0.3	0.5	0.5	1.2
猕猴桃	关税 20%，2016 年降零	0.2	1.1	0.8	2.7	2.8	3.9
水产品	5 年降零	1.0	2.8	3.5	4.5	4.2	5.0
墨鱼及鱿鱼	关税 12%，2012 年降零	0.1	0.2	0.1	0.3	0.2	1.0
大鳌虾及小龙虾	关税 15%，2012 年降零	0.0	1.3	2.1	2.3	2.1	2.0
饮品类	5～6 年降零	0.1	0.3	0.2	0.3	0.5	0.6
葡萄酒	关税 10%～20%，2012 年降零	0.0	0.2	0.2	0.2	0.3	0.2
无醇饮料	关税 10%～20%，2012 年/2013 年降零	0.0	0.01	0.01	0.1	0.1	0.3

◆ 特殊保障"安全阀"将失效，国内奶业需做好准备

作为其最具竞争力的农产品，新西兰乳制品"来势汹汹"，即使在降税过渡期和特殊保障措施两道闸门面前，进口增势仍然强劲。2019 年，我国自新西兰进口乳制品总量达 125 万吨，约是 2008 年的 16 倍。而近几年来以优惠税率进口的奶粉、黄油和乳酪数量只占到总进口量的 20% 左右，鲜奶更是仅占总进口量的 1%，其余大部分都是以原关税进口的。特殊保障措施触发时间也

逐年提前，甚至多次出现在途产品数量已超下一年触发量的情况（表2）。如今，乳制品特殊保障机制已进入倒计时，其中鲜奶、黄油和奶酪特殊保障将于2022年到期，奶粉特殊保障将于2024年到期。届时，所有自新西兰进口乳制品将全部零关税，对于已"与狼共舞"十几年的国内奶业企业而言，新西兰奶粉价格竞争力进一步展现，需提前做好应对准备。

表2　自新西兰进口乳制品特殊保障触发量和实际进口量对比

单位：吨

年度	鲜奶		奶粉		黄油		乳酪	
	触发量	进口量	触发量	进口量	触发量	进口量	触发量	进口量
生效时	1 300	3 408	95 000	50 955	9 400	10 918	3 600	4 798
2009	1 365	5 291	99 750	204 320	9 870	24 398	3 780	4 918
2013	1 659	31 911	121 247	686 527	11 997	45 670	4 595	14 699
2019	2 223	269 597	162 482	754 962	16 077	70 985	6 157	43 768
2020	2 335		170 606		16 881		6 465	
2021	2 451		179 137		17 725		6 788	
2022			188 094					

泰国除了榴莲，还对我国出口哪些特色农产品呢？

韩　啸

榴莲气味独特，但口感美味，还有很多功效，营养十分丰富，因此被称为"水果之王"。榴莲是热带著名水果之一，主要在东南亚地区种植，其中以泰国产量最多。我国是榴莲消费大国，但产量很少。目前国内消费的榴莲中，75%以上来自泰国。近年来，随着居民消费升级以及人们对榴莲喜爱度的提高，榴莲进口也大幅增长。据中国海关数据显示，我国自泰国榴莲进口额从2015年的5.7亿美元，增加到2019年的16亿美元，年均增长29.4%，远高于同期我国水果进口额年均15.3%的增幅。

中泰之间，除了榴莲贸易，还有什么其他"喷喷香"的农产品吗？

泰国可耕地面积约占国土面积的43%，主要农产品有大米、天然橡胶和热带水果等。泰国一度是世界最大的大米、天然橡胶、榴莲、山竹和对虾出口国。自1975年中泰正式建交以来，农产品贸易在中泰双边贸易中一直处于重要地位。随着中国-东盟自由贸易区建立，尤其是涉及水果、蔬菜率先实现贸易自由化的中国-东盟自由贸易区"早期收获计划"谈判的完成，2005年中泰蔬菜和水果产品均实现零关税。此后，中泰农产品贸易规模快速增长，中国自泰国进口农产品从2003年的5.3亿美元增长到2019年的70.2亿美元，年均增长17.5%；对泰国出口农产品从2003年的2.2亿美元增长到2019年的37.2亿美元，年均增长19.2%。中泰农产品贸易中，中国始终处于逆差地位。

中泰农产品贸易结构相对具有竞争性。2019年，中国对泰国主要出口水果（8亿美元）、蔬菜（8.3亿美元）和水产品（10.2亿美元）等；同时，中国又大量进口泰国水果（33.4亿美元）和水产品（6.2亿美元）。此外，中国还从泰国进口谷物（3.9亿美元）和薯类（5.6亿美元）等。具体进口产品中，排名靠前的农产品有榴莲、山竹、淀粉、干木薯、对虾、龙眼和大米等（表1）。具体出口产品中，排名靠前的农产品有墨鱼及鱿鱼、葡萄、蘑菇、木耳和苹果等（表2）。

表1　2019年中国自泰国主要农产品进口额

单位：亿美元

榴莲	山竹	淀粉	干木薯	对虾	龙眼	大米	其他
16.0	7.4	6.9	5.6	3.6	3.5	3.5	23.6

表 2　2019 年中国对泰国主要农产品出口额

单位：亿美元

墨鱼及鱿鱼	葡萄	蘑菇（干）	木耳	苹果	肠衣	金枪鱼	其他
4.7	2.8	2.3	1.5	1.5	1.2	1.1	22.1

泰国的自然资源禀赋为其热带水果、大米、天然橡胶和水产品生产提供了良好基础。除了热带水果外，泰国大米和天然橡胶在国内也具有颇高知名度。泰国土地肥沃，有一半以上的耕地用于稻谷生产。泰国素有"世界米仓"称号，大米是泰国重要的出口农产品，以优良品质享誉全球，贸易量在世界贸易中占 20％ 左右。泰国狭长的南部地区集中种植了全国 80％ 以上的天然橡胶，使泰国成为世界重要的天然橡胶生产国与出口国。此外泰国绵长的海岸线为渔业发展提供了基础。除自然优势外，泰国农业发展也离不开政府支持和引导。泰国大米的高品质得益于政府对水稻产业尤其是优质水稻品种选育的重视；泰国大米政策委员会为大米制定了专门政策，并根据世界市场的变化适时修改；泰国的大米标准是目前世界所有大米生产国家大米标准中最为复杂和详细的，严格的大米标准对出口大米的质量起到了保障作用，也是泰国大米畅销世界的"通行证"。

（数据来源：中国海关）

河北鲜梨出口迎来了春天吗？

冯　靖　张利霞

河北省是我国鲜梨主产区，鲜梨产量和出口量均位居国内榜首。河北省盛产鸭梨、雪花梨及皇冠梨，近年来又推出秋月梨、园黄梨等新品种，凭借独特的品质和风味，获得了世界各国消费者的青睐。

◆ 出口总体状况

河北鲜鸭梨出口占我国鲜鸭梨出口的 60％以上。2019 年河北省鲜梨出口减少，为 15 154.1 万美元，同比下降 12.1％。其中，鲜鸭梨及雪梨出口 1 941.6 万美元，占到全国该品类出口总额的 63.3％，占河北鲜梨总出口额的 12.8％；河北其他鲜梨出口额为 13 212.5 万美元，占河北鲜梨总出口额的 87.2％，占全国该品类出口总额的 24.4％。2020 年上半年，河北鲜梨出口 9 001.3 万美元，同比增长 90.6％（表1）。

表1　2019 年中国鲜鸭梨及雪梨主要出口省

排名	主要出口省	出口额/万美元	占比/％
1	河北省	1 941.6	63.3
2	云南省	715.0	23.3
3	山东省	151.2	4.9
4	福建省	127.2	4.2
5	辽宁省	54.7	1.8
	小计	2 989.7	97.5

数据来源：中国海关。

◆ 近期价格走势

河北省是我国鲜梨主产区，每年鲜梨收获期始于 6 月，持续到 10 月左右。2018 年，受霜冻等极端天气影响，河北鲜梨大幅减少，整体品质也大打折扣。2019 年得益于良好的天气状况，河北鲜梨迎来了大丰收，但价格较 2018 年低了 30％～50％。2020 年 4 月的倒春寒和 5 月的冰雹多雨天气，直接导致河北产区的梨严重减产，业内人士估计减产在 50％以上，鸭梨也有小幅度减产。

在严重的减产预期下，2020 年河北皇冠梨产季一拉开序幕，价格就呈现出一路飙升的态势，产地收购价格已经上涨了 25%～35%。目前安徽、山东等皇冠梨产地价格已达每千克 4.6 元左右，而河北魏县更是高达每千克 5.2 元。除了产量减少外，由于鲜梨在生长阶段受到极端天气的影响，被冻伤或品质受损、好果数量大幅降低也是导致客商抢购、价格飙升的重要原因。商品果的大幅减少直接导致了入库价格的上扬，河北辛集一级皇冠梨入库价每千克已经突破 7 元，创历史新高。

◆ 出口国别状况

河北鲜梨可出口国家和地区达 72 个，目前主要出口到东南亚，对欧美出口仍然不多。印度尼西亚是河北省主要出口市场，2019 年对其出口 7 801.0 万美元，占 51.5%；2020 上半年对其出口额占比进一步提升至 61.8%。此外，马来西亚、加拿大、菲律宾也是河北鲜梨主要出口市场（表 2）。

河北鲜梨出口到欧美的比例较小，主要原因一是欧美是水果强国，以消费高端水果为主；二是欧美对从我国进口水果的检疫相当严苛；三是欧美的消费者口味偏酸，与亚洲偏甜不同。

表 2　2019—2020 年河北省鲜梨主要出口市场

	2019 年			2020 上半年		
	国家/地区	出口额/万美元	占比/%	国家/地区	出口额/万美元	占比/%
1	印度尼西亚	7 801.0	51.5	印度尼西亚	5 563.3	61.8
2	马来西亚	1 077.9	7.1	马来西亚	647.6	7.2
3	加拿大	1 020.3	6.7	菲律宾	506.9	5.6
4	菲律宾	839.3	5.5	加拿大	449.8	5.0
5	美国	819.6	5.4	孟加拉国	350.4	3.9
6	孟加拉国	646.1	4.3	美国	322.4	3.6
7	荷兰	615.0	4.1	越南	299.1	3.3
8	越南	596.7	3.9	荷兰	223.4	2.5
9	中国香港	326.3	2.2	中国香港	159.8	1.8
10	泰国	228.2	1.5	新加坡	130.0	1.4
	其他	1 183.6	7.8	其他	348.7	3.9
	合计	15 154.1	100	合计	9 001.3	100

数据来源：中国海关。

◆ 国际市场形势

从 2018 年起，俄罗斯限制从我国进口鲜梨，这对河北鲜梨出口产生严重影响。海关数据显示，2018 年河北对俄罗斯鲜梨出口为 878.2 万美元，2019 年锐减至 149.1 万美元，2020 上半年为 0。

2020 年 2 月 5 日，印度尼西亚确认不再增加苹果和柑橘两种水果的进口配额，这为印度尼西亚鲜梨产品腾出了更多市场空间。由于印度尼西亚是我国最大的鲜梨出口市场，河北鲜梨出口也迎来了更多的契机。

2020 年 4 月，我国首批出口南美市场的鲜梨已经成功在巴西上架。该批鲜梨由河北沧州东方果品有限公司出口，共两柜 32.4 吨，货值 4 万美元。经过 35 天船期，抵达巴西桑托斯口岸，在经历了为期两周的入境检验检疫后，最终进入当地市场销售。

此次河北省出口巴西的梨品种包括新高梨、丰水梨、鸭梨和皇冠梨，多个品种梨初期进入市场主要是为了了解巴西消费者偏好，为新产季做准备。根据巴西进口商的反馈，虽受新冠肺炎疫情影响，但河北鲜梨仍然受到当地消费者喜爱，不少零售商也愿意在新产季继续开展合作。这标志着河北鲜梨成功打开南美第一大市场，鲜梨产业将迎来新机遇。

（作者单位：河北省农业农村厅）

浙江茶叶缘何飘香世界？

孙奎法　袁益钧　章　颖

中国是茶的故乡，习近平总书记高度重视茶产业发展，2006年在浙江工作期间撰写的《世界茶乡看浙江》专文，引起广泛关注。浙江是产茶大省，更是茶叶出口大省，茶业是浙江农业十大主导产业中最具特色、最有优势的产业之一，有"一片叶子，成就了一个产业，富裕了一方百姓"的美誉。

◆ 浙江茶叶的前世今生

浙江茶叶栽培历史悠久。据史书记载，早在三国时，浙江已有茶叶栽培。到唐宋时，浙江茶叶栽培已遍及全省各地。及至明清时，浙江茶叶栽培和茶叶加工技术更趋成熟与定型，2 000年种茶、产茶的历史，让名茶新品不断崛起，远销海内外。世界上第一部茶叶专著《茶经》诞生在浙江。

茶叶是浙江传统的富民产业。浙江素有"七山二水一分田"之称，全省有72个产茶县180多万茶农。近年来浙江全年茶叶总产量19万吨左右、总产值200多亿元，茶叶产值约占浙江省农业总产值的11％，是农民尤其是山区农民的重要经济来源，对实现农民增收、农业增效具有重要作用。

◆ 浙江出口茶叶的几大特点

一是出口量额均全国居首。近年来，浙江省茶叶出口量基本稳定在16万吨上下，2019年浙江出口茶叶16.5万吨、出口额36.6亿元，分别占全国出口总量和总额的45.1％和26.3％，出口量额均居全国首位。

二是出口茶超九成为绿茶。2019年浙江出口绿茶15.2万吨，占全省出口茶叶总量的92.1％。出口绿茶中，珠茶、眉茶等大宗绿茶分别占50％、30％。

三是出口市场较集中。浙江茶叶出口到世界100多个国家和地区，90％以上在亚非两大洲，非洲约占70％，主要集中在摩洛哥、毛里塔尼亚、塞内加尔等国家。摩洛哥是浙江茶叶出口的第一大市场，占浙江茶叶出口量的1/3以上。欧盟和美国占浙江出口市场的份额不到10％。

四是茶叶出口原料来自全国诸多省份。浙江茶园种植面积约300万亩，仅占全国茶园种植面积的6％，但浙江茶叶出口量约占我国茶叶出口总量的50％。浙江2/3以上的茶叶出口原料来自省外，形成浙江特有的出口茶产业模式。

◆ 如何推动浙江绿茶更好地走向世界

着重从以下几方面持续推进茶产业稳定发展，巩固浙江茶在国际市场中的地位，提升我国茶业的国际话语权。

一是优化产品结构，提升出口竞争力。积极鼓励推行"产学研"合作模式，支持茶叶加工生产的技改投入，提升绿茶档次，积极开发红茶等品种。延长茶叶产业链，把茶产业延伸到食品和健康产业，提高茶叶产品附加值，支持发展抹茶产业，重点扶持直接以本省茶叶为原料从事茶饮料、茶食品、茶保健品等精深加工的产业。

二是加强品牌培育，提高浙茶国际知名度。加强对重点茶叶出口品牌的扶持，做大做强自有出口茶叶品牌；切实加强珠茶原产地保护、珠茶加工技术的专利保护，做好珠茶重点产区绍兴原产地注册保护；通过传播浙茶文化，将消费者对茶文化的认可转化为对茶品牌的信赖。

三是改进营销模式，构建贸易流通新业态。引导企业主动利用"互联网＋"营销方式，通过跨境电商平台实现茶叶出口线上线下同步发力。支持创建境外展示展销平台，鼓励茶企到国外开设茶艺馆、专卖店、连锁店，推进浙茶"绿色健康"理念，把产品标准化、标签化，融入境外零售体系。利用浙江省内茶叶基地、境外客商企业各自在产地和消费市场的实力和影响力，形成直销方式，突破技术壁垒，扩大出口。

四是采取多元化开发，扩大国际市场占有率。通过中国国际茶叶博览会、世界浙商大会茶文化论坛等传播浙茶文化，加强与进口国茶叶商会、行业组织的交流与合作，利用"一带一路"沿线国家和地区良好营商环境，通过举办各种展示展销会、组织赴重点主销国家和地区开展交流推介活动。适应国际茶叶消费者的特点和变化趋势，针对不同区域特有的饮茶习惯，推动出口市场结构调整优化。

五是形成合力，共同营造良好环境。增强企业诚信守法的经营意识，提倡公平竞争，规范出口企业竞争秩序，自觉维护出口茶行业的共同利益。茶叶行业协会、商会要积极组织制定中国茶的行业标准。

（作者单位：浙江省农业对外合作中心）

广东荔枝出口增长了吗？

林　爽

"一骑红尘妃子笑，无人知是荔枝来。"因为荔枝保鲜难，古时运送必须快马加鞭，但随着科技进步，荔枝保鲜储运大幅改进，广东荔枝不仅走向全国，也走向世界了。

◆ 广东荔枝生产闻名天下

中国荔枝种植面积超 800 万亩，产量占全球 60％以上，是全球荔枝产量最大的国家。"世界荔枝看中国，中国荔枝看广东"，广东是国内荔枝栽种地域最广、种质资源最丰富、优良品种最多、科研实力最强、栽培面积及产量最大的省份。据初步统计，2020 年广东省荔枝种植面积超过 400 万亩，产量达 130 万吨，总产值达 180 亿元以上，带动从业人员超过 180 万人。广东荔枝种植区域覆盖粤东、粤西、珠三角超过 80 个县市区，品种丰富，桂味、糯米糍、妃子笑、白糖罂等荔枝品种闻名各地，并形成了从化荔枝、高州荔枝、增城荔枝、德庆鸳鸯桂味荔枝、镇隆荔枝等 14 个区域公用品牌，"广东荔枝"已成为广东省一张特色鲜明的名片。

◆ 广东荔枝出口逆势增长

近年来广东荔枝出口势头良好。截至 2020 年 8 月，广东共有出口荔枝注册果园 52 家、包装厂 30 家。这些企业按进口国标准加强生产管理，确保出口荔枝源头达标，为广东荔枝出口打下坚实基础。2019 年，广东荔枝出口总量 3 425 吨，出口额 7 705 万元。2020 年上半年，虽然受到新冠肺炎疫情影响，但是广东荔枝攻坚克难，不仅守住了原有的出口市场，还不断开拓新的出口通道。海关数据显示，2020 年 1—6 月，广东本土荔枝出口 4 364 吨，出口额 9 692 万元，同比分别增长 65.7％和 52.6％。

◆ 广东荔枝主要出口市场

近年来，广东积极助力企业开拓多元化出口市场，在巩固传统市场的基础上，开拓了智利、阿联酋等新兴市场。2019 年广东荔枝首次出口智利，对外贸易通道越走越宽。总体看，广东荔枝主要出口到美国、马来西亚、加拿大、印度尼西亚和中国香港等。2019 年，广东荔枝前三大出口市场分别为美国、马来西亚、加拿大；2020年上半年，广东荔枝前三大出口市场分别为美国、马来西亚、新加坡。

◆ 广东荔枝主要出口品种

广东荔枝出口品种主要有妃子笑、黑叶、玉荷包等，近年来桂味等品种出口量不断增加。从品种特性看，妃子笑最适合出口，果个大、果皮厚、果味浓，随着保鲜技术突破，较难存储的桂味、糯米糍等品种也加入到出口行列。2020年，广东荔枝出口品种呈现新势头，桂糯香等优新品种在加拿大市场深受欢迎。

（作者单位：广东省农业农村厅）

河南农业贸易情况如何？

张胜利

河南是农业大省，也是粮食大省，用占全国 1/16 的耕地，生产了占全国 1/10 的粮食。河南小麦产量占全国 1/4，畜牧业产值占全国 1/10，均居全国第一。河南也是农产品加工大省，生产了全国 1/2 的火腿肠、1/3 的方便面、3/5 的速冻水饺和汤圆。因此，河南不仅是中原粮仓，也是中国人的厨房。

◆ 河南农产品贸易概况

河南省农产品贸易额连续多年位居全国中游，2019 年农产品贸易总额 39.5 亿美元，居全国第 12 位。其中，出口额 29.2 亿美元，居全国第 8 位；进口额 10.3 亿美元，居全国第 15 位，贸易顺差 18.9 亿美元。近三年河南省农产品年均出口额 26.5 亿美元，年均增长率 12.1%，连续三年持续增长，在面临贸易摩擦和市场需求萎缩的形势下，呈现逆势飘红。

◆ 河南农产品出口状况

河南省主要出口农产品包括食用菌、大蒜、制刷用山羊毛、脱水及腌制蔬菜、洋葱等，2019 年合计出口额 21.4 亿美元，超过河南农产品出口额的 70%。其中，食用菌是全省农产品出口保持连年增长的功勋产品，已成为河南省第一大出口品种，2019 年出口 14.9 亿美元，超过河南农产品出口额的 50%。

从出口市场来看，中国香港、越南、马来西亚、韩国和泰国是主要出口市场。2019 年对马来西亚、西班牙、俄罗斯出口增幅大，分别增长 185.7%、97.0%、79.6%；对越南、美国、韩国的出口下降，降幅分别为 26.5%、18.7%、16.1%。

◆ 河南农产品进口状况

河南省主要进口农产品有大豆、生羊皮、牛肉、棉花、生牛马皮等，超过河南农产品进口的 3/4。由于贸易摩擦的影响，全省进口农产品 2019 年下滑幅度较大，除了棉花和奶粉保持较大增长，其他产品下降幅度都在两位数以上，部分产品降幅超过 50%。

从进口来源地来看，巴西、澳大利亚、美国、阿根廷和新西兰是河南省的主要进口来源地。受中美贸易摩擦影响，2019 年美国从第一位下降为第三位，从巴西、加拿大和越南进口降幅也较大。从阿根廷和印度的进口大幅增长，其中从阿根廷进口增长 31 倍。

◆ 疫情下的河南农产品贸易

2020 年，受新冠肺炎疫情影响，河南省农产品进出口双双下降。1—5 月，河南省农产品出口额为 9 亿美元，同比下降 8.9%；进口额 4.2 亿美元，同比下降 11.2%。出口下降的主要品种是水海产品、蔬菜和肉类。受中美贸易摩擦以及因疫情运输受阻影响，从美国进口的大豆和猪肉大幅下降；但水果进口量激增 22 倍，水海产品进口量也大幅增长。值得注意的是，2020 年 4 月以来，由于国内加快复工复产进度，拉动了河南农产品贸易整体向好。其中，出口增长 3.4%，由下降转为增长；进口下降 6.5%，下降幅度趋缓。随着世界各国谨慎恢复经济活动，全球生产供应链逐步恢复，河南农产品对外贸易将持续向好。

（作者单位：河南省农业农村厅）

湖北主要的出口农产品有哪些?

杨　静　杨妙曦

◆ 湖北都生产哪些农产品?

湖北省地处华中地区,是我国重要的农业大省,从明朝后期开始就有"湖广熟,天下足"的美誉,以湖北、湖南为中心的长江中游平原成为全国主要商品粮基地之一。2018 年,湖北农林牧渔业总产值 6 207.8 亿元,在全国排名第 6 位,仅次于山东、河南、四川、江苏、广东;农作物种植面积 795.3 万公顷,在全国排名第 9 位;粮食总产量 2 839.5 万吨,在全国排名第 11 位。主要生产的农产品有水稻、小麦、油菜籽、柑橘、棉花、食用菌、家禽、水产品等,较为有名的品牌产品有潜江龙虾、宜昌蜜橘、监利黄鳝、秭归脐橙、蔡甸莲藕、恩施硒茶等。

◆ 湖北近年来的农产品贸易情况

自加入 WTO 以来,湖北农产品对外贸易快速发展,是我国重要的出口大省,长年处于贸易顺差。2001—2019 年,湖北农产品贸易额由 2 亿美元增加至 27.2 亿美元,平均增长 15.7%,高于全国同期 12.4%的增速。其中,出口额由 1.6 亿美元增加至 20.8 亿美元,平均增长 15.4%,全国增速为 9.3%;进口额由 0.4 亿美元增加至 6.4 亿美元,平均增长 16.8%,全国增速为 15.2%。2019 年,湖北农产品贸易额在全国排名第 15 位,其中出口额排名第 9 位,进口额排名第 21 位。

◆ 湖北农产品主要出口品种

湖北主要出口农产品有食用菌、茶叶、小龙虾、柑橘、禽蛋、生猪产品等,其中在全国省份中排名比较靠前的有干蘑菇、绿茶、木耳、小龙虾、柑橘、鲜蛋、药材、柑橘罐头、蜂产品等。2019 年,湖北出口干蘑菇 5 亿美元,是全国第二大出口省份,仅次于河南;出口绿茶 1.9 亿美元,是全国第四大出口省份,次于浙江、安徽、福建;出口木耳 1.85 亿美元,是全国第二大出口省份,次于福建;出口小龙虾 9 130.1 万美元,是全国第一大出口省份;出口柑橘 6 012.6 万美元,是全国第五大出口省份;出口鲜蛋 5 412.7 万美元,是全国第一大出口省份;出口药材 5 298.6 万美元,是全国第六大出口省份;出口柑橘罐头 4 270.2 万美元，是全国第二大出口省份，仅次于浙江；出口蜂产品 4 078.9 万美元，是全国第三大出口省份，次于安徽、浙江。

◆ 湖北主要农产品贸易伙伴

湖北是供应港澳农产品的主要基地之一，出口农产品有 30% 左右出口至中国香港。其他主要出口市场还有东盟、美国、韩国、俄罗斯、日本等。分产品来看，干蘑菇主要出口至东盟（占我国对东盟出口干蘑菇总额的 31.6%，下同）、中国香港（34.6%）等；绿茶主要出口至东盟（46.6%）、中国香港（27.5%）等；木耳主要出口至东盟（23.7%）、中国香港（62.2%）、韩国（37.5%）等；小龙虾主要出口至美国（52.7%）、欧盟（64%）等；柑橘主要出口至哈萨克斯坦（37%）、俄罗斯（10%）等；鲜蛋主要出口至中国香港（41.1%）和中国澳门（91.9%）；药材主要出口至韩国（21.5%）、中国香港（12.2%）等；柑橘罐头主要出口至美国（16.1%）、日本（6%）等；蜂产品主要出口至欧盟（13.6%）、日本（24.8%）等。

◆ 疫情期间的湖北农产品

作为重要的农业大省，近年来湖北农产品出口发展势头良好，出口品种多、增长快、潜力大。受疫情影响，湖北等部分地区出现了农产品滞销卖难问题，特别是对湖北禽肉、禽蛋等产业将不可避免产生一些负面影响。2020 年 2 月 17 日全国农产品产销对接视频活动上，农业农村部党组副书记、副部长韩俊呼吁大家多采购湖北的优质农产品，缓解湖北当前的困难。

云南咖啡出口贸易前景如何？

张钟元

云南省是中国咖啡的主要产区，生咖啡种植面积和产量均居全国首位，主要品种为小粒种咖啡，产区遍布普洱、西双版纳、文山、保山和德宏等地。2018 年全国咖啡种植面积 184 万亩，其中云南 182.61 万亩，占全国咖啡总种植面积的 99%，海南 1.14 万亩，四川 0.3 万亩。2018 年全国生咖啡豆总产量 13.79 万吨，其中云南 13.72 万吨，占全国生咖啡豆总产量的 99%。

◆ 出口占比增加

从全国范围来看，近五年我国咖啡年均出口量为 67.6 万吨，出口额约 34.3 亿美元，主要出口省份为云南、江苏和广东。2015—2019 年，云南咖啡出口额除 2016 年略低于江苏省，其余年度均居全国第一。2016 年全国咖啡出口大幅增加，云南咖啡出口额也达到最高点。

因近年来全球咖啡市场供过于求，国际交易价格大幅下跌，国内成交价格也明显下降，2018 年云南咖啡出口额锐减，2019 年进一步降至 2016 年一半，但其他主要出口省份下降更为明显，因此云南咖啡出口总额占全国咖啡出口总额比例由 2016 年的 40% 增长到 2019 年的 75%（表 1）。

表 1　2015—2019 年中国咖啡主要出口省份出口额

单位：万美元

	2015 年	2016 年	2017 年	2018 年	2019 年
全国	237 665.1	573 183.1	513 103.2	241 355.3	150 310.7
云南	135 965.3	225 803.7	200 753.0	161 435.5	114 016.4
江苏	32 904.2	265 194.5	171 426.4	46 686.1	9 366.4
广东	47 640.0	70 450.6	84 224.3	13 670.7	10 907.3

数据来源：中国海关。

◆ 出口市场集中

从出口市场来看，近年来云南咖啡主要出口到德国、马来西亚、美国、越南和比利时，合计市场占比达 60% 以上。近五年来，云南对德国、美国、越南、比利时四国咖啡出口均呈先上升后下降趋势。其中，对德国出口小幅下降，但德国仍是云南咖啡当前第一大出口市场；对马来西亚出口保持上升趋势，2019

年出口额 1.3 亿美元，占马来西亚总进口额的 50%；越南作为 2016 年云南咖啡第一大出口市场，贸易额波动最大，从 6.5 亿美元迅速降至 2019 年的 7 847 万美元，下降 88%（表 2）。

表 2　2015—2019 年云南省咖啡主要出口市场

单位：万美元

	2015 年	2016 年	2017 年	2018 年	2019 年
全球	135 965.3	225 803.7	200 753.0	161 435.5	114 016.4
德国	45 165.6	44 732.8	46 079.9	40 127.6	30 916.3
马来西亚	287.9	2 336.5	3 610.3	7 417.5	13 342.8
美国	16 823.9	16 526.5	20 115.9	12 289.5	10 122.6
越南	12 517.8	65 053.7	44 792.7	42 622.7	7 847.0
比利时	10 205.3	17 910.8	15 512.2	10 330.4	6 879.5

数据来源：中国海关。

◆ 发展前景可期

作为我国主要的咖啡出口基地，云南省咖啡种植面积保持稳定，选育优质咖啡品种，逐步实现优化，吸引了国际知名饮料企业在云南建立种植基地和加工厂，促进了云南咖啡产业的稳步发展。虽然目前国内咖啡价格受国际价格影响较大，但云南在积极推进咖啡标准化、规模化种植，开展精深加工技术研发，助力提升咖啡品质，进行精品咖啡转型，不断完善咖啡产业链，打造本土品牌，发展龙头企业，提高市场占有率和出口竞争力。

随着国内居民消费水平快速提升，目前中国咖啡消费以每年 20% 速度增长，约是世界咖啡消费增速的 10 倍，已发展为最具潜力的咖啡消费大国。云南咖啡借助互联网平台进行宣传，加强消费者对本土咖啡品牌的了解，为增加本土市场占有率增添强劲动力。在促进形成国内大循环为主体、国际国内双循环的新发展格局背景下，云南咖啡产业前景可期。

新冠肺炎疫情之下陕西水果销路如何？

刘 博

陕西是我国果业大省，水果种植面积和产量常年位居全国前列，洛川苹果、富平柿子、周至猕猴桃等果品更成为国内外消费者餐桌的"常客"。陕西水果带动了全省 200 万农户近 1 000 万农业人口就业，成为名副其实的"扶贫果""致富果""幸福果"。2020 年上半年，在新冠肺炎疫情暴发、国内外经济贸易普遍下行背景下，陕西省积极探索，坚持水果出口和内销"两手抓，两手都要硬"，取得了积极成效，全省果业出口和内销逆势增长，为该省做好新时期国内国际双循环相互促进、实现高质量发展打下了坚实基础。

◆ 对外出口积极拓展新兴市场

为打破陕西水果出口长期以来的"鲜果出口靠泰国、果汁出口靠美国"的单一市场格局，推动水果出口市场的多元化，陕西鲜果企业在进一步拓展缅甸、菲律宾、越南等传统东南亚市场的同时，加大了对乌兹别克斯坦、中国澳门和意大利等新兴市场的开拓力度，推动水果出口全面开花，带动了全省水果出口额增势显著。据西安海关统计，2020 年上半年，陕西水果出口量 11.2 万吨、出口额 8.4 亿元，同比分别增长 86.5% 和 66.1%。

一是鲜果出口稳步增长。2020 年上半年陕西鲜果出口量 1.8 万吨，出口额 1.4 亿元，同比分别增长 14.9% 和 12.1%。从主要出口品种看，鲜苹果出口所占比例最大，出口额 1.3 亿元，增长 11.9%。从主要出口市场看，鲜果出口集中在东南亚地区，其中对泰国、缅甸、越南、孟加拉国和印度尼西亚五国的出口合计占 92.6%。另据中国海关统计，陕西鲜果对新兴市场开拓取得显著成效，其中对乌兹别克斯坦、中国澳门和意大利由以往的无出口快速增至百万元规模，实现了零的突破。

二是苹果汁出口成倍增长。2020 年上半年陕西全省苹果汁出口量 9.4 万吨，出口额 7.0 亿元，同比分别增长 112.1% 和 85.7%。主要出口美国、日本和南非等国家，合计占全省苹果汁出口的 78.9%。

三是加工产品出口触底反弹。2020 年上半年陕西全省水果加工产品出口 647.6 吨，出口额 1 254 万元，同比分别增长 52.8% 和 3.6%，自 2014 年以来出口量首次止跌回升。主要出口德国、中国台湾和越南等地，合计占全省水果加工品出口的 93.9%。

◆ 新型销售平台助力水果内销蓬勃发展

2020 年以来，受疫情影响，居民对生鲜产品的购买方式加速由线下转为线上，推动生鲜电商行业成为市场新宠。陕西重视网络平台渠道，充分发挥线上销售的便捷作用，打造符合国际相关认证的品牌，国内销售成绩显著。据陕西果业中心监测，2020 年上半年该省水果线上零售额 45.1 亿元，同比增长 57.0%，位居全国第二。其中，鲜果线上零售额 39.4 亿元，增长 60.7%，占比 87.3%；水果加工品 5.7 亿元，增长 35.7%，占比 12.7%。具体看，陕西水果线上销售有如下特点。

一是线上销售额增势迅猛。在经过 2020 年 4—5 月的销售淡季后，6 月陕西时令水果大量上市。得益于"618"电商节大促以及陕西水果线上特色季等活动的示范带动，6 月全省水果线上销售额大幅增长，环比增幅达 69.8%。

二是主产区果品更易占领先机。咸阳和渭南两地作为陕西水果主产区、苹果优生区，水果品类多样，吸引了众多生鲜电商巨头加大对两地农产品的线上布局，促使两地水果在全网畅销，稳居全省水果线上零售额前两位，上半年线上销售额分别达 10.8 亿元、10.7 亿元，合计占全省的近 50%。

三是区域化品牌果品最为热销。全省水果以苹果、大枣和猕猴桃最为热销，占全省水果线上零售额的 50%。其中，苹果线上零售额 9 亿元，鲜食苹果占 92.6%；大枣 8.6 亿元，其中鲜枣占 67.5%；猕猴桃 4.9 亿元，鲜食占比高达 96.1%。

四是高附加值水果表现抢眼。陕西樱桃主要在 5 月集中上市，有"早春第一果"的美誉，也是典型的高附加值水果。得益于省市县合力开展水果线上特色季、"百千万"直播培训活动以及樱桃主产地着力加大集散中心物流调配力度，二季度樱桃线上零售额 940 万元，同比增长 40.8%。这种高附加值水果的畅销成为有效带动果农致富的新途径。

宁夏是如何推动农业"走出去"的?

景春梅

宁夏是全国最小的省份之一,虽地处西北内陆,干旱少雨,但得益于黄河水的滋润,素有"塞上江南"的美誉,农业发展水平较高。近年来,宁夏充分发挥民族、人文等比较优势,不断加强与阿拉伯国家和"一带一路"沿线国家的农业交流与合作,紧紧围绕农业特色优势产业发展,建立了8个中国-阿拉伯国家农业技术转移中心海外分中心,探索农业国际合作交流新模式,搭建农业"走出去"新载体,助推农业贸易高质量发展。

◆ 宁夏农业"走出去"有哪些举措?

(一)做好顶层设计,完善对外合作机制

自2015年宁夏被赋予中国-阿拉伯国家农业技术转移中心职能以来,宁夏根据自身农业发展特点及对外开放需要,认真贯彻落实党中央及自治区党委、政府关于扩大对外开放有关决策部署,相继出台了《关于加快推进宁夏农业对外开放的意见》等指导性文件,编制了宁夏农业对外开放规划,建立了由16个部门组成的农业对外合作厅际联席会议机制;制定了《中国-阿拉伯国家农业技术转移中心海外分中心建设管理办法(试行)》,不断巩固提升农业技术转移中心海外分中心建设水平,打造促进宁夏乃至全国农业对外交流合作的平台,加快特色优势农业"走出去"步伐。

(二)开展试验示范,打造农业"走出去"平台

各海外分中心结合所在国家农业资源条件和发展需求,有针对性地开展了畜牧养殖、蔬菜栽培、作物制种、牧草种植、农产品深加工、农机装备等方面的技术集成示范。毛里塔尼亚海外分中心依托中毛畜牧示范中心,以畜牧技术合作为切入点,开展荷斯坦奶牛胚胎移植260例,开创了毛里塔尼亚奶牛胚胎移植的先河。通过示范带动,其他农业合作领域也取得突破性进展,共筛选出21个优质牧草、7个瓜菜、4个热带水果品种,建成畜牧技术和农机装备展示厅2座。利用此平台,推动了山东东阿阿胶集团参与毛驴屠宰加工及相关制品项目建设,带动宁夏企业投资鱼粉及饲料加工领域,促进宁夏稻米种植企业在塞内加尔河流域农业综合开发工程建设。为宁夏及国内其他省(自治区、直辖市)政府部门、企业在当地开展专业考察、投资洽谈、信息咨询提供了有效服务。

(三)注重产业交流，拓宽国际合作渠道

约旦海外分中心依托宁夏种业企业，在约旦河谷地区与当地企业合作开展宁夏优质蔬菜品种试验示范，双方合作开展了7大类300多个品种的蔬菜种子试验示范，举办多期宁夏优质蔬菜种子研讨对接及现场展示观摩会，吸引了中东地区种业企业的踊跃参与。通过这个平台，宁夏优质蔬菜种子销售扩大到了中亚、中东以及非洲等15个国家和地区，为蔬菜产业发展拓宽了国际市场。

(四)强化技术转移，提升国际影响力

乌兹别克斯坦海外分中心重点开展高效农业栽培新技术示范推广，利用连栋塑料大棚潮汐槽式栽培、水肥一体化、新材料保温系统，展示推广番茄、黄瓜保护地生产技术。吉尔吉斯斯坦海外分中心在距离首都比什凯克30千米处拥有300亩农业用地，主要开展设施农业、肉牛育肥、水产养殖等农业技术试验示范，派遣专家实地考察并编制了《中国（宁夏）-吉尔吉斯斯坦现代农业合作示范基地建设规划》，先期将重点开展设施农业温棚菜、冬季蔬菜等种植技术试验示范，提升产品在中亚、俄罗斯市场中的竞争力。肯尼亚海外分中心以蛋鸡、桑蚕、肉牛为主线，重点开展家禽标准化养殖和禽病综合防控技术示范推广，联合内罗毕大学、谢诺中非基金公司以产学研联合方式开展合作，促进中非畜牧业发展与交流。

(五)拓展营销渠道，促进特色优质农产品贸易

巴基斯坦海外分中心重点开展宁夏特色农产品伊斯兰堡展馆和跨境电商服务平台建设，展示宁夏特色优质农产品及先进农机装备，借助新媒体、网络商城等新方式加大宣传推广力度，辐射带动与周边国家的农业贸易合作。摩洛哥海外分中心重点开展生产基地、销售平台、储藏仓库建设，逐步拓宽水产品生产加工贸易、粮食蔬菜种植、畜牧养殖等领域的交流合作。蒙古海外分中心重点以羊绒贸易为依托，逐步开拓其他农业领域的交流合作。

(六)加强技术培训，深化农业科技成果转化

海外分中心围绕农业关键技术、人员培训、队伍建设、技术装备等领域，以展览展示、对接交流、现场观摩培训等多种途径和形式，积极融入当地农业综合开发。先后派出14名畜牧、园艺、牧草、水稻等领域专家赴海外分中心所在地开展技术指导，成效显著。在毛里塔尼亚开展饲草料种植、畜牧养殖、草畜工程机械等实用技术培训10期，共培训142人次；在约旦邀请中东地区70多家种业公司参与蔬菜作物新品种展示示范、技术培训，举办现场观摩会4次；在乌兹别克斯坦开展高效农业栽培技术示范推广，举办现代农业新技术交流研讨会3次、农业机械展示培训2期，共培训50人次，并参与当地展会，加快了国内先进实用技术的转移。

◆ 如何进一步推动宁夏农业"走出去"?

一是巩固完善工作会晤机制。加强与东道国农业管理部门、科研院所、技术服务机构、行业协会及企业间的交流合作，开展互访互助，研究制定海外分中心的发展方向、实施内容以及具体推进措施，共同提升现代农业高质量发展。

二是创建配套服务支撑体系。创设支持和鼓励外向型农业发展的一揽子政策，不断完善服务配套、融资多元化的体系建设。根据8个海外分中心各自发展特点，建立农业对外投资信息服务平台，进一步拓展境外农业合作示范基地建设内容，示范、带动当地农业技术水平和农产品生产能力提高。

三是加快集成农业技术"走出去"。依托各海外分中心，引入国内优势农业企业在当地联合开展作物栽培、节水农业、设施农业、畜牧养殖、沙漠治理等实用农业技术试验示范推广、技术培训交流，推进农业技术集成体系"走出去"，逐步扩大海外分中心建设范围、规模及交流合作内容。利用好平台，在集聚整合国内外优势农业资源中发挥更大作用。

四是强化特色优质农产品海外窗口建设。利用新技术新媒体，采取"产品营销窗口＋跨境电子商务＋海外仓"线上线下相结合的运行模式，重点宣传推介宁夏特色优势农产品、农业技术及农机装备等，进一步拓展特色优势农产品海外贸易渠道，促进农产品贸易发展。

（作者单位：宁夏农业国际合作项目服务中心）

农产品贸易促进措施及相关知识

新冠肺炎疫情中农业企业如何通过线上展会走出困境？

杜健明

农业展会是企业开展贸易、推进合作和降低营销成本的重要平台。为应对疫情影响，农业展会纷纷启动了线上模式。线上展会通过重构人货场三者的情景空间，将展示、对接、洽谈、交易融为一体，为参展企业提供了新的价值实现平台。疫情期间，农业企业如何通过线上展会走出困境呢？

一是充分利用国家级或知名品牌展线上平台，链接"云端"资源，打造"1+1"在线模式链接线下实体，精准获取客商。

第一步：精心设计在线店铺（展台）。按照展览要素要求，参照实体店布置线上展台和上传电子资料，利用 VR、AI 等技术实现展品全方位的展示陈列，并将关联链接指向企业线下直销店、加盟店或其他形式的实体店等。

第二步：主动邀约观众开展在线洽谈。利用展会大数据技术精准推送邀请函，分类管理客户；发起线上邀约进行洽谈；对于意向客户可视情况安排参观实体店或进行视频直播展示。

第三步：将原线下采购商引流至线上采购。通过推出采购优惠政策，派发抽奖券、积分奖励券，提供旅游、住宿、餐饮服务等线上引流措施，推动采购需求及时变现。

二是积极利用在线活动为企业赋能。积极参与主办方举办的各类线上专业论坛、技术推广、产销对接、专题培训、合作签约等人气活动，综合运用人脸识别技术、实时渲染 3D 大屏技术、AI 技术、VR 技术、光粒子裸眼3D展示等技术手段，增强观众的情景感和体验感，吸引更多观众到展台交流。

三是构建直播营销平台。引入 MCN 模式（指利用网络多频道进行传播的产品形态），策划符合展览和企业自身诉求的主题和内容。借助线上展会，利用多元化视角虚拟化传播方式，搭建动态可变场景，通过邀约直播网红、打造多角色新秀或企业自主登台带货等方式，生动演示和诠释企业品牌和产品性能，吸引买家登录平台集合竞价和洽谈合作。

农业贸易企业如何顺利参加境外展会?

滕雅楠

面对风云变幻的国际市场，参加境外展会强化海外交流成为企业了解并开拓海外市场的重要途径。那么，农业企业如何顺利参加境外展会呢?

◆ 展前市场调研

调查国外市场对企业产品的需求情况，包括需求是否旺盛、是否从中国进口以及进口数量多少等，例如日本对笋制品需求量大，美国对橘子和黄桃罐头需求量大；选择对企业产品需求量较大或有潜力的市场作为目标市场；筛选与目标市场相关的展会，一般选择有影响力的国际展会。

◆ 企业参展流程

企业参加境外展会，从开始报名到远赴海外布展参展，历时较长、手续复杂，需要提前熟知每个环节，确保顺利、成功参加展会。一般参展流程如下。

第一，预订展位。确定意向展会，提交报名表，签订展位确认合同，向展览公司汇展位确认订金，以确保展览公司预留展位。需要特别注意的是，展会一般提前半年开始预订，一些热门展会甚至要提前 1~2 年开始预订。

第二，准备参展资料。确定公司的参展人员和行程，在规定时间内提交会刊登载内容、邀请函的人员名单等。一般中国公民前往海外需要办理相应国家的签证，任何国家的签证都有可能被拒签，邀请函有助于顺利获得签证。

第三，展位的设计与布置。提交展位设计图，与组织方对接做好展前布置工作。尽可能准备丰富的展样品，并安排好展品运输工作。

第四，做好行前准备。出发前准备好出国行李，开通国际漫游，带好护照和展样品。务必了解参展国家的出入境海关规定，外出注意个人和团队形象，不在海关随意拍照、喧哗。

◆ 布展及展期要点

临近展会举办，参展企业一般要提前 1~3 天抵达会场开始布展，布展的关键是让展品摊位吸引客户眼球。展品陈列要根据展品特质选择合适的方式，比如展品陈列可设置为简约风格，陈列容器可以选择透明器皿，以便 360 度展示产品，让产品融入搭建。产品包装也应尽量贴合当地的市场偏好，比如在韩国市场上包装精美可爱的产品更有竞争力。

展期的主要工作是坚守摊位，做好服务。这要求销售人员热情、专业，积极引导客户进入谈判桌，并建立客户联系，对于意向客户，展后做好跟踪服务。另外，安排人员参加展会同期活动，比如新产品发布、现场烹饪比赛、技术讲座等。

◆ 展后总结

展会结束后做好展会总结，从展会举办、信息收集、订单成交等方面提出建设性意见，评估企业此次参展的整体成效。

我国农业展会发展情况如何？

滕雅楠

近几年，我国农业展会由高速发展转向高质量发展，农业展会在促进农产品贸易，带动农业产业升级，提升农业市场化、产业化和国际化水平，促进农村经济发展和农民增收等方面的功能和作用日益凸显。

◆ 我国农业展会举办情况

据统计，2019 年中国境内举办农业展会 350 场，去除同一地点同期展会，实际共 254 场。时间分布上，展会多集中于 4—6 月和 8—11 月春秋两季，7 月、10 月举办的展会数量明显低于相邻月份，入冬后的农业展会数量明显减少（图 1）。

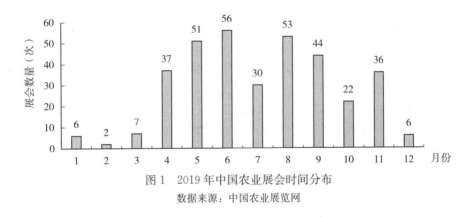

图 1　2019 年中国农业展会时间分布

数据来源：中国农业展览网

地域分布上看，2019 年北京、上海、广东、山东办展最为积极，四地办展数量占 2019 年全年展会总数的 47.4%。此外，中部地区和东南沿海地区展会数量较多，其他省份展会数量分布较为均匀。

2020 年受新冠肺炎疫情影响，我国农业展会突破传统办展模式，结合云上展、线上直播等新技术，以"线上＋线下"的形式呈现，逐步形成展览业发展的新路径。下半年在我国疫情控制较好的情况下，农业展会主办方纷纷举办线上线下博览会，以第五届中国国际食品配料博览会为代表，线上观看达 1.87 亿人次，线上交易额 7 250 万元，线下交易额 1.23 亿元，成效显著。

◆ 我国农业展会面临的问题

近几年我国农业展会数量和规模不断增加，但受农业展会行业起步晚、农产品季节性强及国内外贸易环境多变等影响，农业展会发展面临以下问题。

专业化有待加强。会展行业具有专业化程度高、系统性强、涉及知识面广等特点，由于会展业在我国仍属于新兴行业，专业化人才稀缺，同时农业展会行业利润较低，在媒体宣传、现场运营及后期服务等方面投入不足，这些因素直接影响了我国农业展会的专业化水平。

信息化有待升级。一场大型国际展会从筹备、举办到后期总结历时数月，参与人群广泛，展览货品繁多，搭建工程庞大，流程化和信息化发展成为趋势。目前我国大部分农业展会仍分块作业，缺少统一完善的展商申报、观众注册及货品登记系统和数据库，信息化管理能力亟待提高。

国际化有待提高。随着我国服务业对外开放的不断扩大，会展业的国际化进程加快，但我国农业展会的起步较晚，存在国际化程度低的问题。2019年中国农业展会分类认定中上报的中国农业展会的国际专业观众平均占比仅为4.5%。

◆ 关于我国农业展会的创新发展路径

基于我国农业展会的现状，未来我国农业展会在内容、模式和绿色环保的发展方向上有以下创新路径。

一是助力乡村振兴战略，开辟农业展会服务广阔天地。农业展会具有农业生产示范引领、区域资源配置优化、产业结构调整升级等作用。随着我国乡村振兴战略的不断深化，未来农业展会要在乡村全面建设方面提供相关的会展服务，加快推进农业农村现代化。

二是发展跨界融合模式，提供农业展会发展新动力。随着市场的多元化发展，传统展会模式面临巨大挑战，2020年新冠肺炎疫情席卷全球，以线上展示、直播带货为特色的云上博览会应运而生，同时融合展览场馆、博物馆、艺术馆等为一体的展览模式越来越受到市场青睐。

三是践行绿色环保标准，打造可持续发展的农业展会。近年来，中国展览业绿色环保标准建设已经起步，并取得了一定成效，未来主办方在搭建选材和施工中，要不断深化践行环保义务，打造可持续发展的绿色农业展会。

农业展会的"五化"指什么?

赵 贞

农业展会是以农产品及其加工品、投入品、技术、服务等展览为核心,包括伴生于展览的各种会议、论坛等在内的经济活动。农业展会是农业与会展业交融的载体,有营销促销、贸易洽谈和品牌宣传的功能,是促进现代农业发展的重要动力。

在农业展会发展进程中,"五化"是评价农业展会的重要标准。2016年发布的《农业部展会工作管理办法》提出"农业展会活动应切实发挥市场在资源配置中的决定性作用,积极推进市场化进程,坚持专业化、国际化、品牌化、信息化方向"。

◆ 市场化

市场化是坚持以市场为导向,为各参展主体提供有价值的平台。政府部门应从培育成熟的市场主体、建立市场规范和鼓励市场竞争三方面推进农业展会市场化进程,使贸易商和观众能以最短的时间收集信息、研判市场,围绕展示农产品直接进行互动式交流,按市场规则自主自愿进行决策和选择。强化展会贸易、洽谈、交流、合作功能,拓宽流通渠道,促进农产品贸易长期发展。

◆ 专业化

专业化使农业展会具有独特的竞争优势,成为专业领域的风向标。展出内容应主要聚焦某一特色农业产业,覆盖全产业链,用专业化的展商和展品吸引观众和采购商,搭建专业合作的平台。加强办展团队的专业化建设,实现专业化的运营、提供专业化的服务、营造专业化的环境。

◆ 国际化

国际化对于推动优势农产品出口和海外市场开拓具有重要意义。一方面,要鼓励支持农业企业"走出去",积极参加境外展会;另一方面,要邀请更多的境外企业参加国内展会,充分借鉴国外先进经验,积极谋求与国外同行的合作与竞争,进一步提高农业展会国际化水平。

◆ 品牌化

实现品牌化的农业展会，可以在行业领域内形成强大的号召力。宏观上，应积极培育有产业依托和有市场影响的品牌展会，更好地实现贸易促进、信息交流、需求增值等功能。微观上，应深入挖掘行业特色，吸引品牌企业、品牌农产品参展，持续留住原有的展商和观众，实现市场资源高效匹配和深度整合，为参展企业和观众创造更多价值。

◆ 信息化

展会是人流、物流和信息流高度聚合的综合性平台。利用互联网、大数据、微信公众号等技术手段，引入展商观众网络注册、现场门禁系统等信息化手段，保证信息传递的及时和准确，有效提高组展机构、参展商和观众的效率与质量。积极探索农业展会与电商平台相结合的方式，不断增强展示性和交易性，提升便捷性和时效性。

在当前我国由会展大国向会展强国迈进的形势下，农业展会的办展机构要坚持"五化"原则，积极推进市场化进程，走专业化道路，提高国际化水平，做好品牌化建设，不断实现信息化创新。

如何发挥"融媒体"优势，做好展会宣传？

米 加 赵 贞

"融媒体"是发挥传统媒体与新兴媒体的优势，在内容、宣传及其他资源上进行全面整合，实现"资源通融、内容兼融、宣传互融、利益共融"的新型媒体。近年来，"融媒体"作为一种全新的现代媒体宣传方式日益崛起。

一些大型国际展会的招展宣传工作也与时俱进，迅速融入"融媒体"时代。由农业农村部农业贸易促进中心（中国国际贸促会农业行业分会）主办的中国国际渔业博览会暨中国国际水产养殖展览会（以下简称"渔博会"）的宣传工作深度应用"融媒体"理念，从以往单一利用传统媒体宣传，转变成传统媒体与互联网平台、移动端 App 等新兴媒体相结合的"融媒体"宣传方式，推动展会宣传工作高质量开展。

◆ 展会信息传播渠道多样化

展会信息传播渠道由单一化向多渠道多平台发展。在渔博会宣传的不同阶段，以利用传统纸质媒体、建立官方网站和官方微信公众号、对接行业内的专业媒体平台和嵌入个人关系网络等传播方式，共同开展全方位、深层次的信息传播，逐步实现信息传播的多渠道、立体化覆盖。

◆ 传统媒体资源融合于新媒体平台

展前宣传实现传统媒体与新兴媒体的有效结合。初期选择行业内的专业传统媒体发布招展信息广告，中期有针对性拓展传播渠道，选择移动端和网络端等新媒体平台。将传统的宣传资料融合于新兴媒体平台中，使展会受众获取信息的方式更加简单化，实现了传统媒体宣传和新兴媒体宣传的有机融合。

◆ 展会资讯及时共享

展会资讯实现精准、高效传达。布展、开展期间发布现场信息、展会新闻，进行企业采访、现场直播等。展后制作展会视频、纪录片和企业家专访特辑，第一时间传递到多家媒体平台，充分发挥全方位融合的宣传载体作用，凸显展会成果。

◆ 展会信息人性化传播

展会信息传播以移动端官方平台为主，提供人性化的信息服务。展前两个月发布专业观众邀请信息、预注册提醒、上届回顾等。展前一个月发布展前信息、展会攻略、参展企业介绍等，加强与观众的互动关联，有效实现专业观众一对一呼叫提醒，将展会信息更直接、全面和人性化地呈现给展会观众。

◆ 强化参展群体的互动体验

渔博会官方媒体平台积极拓展服务范围，努力满足参展群体的互动需求。经过多年探索，渔博会的宣传逐步由单向传播向双向互动转变，与参展商和观众进行充分沟通和信息联络，及时解疑释惑，既满足了参展群体的切实需求，又增加了良性互动，实现了互促共赢。

"融媒体"建设的不断完善和日趋成熟，使得传统媒体模式单一的弊端得以克服，实现了发布渠道的全方位、深层次和多元化，增强了宣传内容的可靠性和实效性。"融媒体"已成为提升展会宣传效力和国际影响力的助推器。

中国农产品进入美国市场的快速通道是什么？

丁雪纯

美国是我国第三大农产品出口市场，2018 年我国农产品对美国出口额为 83.5 亿美元，增长 8%，占我国农产品出口总额的 10.4%。进入 2019 年，受中美贸易摩擦影响，中美农产品贸易额下降 46.7%，其中我国对美国农产品出口额下降 21.0%，但美国仍是我国第三大农产品出口市场。如今，在美国想吃到中国风味的土特产并不是难事，许多中国优质农产品进入到美国市场，丰富了美国百姓的餐桌。而这背后，离不开"营销经理"——中国农产品美国展示中心的工作。

◆ 中国农产品美国展示中心由来

美国是全球重要消费市场之一，对优质农产品的需求日益增加。随着我国农产品生产水平的提高，越来越多的农业企业将目光投向了美国市场。但是，一些中小企业受产品种类单一、贸易人才缺乏等因素制约，单打独斗进入美国市场面临着成本高、缺乏竞争力的风险。美国食品药品管理局（FDA）、美国农业部（USDA）对进口食品从质量安全、食品包装、进口程序等方面都有严格要求和操作规范，中小企业较难在短时间内熟悉并掌握。市场的快速变化让国内企业在第一时间做出正确应对尤其困难。而另一方面，美国采购商也正在为迅速找到合适的供应商及产品而烦恼。在此种背景下，2014 年在农业部支持下，中国农产品美国展示中心（图 1）应运而生，担负起了"营销经理"的角色。

中国农产品美国展示中心由体验中心、展示中心、配送中心三部分组成，其中展示大厅 1 260 平方米、仓库 2 000 平方米。截至 2018 年年底，中国农产品美国展示中心已与北京、河北、山西、内蒙古、辽宁、江苏、浙江、江西、安徽、福建、山东、河南、湖南、重庆、贵州、云南、宁夏、新疆等 18 个省（自治区、直辖市）的 150 多家农产品生产企业进行了对接，500 多种中国农产品通过中国农产品美国展示中心进入到美国市场。

◆ 中国农产品美国展示中心怎样帮助企业进入美国市场？

中国农产品美国展示中心为广大中小型生产企业提供集展示、销售、配送为一体的服务平台。

图 1　中国农产品美国展示中心

(一) 线上线下推广宣传

依托 GOOD FORTUNE SUPERMARKET GROUP (USA) INC. 及 H&T SEAFOOD INC. 等美国大型亚洲食品采购商,中国农产品美国展示中心为中国农产品企业提供线上产品展示和企业信息服务,推动线上 B2B 跨境贸易。同时,中国农产品美国展示中心积极发挥线下体验中心 (图 2) 的功能,定期组织美国大型零售商参加品尝体验、营销宣传等特色活动,例如中国农产品走入美国超市 (图 3)、贸易对接洽谈会、亚洲食品展等,得到了国内外媒体的广泛关注,大幅提升了中国农产品在美国市场的知名度和影响力。

图 2　线下产品展示体验中心

图 3　中国农产品走入美国超市活动

（二）提供服务支持

中国农产品美国展示中心为中国企业开拓美国市场提供服务支持：一是市场信息对接，帮助企业及时调整出口产品结构；二是便捷清关，帮助企业无缝对接美国海关，确保中国农产品顺利清关进入美国市场；三是协助市场准入相关认证，帮助企业开展 FDA、FCE、SID 注册或认证；四是产品及品牌推广，指导企业生产符合美国要求的包装产品，并帮助有条件的企业在美国注册自有品牌。

（三）实现产销融合

中国农产品美国展示中心已经为国内 100 多家农产品企业提供了海运、清关、仓储、销售及配送服务，并通过 Starway、其士等贸易公司将中国农产品发往顺发、大华等大型美国超市（图 4）。同时，通过在 Amazon.com（亚马

图 4　美国超市在售的中国商品

逊）、Ebay（易贝）、Yamibuy（美国亚米网）、Veallshare 美国华人超市等美国知名电商平台上建立专营店（中英双语），中国农产品美国展示中心帮助中国农产品开拓了网上销售渠道，实现客户群和销售量双增长。

◆ 方兴未艾的境外农产品展示中心

中国农产品美国展示中心作为美国亚洲食品公会的会员，与美国亚洲食品公会、美国其士公司、美国千禧集团公司等多家国外企业达成长期贸易合作。中国农产品美国展示中心采取网上销售宣传与实物展示相结合、储藏与实物配送相结合的经营模式，推动我国农产品走近美国消费者，扩大中国农产品在美国的市场份额和影响力。

除中国农产品美国展示中心外，许多省份在其他国家及地区也陆续建立了展示中心，拓宽了中国农产品企业走向世界的渠道，例如辽宁省分别在加拿大、韩国、泰国和英国设立了展示中心，山东省在匈牙利设立了农产品展示窗口，湖南省在中国澳门设立展示展销中心，湖北省在俄罗斯和泰国设立了展示中心等。境外农产品展示中心正探索以更加高效的方式助推中国农产品走向国际市场。

农产品出口企业如何应对
新冠肺炎疫情带来的冲击？

李　楠

新冠肺炎疫情暴发，我国农产品出口不可避免地受到影响。据海关总署数据，2020年1—2月，我国农产品出口额95.7亿美元，同比下降11.6%，疫情带来的不利影响已经开始显现。

◆ 疫情如何影响农产品出口？

从产业链角度分析，此类突发公共疫情对农产品出口涉及的生产、加工、物流、目标市场等各主要环节均造成影响。在生产加工环节，疫情防控可能会使化肥、农药、种苗、饲料等农资难以及时分销至农户和生产企业手中，从而对出口产品的原料生产造成一定影响。出于疫情防控要求采取的人员流动限制等措施也使生产加工企业面临人手不足、产能利用率下降等困难。在物流环节，为控制疫情采取的交通管控一定程度上导致物流不畅、运输时间和成本增加，出口原材料和产品流转均受到限制。在目标市场环节，疫情可能导致目标市场采取全面或有限的进口限制措施，或消费者因恐慌情绪拒绝购买疫情发生地的产品，从而形成隐性进口壁垒，进而导致进口市场需求转移，贸易便利程度下降。

2020年3月初为全面跟踪了解新冠肺炎疫情对我国农产品出口的影响，有关部门组织开展了面向农产品出口企业的问卷调查，结果显示：截至2020年3月初，生产加工环节，39.7%受访企业的工人返岗率在30.0%以下，41.9%受访企业的产能利用率在30.0%以下；物流环节，69.9%受访企业认为物流成本显著上升，63.0%受访企业认为物流受阻是当前主要困难；进口市场环节，72.8%受访企业不同程度地面临已签订单被取消的情况，14.1%受访企业已签订单被取消率达50.0%以上。

◆ 农产品出口企业会面临哪些主要问题？

疫情来袭，农产品出口企业会遇到诸多困难。在问卷调查中，68.5%受访企业面临成本上升，63.0%受访企业遭遇物流受阻，52.4%受访企业感到融资困难，48.3%受访企业缺少工人，31.7%受访企业遇到进口国家或地区采取限制措施。短期内，疫情防控应急措施客观上限制了人员和物资流动，给农产品出口企业生产造成困难。出口量和利润的下降，使企业资金回笼不畅，企业持续经营面临较大资金压力。

从国际市场分析，新冠肺炎疫情在全球范围内持续蔓延，迫使多个国家或地区实施更加严格的人员流动和交通物流管制措施，包括关闭部分口岸、拒绝来自疫情国家的船舶停靠、要求健康证明、加强检疫、隔离来自疫情国家的船舶等，形成了物流瓶颈，阻塞了深度交织的全球价值链。餐馆停业、人们购物次数减少，降低了对新鲜农产品和水产品的需求，农产品出口面临越来越大的外部挑战。问卷调查结果显示，有将近1/2的以欧洲、美洲和大洋洲为主要出口市场的企业认为现阶段面临主要困难是进口国采取限制措施，以亚洲和非洲为主要出口市场的企业约有1/3持相同观点，这显示企业对疫情较重的地区和国家下一阶段出口前景普遍担忧。

◆ 出口企业如何有效应对疫情带来的冲击？

为应对疫情对我国农产品出口的不利影响，我国政府持续发力、积极为企业出口创造有利条件。2020年2月20日，商务部、中国出口信用保险公司联合印发《关于做好2020年短期出口信用保险相关工作 全力支持外贸企业应对新冠肺炎疫情影响的通知》，支持外贸企业抓紧复工生产，加大贸易融资支持，充分发挥出口信用保险作用，全力支持外贸企业应对新冠肺炎疫情影响。3月19日，商务部办公厅、财政部办公厅印发《关于用好内外贸专项资金支持稳外贸稳外资促消费工作的通知》，明确外经贸发展专项资金要对受疫情影响较大的外经贸领域予以倾斜，引导加强信贷保险支持，加大对中小外贸企业的扶持力度。

农产品出口企业在出口受阻时有效利用国家层面的支持政策措施进行积极应对，可采取的措施包括对已运出的农产品，及时与货运代理公司和船舶公司咨询沟通，就可能颁布的禁令开展减损工作；在洽谈新合同时，通过增加不可抗力、物权保留条款等形式，提前约定疫情可能导致的风险，尽量避免或减少因疫情导致的不确定性；多渠道融资，积极争取农产品出口金融支持，充分发挥民间融资潜力；调整经营模式，尝试出口转内销等措施，拓宽收益来源；及时反映目标市场国家或地区可能借疫情之名设置的非关税贸易壁垒，积极争取推动国家层面通过双边磋商等方式予以解决。

农产品贸易企业能发展跨境电商吗？

韩　啸

跨境电商是一种国际商业活动，指不同关境的交易主体通过电子商务平台达成交易、进行支付结算，并通过跨境物流送达商品来完成交易。

◆ 跨境电商有什么特点？

全球性。网络作为无边界媒介，具有全球性和非中心化特征，依附于网络发生的跨境电子商务也因此具有相同特性。

即时性。网络传输速度几乎不受地理距离影响，无论距离远近，跨境电子商务交易都可以在瞬间完成。

无形性。跨境电商交易信息是通过数据、声音和图像等不同媒介来进行数字化传输的，这些媒介都以代码形式存在，具有无形性。

匿名性。跨境电子商务可以在交易用户不显示自己的真实身份和地理位置的情况下进行，这在一定程度上也增加了交易风险。

无纸化。跨境电子商务主要采取无纸化操作的方式进行，这是电商形式交易的主要特征。

◆ 农业企业发展跨境电商要注意哪些问题？

交易信用问题。由于交易双方存在语言和购物习惯不同，无法深入了解对方信用情况，使交易信用问题非常突出。特别是农产品不同于其他产品，消费者不能仅凭网站宣传和图片了解产品的真实质量，因此对农产品售后服务水平提出更高要求。一旦涉及产品退换等售后服务，牵扯到退换货时限等问题，极易引起买家与卖家纠纷；并且由于买卖双方不在同一个国家，各国间的法律适用范围也不同，企业进行申诉和维权将非常困难。

物流问题。农产品与其他制造业标准品（服饰鞋帽、电子器件等）不同，具有季节性、易腐性等特点，在运输过程中需采取低温、防潮、烘干、防虫害等一系列技术措施，部分生鲜农产品更是要求冷链运输。这些都对农产品跨境物流的速度和质量提出了较高要求。目前农产品跨境电商主要采用中国邮政小包、国际快递、海外仓储等物流形式完成。邮政小包对重量和体积有严格限制，虽然价格实惠，但运输时间较长，给生鲜农产品运输带来较大挑战；国际快递运输速度较快，但费用偏贵，是利润偏薄的初级农产品销售所不愿面对的；海外仓储是很多大宗农产品跨境电商的选择，通过提前将农产品经海运运输到国外仓储进行储存，大幅提高了物流运输速度。但海外建仓前期资金投入较高，对小规模企业并不适用。农业企业需要深入了解物流情况，选择合适的物流商，管理好货物运输速度及安全问题以实现优质的配送服务。

◆ 农业企业为什么要发展跨境电商？

　　跨境电商缩短了贸易流通环节。传统贸易模式需要经由国内出口商、国外进口商、国外批发商、国外零售商几个环节才能最终抵达国外消费者。而跨境电商打破了地域限制，简化了贸易流程，提高了生产效率，提高了企业收益。

　　跨境电商提高了农业企业出口产品的精准度。企业可以在跨境电商平台上直接与国外买家洽谈，根据其个性化、多样化的需求进行生产。跨境电商使企业可以"按需生产"，更好地适应国外市场需求变化，为企业打开国外市场、提升品牌国际知名度提供了有效途径。

　　跨境电商提供了农业中小企业直接参与国际贸易的机会。传统贸易模式下，农产品外贸企业必须获得进出口资质才能进行跨境贸易，中小企业受制于资金、成本、人才、经验等条件限制，与大企业相比在对外贸易中始终处于劣势。而农产品跨境电商平台使中小型农产品企业也能够参与到国际市场中来。

　　跨境电商凭借其方便快捷、效率高、数字化等优势，已成长为当前国际贸易的重要形式。将农产品贸易与跨境电商相结合，充分发挥跨境电商的优势，无疑将助力我国农产品"走出去"。

我国跨境电商农产品贸易现状如何？

韩振国

2019 年，中共中央、国务院在《关于推进贸易高质量发展的指导意见》中提出要"提升贸易数字化水平"，发展"丝路电商"，鼓励企业在相关国家开展电子商务。为了促进跨境电商零售贸易发展，包括农业农村部在内的 13 部委联合发布《关于调整扩大跨境电子商务零售进口商品清单的公告》，增加了冷冻水产、酒类等农产品，已于 2020 年 1 月 1 日起正式实施。发展跨境电商是提升我国农产品贸易数字化水平的重要方式。那么，我国跨境电商农产品贸易发展现状如何，大家都买些什么产品呢？

◆ 我国跨境电商农产品贸易规模有多大？

2019 年，我国跨境电商农产品贸易额 52.9 亿美元，同比增长 19.2%，占我国农产品贸易总额的 2.3%。其中，进口额 49.8 亿美元，同比增长 18%，主要贸易方式为保税电商（金额达 44.6 亿美元）；出口额 3.1 亿美元，同比增长 44.2%，主要贸易方式同样为保税电商（金额约 2.9 亿美元）。2020 年上半年，我国跨境电商农产品贸易额 30.1 亿美元，同比增长 22.4%。其中，进口额 29.4 亿美元，同比增长 27.2%；出口额 7 326.1 万美元，同比减少 51.1%。

◆ 我国跨境电商农产品贸易伙伴有哪些？

从贸易伙伴来看，我跨境电商农产品进口前五大来源地依次为澳大利亚、美国、新西兰、荷兰和德国。其中，从澳大利亚、美国、新西兰进口农产品依次为 11.4 亿美元、8.5 亿美元和 8.5 亿美元，合计占比 57.2%。我国跨境电商农产品出口前五大市场依次为中国香港、中国台湾、菲律宾、马来西亚和俄罗斯。其中，向中国香港出口农产品金额约 3 亿美元，占比 96.8%。

表 1   2019 年我国跨境电商农产品贸易主要伙伴

单位：万美元

前十进口伙伴	进口金额	前十出口伙伴	出口金额
澳大利亚	114 461.7	中国香港	29 916.6
美国	85 253.2	中国台湾	314.2
新西兰	85 105.7	菲律宾	110.8

（续）

前十进口伙伴	进口金额	前十出口伙伴	出口金额
荷兰	43 691.2	马来西亚	65.3
德国	42 388	俄罗斯	64.5
爱尔兰	23 575.7	德国	48.7
日本	20 842.9	美国	47.8
加拿大	12 474.7	法国	41.6
法国	11 582.6	英国	35.6
泰国	7 493.6	西班牙	35.2

资料来源：中国海关。

◆ 我国跨境电商农产品贸易涉及哪些产品？

从贸易产品来看，跨境电商农产品贸易涉及最多的为畜产品，2019 年进口额 23.5 亿美元（其中乳品进口 23.1 亿美元），出口额 2.7 亿美元（其中乳品出口占比超过 99%）。饮品类和水产品也是我国电商重要进口农产品，2019 年饮品类进口额达 2.4 亿美元（其中无醇饮料进口 1.3 亿美元、酒精及酒类进口 0.5 亿美元），水产品进口额达 1.2 亿美元（其中鱼油进口占比约 98.8%）。

表 2　2019 年我国跨境电商农产品贸易涉及主要品类情况

单位：万美元

		电子商务	保税电商	保税电商 A	跨境电商经营合计
农产品	进口额	52 112.4	445 806.8	24.4	497 943.6
	出口额	1 810.6	29 105.7	0	30 916.3
畜产品	进口额	25 040.8	209 489.2	0	234 530.0
	出口额	0	27 249.9	0	27 249.9
饮品类	进口额	2 272.6	21 622.8	12.5	23 907.9
	出口额	1 361.2	115.3	0	1 476.5
水产品	进口额	26.3	11 934.7	0	11 961.0
	出口额	5.4	18.6	0	24.0
粮食制品	进口额	573.9	8 547.6	0.1	9 121.6
	出口额	0	68.4	0	68.4
植物油	进口额	138.9	6 064.1	3.8	6 206.8
	出口额	0	249.2	0	249.2

资料来源：中国海关。

◆ **我国跨境电商农产品贸易有哪些方式？**

我国跨境电商主要贸易方式包括电子商务、保税电商和保税电商 A，多以进口为主。其中，电子商务（海关监管代码：9610）农产品贸易是指已经售出的农产品，存放在保税仓库的暂存区，等待清关和国内运输；保税电商（海关监管代码：1210）和保税电商 A（海关监管代码：1239）农产品贸易都是指尚未销售的农产品，存放在保税仓库，需要等待销售完成之后，才会清关，并运输到消费者手中。区别为，保税电商农产品贸易主要针对海南全岛、86 个跨境电商进口试点城市，货物可以通过特殊通道申报，暂缓提交通关单；保税电商 A 农产品贸易是指从上述试点城市以外的其他城市海关特殊监管区域或保税物流中心（B 型）一线进境开展的跨境电商农产品贸易。

另外，2020 年 7 月 1 日起，北京、天津等 10 地海关正式开展跨境电商企业对企业（B2B）出口监管试点工作，主要包括以下两种模式：一为跨境电商 B2B 直接出口（海关监管代码：9710），境内企业通过跨境电商平台与境外企业达成交易后，借助跨境物流将包括农产品在内的货物直接出口至境外企业。二为跨境电商出口海外仓（海关监管代码：9810），境内企业先将包括农产品在内的货物通过跨境物流出口至海外仓，借助跨境电商平台实现交易后从海外仓送达境外购买者。

国际农产品市场呈现哪些特点？

孙　玥

加入 WTO 以来，我国农产品贸易快速增长，贸易依存度不断提高，与世界农产品市场的关联度日趋紧密。无论是国内生产还是进出口贸易，无论是结构调整还是政策改革，都不能不考虑世界农业和国际市场变化所带来的影响。准确把握国际农产品市场的供需现状、特点及趋势，对于更好地统筹利用国际国内两个市场两种资源、推进农业供给侧结构性改革、确保国内农业可持续发展至关重要。

◆ 全球谷物贸易量占生产总量比例有限

全球谷物等主要农产品贸易量总体呈增长态势，但贸易量在生产总量中所占比例较低，且基本稳定，2001—2016 年所占比例基本保持在 12.1%～15.3%，这说明世界粮食供给主要依靠各国国内生产来保障。主要谷物产品中，小麦 2017—2018 年度全球贸易量 17 710 万吨，占全球总产量的 23.3%；大米贸易量 4 830 万吨，占全球总产量的 9.5%；玉米贸易量 15 230 万吨，占全球总产量的 14.1%。相对而言，大豆、棉花和食糖等非粮食作物贸易量占比较高，2017—2018 年度全球大豆、棉花和食糖的贸易量占产量的比例分别为 41.3%、35.4% 和 33.2%。

◆ 主要农产品出口市场高度集中

全球不仅谷物贸易量非常有限，而且主要农产品出口市场也较为集中。2017 年全球 77% 的大米出口来自印度、越南、美国、巴基斯坦和缅甸；50.9% 的小麦出口来自俄罗斯、澳大利亚、加拿大、阿根廷和美国；68.3% 的玉米出口来自阿根廷、美国、巴西、乌克兰和俄罗斯；91.5% 的大豆出口来自巴西、美国、阿根廷、巴拉圭和加拿大。此外，棉花、食糖的出口市场集中度也比较高，超过 60% 的出口集中在全球前五大出口市场。

◆ 受非传统因素影响，国际农产品市场波动性加剧，风险加大

全球气候变化、生物质能源发展、农产品资本化等非传统因素对世界农产品市场的影响不断加深，粮食市场供给不确定性大大增加，国际粮价波动加剧。气候变化导致洪涝灾害、干旱、极端气温和病虫害增加，给农业生产带来

不利影响。据比利时鲁汶大学灾害流行病学研究中心（CRED）数据显示，2000—2018 年，全球自然灾害数量共 7 717 起，其中洪涝灾害、干旱、极端气温等灾害共 3 756 起、病虫害 19 起，发生频次大大增加。生物质能源发展大幅拓展了农产品需求空间，打通了农产品市场与能源市场的通道，使农产品价格受能源价格波动影响加大。OECD－FAO《农业展望 2018—2027》显示，2018 年全球 16.6% 的玉米、12.9% 的植物油和 18.4% 的甘蔗用于生物燃料的生产。投机资本也成为全球农产品价格波动的重要推手。随着经济全球化的推进，农产品交易范围已从局部、区域性的市场扩展为全球市场。金融投机对农产品市场和价格的影响日益突出，被视为 2008 年以来全球粮价 3 次大规模上涨和全球粮食危机的一个重要因素。

◆ 供给增加仍有潜力，后备耕地和水资源充足

据 FAO 估算，目前全球范围内宜开垦的土地还有 39 亿公顷，扣除 4 亿公顷的保护性用地，未来全球还有 35 亿公顷的宜耕地，是全球现有 16 亿公顷耕地面积的 2.2 倍。其中非洲尚有可开垦耕地 8.3 亿公顷，南美洲有 5.7 亿公顷，哈萨克斯坦、俄罗斯、土库曼斯坦及乌兹别克斯坦有 4.7 亿公顷，澳大利亚和美国等发达国家也有大量可开垦耕地。除耕地资源丰富外，南美洲等地区淡水资源也相当丰富，目前汲水量低于其内部可再生水资源的 1%～3%，被 FAO 以及世界银行等机构公认为未来全球最具农业开发潜力的地区。

国际农产品贸易数据到哪儿查？

韩　啸

大家知道，研究经济问题离不开数据，研究国际农产品贸易问题亦不例外。但在开展具体研究时，不少人不了解到哪儿查数据，也有的人面对众多数据库又难以取舍。下面给大家介绍几个常用的与国际农产品贸易相关的数据库，均可免费查询数据。

◆ 联合国商品贸易数据库（UN Comtrade Database）

联合国商品贸易数据库是全球能够真实反映国际商品流动趋势最大和最权威的国际商品贸易数据库。收集了超过 6 000 种商品约 17 亿个数据记录，最早可回溯至 1962 年。各个国家和地区上报的数据均被转换成联合国统计的统一标准格式。数据库中可注册个人账户以保存检索历史和结果、设置分组、获取提醒等，也可以自定义包含多个国家（地区）或商品的国家（地区）群组或商品群组进行高级和复杂查询，具备自动累积计算总值的功能。网址：https://comtrade.un.org/。

◆ 贸易地图（TradeMap）

贸易地图是国际贸易中心（ITC）开发的全球商品贸易数据库，以表格、图表和地图形式提供了出口情况、国际需求、替代市场以及竞争对手在产品和国家（地区）视角下的作用指标。该数据库涵盖了 220 个国家和地区的 5 300 种商品，提供从汇总级别到关税细目级别的每年、每季度和每月度的贸易流量数据，其功能还包括分析目前的出口市场、筛选潜在市场、审查特定市场产品多样化机会以及确定现有和潜在双边贸易及关税信息等。网址：https://trademap.org/Index.aspx。

◆ 经济合作与发展组织（OECD）数据库

经济合作与发展组织数据库包括 OECD 国家和特定非成员经济体的数据。该数据库提供自 1960 年以来的年度、季度、月度数据，包含 30 个 OECD 成员、8 个非成员以及国际主要经济组织如欧盟、北美自由贸易区等的人口、发展、经济、教育、环境、健康等宏观经济发展指标。网址：http://stats.oecd.org/。

◆ 美国农业部（USDA）数据库

美国农业部数据库包括每月发布的农产品供需及定期发布的对各国农业生产预测的数据；每五年通过农业普查收集的农场规模、农场数量、生产费用、农产品市场价值、牲畜家禽存栏等信息；全球农业市场以及有关国家农产品市场政策、供需状况、商业贸易关系和市场机会的数据。网址：https://www.usda.gov/。

◆ 联合国粮食及农业组织（FAO）数据库

联合国粮食及农业组织数据库涵盖与粮食安全和农业相关的广泛主题。其中，FAO 共用数据库（FAOSTAT）可获取自 1961 年到最近一年涉及 245 个国家和 35 个地区的数据；全球水资源及农业信息系统（AQUASTA）提供有关水资源、水资源利用、农业用水管理和世界各地非传统水源的综合信息和数据；渔业和水产养殖统计数据系统（FIGIS）可使用在线查询工具和软件 FishStatJ 来搜索和提取数据；全球粮食和农业信息及预警系统（GIEWS）提供有关粮食生产和安全的信息，其中商品价格数据库发布农产品价格的最新信息，包括每周、每月及全年平均数值；农产品市场信息系统（AMIS）旨在提高粮食市场的透明度；全球家畜生产及卫生图集（GLiPHA）包含全球国家和地区的畜牧业信息的数据集，可用地图、图形和表格形式导出。网址：http://www.fao.org/。

◆ 世界贸易组织（WTO）数据库

世界贸易组织数据库是国际海关组织汇总所有成员上报的各自进出口六位码商品贸易情况的综合信息数据库。数据库提供贸易流量、关税、非关税措施（NTM）和增值贸易数据，以及国际海关组织的多种商品分类标准的数据查询。贸易数据库提供有关成员国、观察国和其他特定经济体贸易情况的预定信息；关税数据库提供有关成员国、观察国和其他特定经济体的市场准入情况信息；时间序列数据库允许交互式检索国际贸易统计数据；贸易援助数据库为特定的贸易援助受援国提供有关贸易援助趋势、贸易成本、贸易绩效和发展情况等信息。网址：https://data.wto.org/。

◆ 世界银行（World Bank）数据库

世界银行数据库收录 7 000 多个指标，可以按国家、指标、专题和数据目录浏览数据。世界发展指数数据库（World Development Indicators）包含 695 种发展指数的统计数据，以及 208 个国家和 18 个地区与收入群从 1960 年至今的年度经济数据；全球金融发展数据库（Global Development Finance）涵盖 136 个国家的外债与金融流程数据资料，收录了从 1970 年以来 217 种参数的统计数据，覆盖外债总计和流向、基本债务比、新协议常规条件、债务重组等；全球经济监控数据库（Global Economic Monitor）将早期的"内部"银行产品整合为单一的单界面产品，可链接至优质的高频率更新的经济和金融数据资源。网址：http://data.worldbank.org.cn。

◆ 中国海关总署（China Customs Data）数据库

中国海关总署数据库可对商品编码、进出口收发货人注册地、贸易国别、贸易方式等任意组合的统计数据进行查询。目前该系统只提供 2018 年以后的海关统计数据，如需要查询 2018 年以前数据应联系本地海关进行查询。

此外，在中国海关数据库基础上，农业农村部按照与海关总署共同确定的农产品统计范围和分类标准开发了供部内系统使用的农产品监测预警数据仓库系统。

数据打架？我们所说的农产品是同样的东西吗？

杨海成

数据又对不上了。都是农产品贸易额，为什么你的数据跟我的不一样。不要着急，我们所说的"农产品"可能不是同样的东西，也就是统计口径存在差别。下面就给大家梳理几种国际通行的农产品贸易统计口径，看看它们之间有何区别。

◆ SITC 和 HS：商品的两种统计标准

在国际贸易中，为便于统计，通常会对商品进行分类和编码。国际常用的分类体系有两种：一是联合国统计委员会制定的《国际贸易标准分类》（Standard International Trade Classification，简称：SITC），二是海关合作理事会（现名世界海关组织）制定的《商品名称及编码协调制度》（The Harmonized Commodity Description and Coding System，简称：HS）。两种体系对商品归类和编码的方式是有所区别的。

联合国统计委员会的《国际贸易标准分类》即 SITC 按照类、章、组等将商品分为 5 个层级，用 5 位数字进行表示，每位数字代表一个层级。例如鲜葡萄在第 4 版 SITC 中的编码为 05751，其中 0 表示它所在的类别为第 0 类"食品及活动物"，05 表示 0 类中第 5 章"蔬菜及水果"，057 代表 05 章中第 7 组"水果及坚果"，0575 代表第 5 小组"鲜葡萄及葡萄干"，05751 则代表具体产品"鲜葡萄"。

世界海关组织的《商品名称及编码协调制度》即 HS 是结合 SITC 和其他分类标准而制定，与 SITC 的分类方法相似，也将商品按照类、章等层次划分，但用的是 6 位数字进行编码，每两位表示一个层级，且从第二层"章"开始编码，第一层"类"不再用数字表示。还是以鲜葡萄为例，在 HS2017 版中编码为 080610，其中 08 表示第 8 章"食用水果及坚果；柑橘属水果或甜瓜的果皮"，0806 代表第 8 章第 6 组"鲜或干的葡萄"，080610 则代表具体产品"鲜葡萄"。

可以看出，SITC 和 HS 两种分类方式基本类似，但 HS 较前者更为细致。SITC（第 4 版）将商品分为 10 类 72 章，HS（2017 年版）分为 22 类 98 章。在编码方式上，每个层次 SITC 采用 1 位数，HS 则为两位数，因此后者编码的扩展性更强。目前，HS 体系在全球应用范围最广，大部分国家的贸易统计都是采用该方法。但 HS 制定的时间比较晚，此前国际上普遍采用 SITC 进行统计，一些机构为了保持数据的连贯性，仍沿用 SITC 分类方法。

◆ 基于 HS 的农产品口径

（一）WTO 乌拉圭回合《农业协议》的农产品口径

WTO 乌拉圭回合农业谈判形成的《农业协议》根据 HS 编码体系对农产品进行了定义。该范围下的农产品包含三大部分：第一部分主要是食品及部分非食用原料，包括 HS（2002 版）前 24 章（除去水产品）；第二部分是以动植物为原料的化学品，包括以藻类、淀粉、葡萄糖、动植物油脂等为原料的甘露醇、山梨醇、丙三醇（甘油）、工业用脂肪醇这几种醇类产品，柠檬油、樟脑油等精油产品，以及 HS 第 35 章和 38 章中的蛋白类物质、胶、改性淀粉、整理剂等产品；第三部分是动物皮、毛及纺织原料，包括动物生皮、生毛皮、生丝及废丝（蚕丝）、动物毛、棉花、麻类。

（二）乌拉圭回合《农业协议》的农产品＋水产品口径

乌拉圭回合《农业协议》定义的水产品包括两大部分：第一部分是 HS（2002 版）第 3 章"鱼、甲壳、软体及其他水生无脊椎动物"；第二部分是以第 3 章产品为原料的深加工品，这些产品同样分布在前 24 章，主要包括鱼油、鱼粉、鱼子酱、鱼罐头等。因此该口径农产品包括 HS 前 24 章及第一个统计口径中的其他两部分。

◆ 基于 SITC 的农产品口径

联合国贸易和发展会议（UNCTAD）和 WTO 数据库采用 SITC 来定义农产品统计口径。该范围下的农产品包含 SITC 第 0 类（食品及活动物）、第 1 类（饮料及烟草）、第 2 类（非食用原料，燃料除外）和第 4 类（动植物油、脂及蜡）中的商品，除去第 2 类中的第 27 章（天然肥料及矿物，煤、石油及宝石除外）及第 28 章（金属矿砂及金属废料）商品。

◆ 统计口径比较

对比乌拉圭回合农产品＋水产品口径与 UNCTAD、WTO 的统计口径可以发现，二者重叠的部分为食品、饮料、烟草、动物毛皮及纺织原料。不同的地方在于前者包含精油及其他以动植物为原料的化学品，后者包含橡胶、木材、纸浆、合成纤维、旧衣服及其他旧纺织品、已梳动物毛。

目前我国农产品贸易统计口径基本采用乌拉圭回合《农业协议》的农产品＋水产品口径，如海关总署发布的月度农产品进出口数据。但由于农产品种类繁杂，不同机构对其定义有所差别，在使用过程中如果发现数据不一致可先查看各自的统计口径，找出之间的区别。

最后送大家一句话：数据打架不要乱，先把统计口径看！

加入 WTO 20 年，谁是我国农产品最大买主？

韩　啸

您猜到了吗？自 2001 年我国加入 WTO 以来，日本一直是我国农产品最大的买主。日本是一个典型的农业资源紧缺国家，农业生产受到资源条件的严重限制。同时日本又是典型的发达国家和消费大国，亟须通过农产品贸易弥补本国农业生产的不足，满足消费者需求。我国与日本一衣带水，发展农产品贸易具备先天的优势。

总体上看，中日农产品贸易规模呈稳步上升趋势。贸易额从 2001 年的 60.1 亿美元增长到 2019 年的 117.1 亿美元，年均增长 3.8%。2019 年中日农产品贸易占我国农产品贸易总额的 5.1%。以地区计，日本列巴西、美国、澳大利亚之后，为我农产品第四大进出口贸易伙伴。我国对日本农产品贸易长期保持顺差，但顺差呈先增后减态势，2001 年为 54.5 亿美元，2012 年达到最高峰为 115.7 亿美元，2019 年为 90.5 亿美元（图 1）。

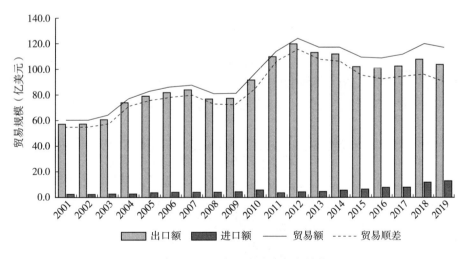

图 1　2001—2019 年中日农产品贸易情况

从出口看，近 20 年来我国对日本的农产品出口额一直稳居第一，出口额由 2001 年的 57.3 亿美元增长到 2019 年的 103.8 亿美元，年均增长 3.4%。对日本农产品出口额占对全球农产品出口额的比例则随着我国市场多元化战略的实施而逐渐降低，由加入 WTO 初期的占比近 35.7% 下降为 13.1%。相对于出口而言，我国自日本进口较少，但增长较快，同期我国自日本农产品进口额由 2.8 亿美元增长到 13.3 亿美元，年均增长 9.1%。

从贸易结构看（图2），2019 年我国对日本出口农产品以水产品、蔬菜和畜产品为主，出口额分别为 39.3 亿美元、22.2 亿美元和 14 亿美元，分别占对其农产品出口总额的 37.9%、21.4% 和 13.5%；以上三类农产品占对其农产品出口总额的 72.8%。主要具体农产品是鸡肉、鲜冷冻鱼、加工蔬菜、墨鱼及鱿鱼和鳗鱼等，出口额分别为 8.2 亿美元、7.3 亿美元、6.7 亿美元、5.8 亿美元和 4.4 亿美元。

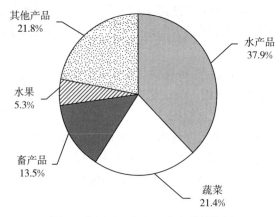

图 2 我国对日本出口农产品结构图

从出口地区看（图3），2019 年我国农产品出口日本出口额排名前五的省份是山东、辽宁、浙江、福建和广东，出口额分别为 45 亿美元、11.7 亿美元、10.2 亿美元、9.1 亿美元和 5 亿美元，分别占我国出口日本农产品总额的

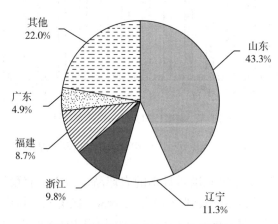

图 3 各省份对日本出口农产品情况

43.3%、11.3%、9.8%、8.7%和4.9%；以上五省合计占出口日本农产品总额的78%。山东省农产品之所以对日本出口占据了约半壁江山，是因为它与日本隔海相望，又是全国蔬菜等重要的农产品生产、加工和贸易大省。同时，山东高度重视农产品质量安全，因地制宜，发挥优势，在全省形成了一批特色农产品的出口生产基地，如寿光蔬菜、烟台苹果等，使其对日农产品出口优势增强。

加入 WTO 以来我国农产品贸易呈现哪些特点?

张明霞

实际上,从 2011 年开始,我国就进入了粮、棉、油、糖、肉类和乳制品等所有大宗农产品全面净进口的时代。与 2001 年中国加入 WTO 前相比,我国农业实现了高水平的开放,与世界的关联度也在不断提高,国际国内两个市场相互作用持续不断加深。下面就从宏观角度简单回顾一下加入 WTO 以来我国农产品贸易发生了哪些变化。

◆ 贸易总额持续快速增长,贸易规模达到相当水平

加入 WTO 以来,我国农产品贸易持续快速增长。按照 WTO 统计,目前我国已成为世界最大的农产品进口国,第三大农产品出口国,农产品贸易总额居世界第二位。2001—2018 年我国农产品贸易总额由 279.2 亿美元增长到 2 168.1 亿美元,年均增幅 12.8%。

◆ 进口增速高于出口,贸易格局由顺差转为逆差

2001—2018 年,我国农产品出口额由 160.7 亿美元增加到 797.1 亿美元,年均增长 9.9%;进口额由 118.5 亿美元增加到 1 371 亿美元,年均增长 15.5%,农产品进口增速快于出口增速。从 2004 年开始,我国农产品贸易由加入 WTO 时 50 亿美元左右的顺差转变为逆差,且逆差呈持续扩大态势。2018 年逆差达历史最高的 573.9 亿美元。

◆ 农产品进口梯次增加,大宗农产品全面净进口

加入 WTO 后,大豆、食用植物油和棉花首当其冲,进口持续快速增长。2001—2018 年,大豆进口量由 1 394 万吨增加到 8 803.1 万吨,2017 年高达 9 552.6 万吨;食用油进口量由 167.8 万吨增加到 808.7 万吨;棉花进口量由 19.7 万吨增加到 162.7 万吨。食糖进口自 2010 年开始大幅增加,由此前每年 100 万吨增加到 2015 年的 484.6 万吨,进口快速增长对产业和主产区糖农收入产生明显不利影响,因而 2017 年 5 月,商务部公布了对进口食糖采取全球保障措施,加征三年 45%~35% 进口关税,食糖进口在高位后迅速回落,2018 年进口 279.6 万吨,与 2011 年 291.9 万吨进口规模相当。奶粉进口量由 2008 年的 10 万吨增加到 2018 年的 115.3 万吨。在大豆、棉花及植物油进口

持续高位增长、食糖和乳制品净进口大幅增加的同时，主要粮食作物也转为净进口，并呈波动增长态势。稻谷、小麦和玉米三大谷物 2018 年进口 970 万吨。此外，牛羊猪禽肉进口增势强劲。2018 年猪肉、牛肉和羊肉进口量分别为119.3 万吨、103.9 万吨和 31.9 万吨，较 2001 年分别增加了 11.6 倍、268.5 倍和 11.6 倍，年均分别增长 16.1％、39.0％和 16.1％。目前，我国猪肉、羊肉进口量均居世界首位，分别占世界进口总量的 11.1％和 25.5％；牛肉进口量排名第二，占世界进口总量的 9.6％，仅次于美国。

◆ 进出口产品结构基本稳定，体现了农业的比较优势

加入 WTO 以来，随着市场开放程度的提高、国内国际两个市场融合程度的加深以及出口能力的增强，我国农产品进出口结构日益符合农业比较优势状况，进口以资源密集型产品为主，出口以劳动力密集型产品为主。进口方面，油籽及植物油、棉花、谷物等土地密集型农产品进口快速增加，四类产品进口额占农产品进口总额的比例由 2001 年的 37.6％提高到 2018 年的 42.4％，2008年曾高达 61.5％；出口方面，水产品、蔬菜、水果等劳动密集型农产品出口稳定增长，三者出口额占同期农产品出口总额的比例由 45.5％提高到 56.1％。

◆ 进口来源地相对集中，出口市场日趋多元

由于大豆、棉花、植物油等主要进口产品的产地分布较为集中，相应地我国农产品进口来源地十分集中。

2001 年，我国农产品前四大进口来源地分别为美国、东盟、澳大利亚和阿根廷，自这些国家和地区进口的农产品为 66.9 亿美元，占当年我国农产品进口总额的 56.5％。

近年来，随着主要进口产品进口量的快速增长，我国农产品进口集中度有所上升。2018 年，我国自前四大进口来源地巴西、东盟、美国和欧盟的农产品进口额合计 836.7 亿美元，占当年我国农产品进口总额的 61％。

加入 WTO 初期，我国农产品出口主要集中在日本、中国香港、韩国等周边国家和地区以及欧洲、美国等发达国家和地区，其中日本市场占我国农产品出口额的比例在 1/3 以上。2001 年我国对日本、欧盟、中国香港和韩国这前四大出口市场的出口额为 112.8 亿美元，占当年我国农产品出口总额的 70.2％。

近年来，我国与新兴市场经济体和发展中国家不断加强沟通交流，建立了多个贸易促进平台，持续推进贸易便利化，促进了相互之间农产品贸易的发展，农产品出口市场多元化程度有所提高，但总体来看出口市场集中度仍然较高。2018 年，我国对东盟、日本、中国香港和欧盟前四大出口市场的农产品出口额为 470.6 亿美元，占当年我国农产品出口总额的 59％。

什么是自由贸易试验区？

黄昕炎

自由贸易试验区简称自贸试验区，它是由一个主权国家在其境内特定区域内，自主决定进行开放试验的特殊经济区域，是面向"所有人"的，一般来说"任何人"进入该区域内开展经贸活动，都可以享受其全部优惠政策。这些优惠政策是用来做试验的，可以根据国内实际情况进行调整，不需对任何国际组织通报，不受国际义务约束。

◆ 为什么要建立自贸试验区？

建立自贸试验区的主要目的是进行制度创新，通过试点试验，为全国进一步深化改革和扩大开放探索新路径，积累新经验。也就是根据经济社会的发展，对政策进行调整和突破，在不断尝试中找到发展的弱项和短板，寻找解决方法，避免出现颠覆性的错误，形成有利于进一步发展的比较优势和竞争优势，并把能够适用于全国的经验举措进行推广，推动全局性改革。此外，建立自贸试验区也是向全世界表明我国全方位开放的鲜明态度。

习近平总书记 2016 年年底对上海自贸试验区建设做出重要指示，要求对照最高标准、查找短板弱项，研究明确下一阶段的重点目标任务，大胆试、大胆闯、自主改，力争取得更多可复制推广的制度创新成果，进一步彰显全面深化改革和扩大开放的试验田作用。这也是建设自贸试验区的最高指引。

◆ 建设了哪些自贸试验区？

我国自贸试验区建设 2013 年起步，目前共有 18 个，形成了"1＋3＋7＋1＋6"的覆盖东西南北中的改革开放创新格局。一是 2013 年 8 月国务院批复设立了我国第一个自贸试验区——上海自贸试验区，2019 年 8 月又增设了上海自贸试验区的临港新片区；二是 2015 年设立了广东、天津、福建 3 个自贸试验区；三是 2017 年 3 月设立了辽宁、浙江、河南、湖北、重庆、四川、陕西7 个自贸试验区；四是 2018 年海南全岛启动自贸试验区建设，并要求到 2020年取得重要进展，为逐步探索、稳步推进海南自由贸易港建设，分步骤、分阶段建立自由贸易港政策体系打好坚实基础；五是 2019 年设立了山东、江苏、河北、广西、云南、黑龙江 6 个自贸试验区。

◆ 自贸试验区试得如何？

经过几年的试验，主要取得了五方面的成效。

一是实现了五个"率先"。包括率先实现准入前国民待遇和外商投资准入负面清单管理模式，外商投资从审批转为备案；率先实施了证照分离的改革，解决了准入不准营的问题；率先上线了国际贸易的单一窗口，解决了我国口岸多头管理问题，成为推动贸易便利化工作的突破口；率先深入推进政府职能转变，集中体现在简政放权、放管结合和优化服务等方面；率先探索改革创新和法治建设相结合。

二是不断推出开放新举措。包括准入方面负面清单越来越短；贸易方面实现了口岸监管的信息互换、监管互认和执法互助，既节约了经费又节省了时间；资金方面实施了跨境双向人民币资金池业务，海南正在探索海南自由贸易账户；人才服务方面各地纷纷推出了出入境便利化措施。

三是引领高质量发展的能力提升。包括促进了高端产业的聚集和发展，如福建自贸区试验区的国际航空维修、浙江自贸试验区的油品全产业链等；推动新业态的发展，如天津自贸试验区的融资租赁，天津已成为继爱尔兰之后全球第二大飞机租赁的集聚地。

四是差别化探索持续开展。如陕西自贸试验区着力农业科技创新，河南自贸试验区发展跨境电商，福建自贸试验区深化两岸合作，广东自贸试验区围绕着粤港澳大湾区发力等。

五是改革红利持续释放。区内试验和区外推广同步推进，非自贸试验区纷纷进行推广和效仿，甚至进行改造、提升再创新。如广西在被批复设立自贸试验区之前就推出了涉税改革，实现了税务服务一体化。

自由贸易区和自由贸易试验区，
两个孪生兄弟怎么区分？

蒋丹婧　霍春悦

随着近年来全球贸易自由化的蓬勃发展，自由贸易区已成为各国或地区密切国际经贸关系的重要工具。与此同时，为推动实现高水平的贸易和投资自由化便利化，我国在部分沿海城市还设立了自由贸易试验区。由于一些文章或报道将两者均简称"自贸区"，往往给大众造成概念上的混淆。下面就两个"自贸区"的概念给大家做一解读。

◆ 自由贸易区是通过贸易谈判大家"谈"出来的，自由贸易试验区是自己"划"出来的

自由贸易区（Free Trade Area，FTA）是国际经贸领域的专有名词，是指两个以上的主权国家或单独关税区通过签署协定，在WTO最惠国待遇基础上，相互进一步开放市场，分阶段取消绝大部分或全部货物的关税及部分非关税壁垒，改善服务和投资的市场准入条件，从而形成的实现贸易和投资自由化的特定区域，一般简称为自贸区。与商业合同类似，协定内容不是一方说了算，而是缔约各方共同商议制定，因此FTA是某个国家或地区和其自贸伙伴"谈"出来的，也可以说是"对外"的。

全球影响较大的自贸区包括美国-墨西哥-加拿大自贸区（三国于1994年建立了北美自贸区，2017年美国总统特朗普宣布废除。经过谈判，三国于2018年11月签署了新的自贸协定建立了美国-墨西哥-加拿大自贸区）、全面与进步跨太平洋伙伴关系协定（CPTPP，即没有美国的TPP协定）以及中国正参与谈判的区域全面经济伙伴关系协定（RCEP）等。截至2018年年底，我国已建立中国-东盟、中国-韩国、中国-澳大利亚等16个自贸区，涉及24个国家或经济体。

自由贸易试验区属于自由贸易园区（Free Trade Zone，FTZ）的范畴。它是指在某一国家或地区境内设立的实行优惠税收和特殊监管政策的小块特定区域。它的设立相对简单，由单个主权国家或地区根据世界海关组织（WCO）相关规定自主设立，不需要与别人谈判，可以说是"对内"的。其做法是主权国家或地区在其关境范围内自主"划"定一片区域，在该区域内实行税收优惠甚至关税减免、放宽外商投资准入和海关特殊监管等政策，属于单方面的开放

行为。在我国，影响较大的包括中国（上海）自由贸易试验区、中国（海南）自由贸易试验区等。截至 2019 年年底，我国共设立了 18 个自贸试验区。

◆ 自由贸易区是"朋友圈"，自由贸易试验区是"小圈圈"

自贸区是跨国界或跨边境的"朋友圈"，覆盖签署自贸协定的各成员的全部关税领土，而非其中的某一部分。近年来，主要经济体纷纷将商谈自贸区作为重要战略推动，自贸协定已成为大国开展地缘政治和经济博弈的重要手段。开展区域贸易协定谈判，是扩展"朋友圈"的有效手段。如 RCEP 包含亚洲和大洋洲的 16 个国家，CPTPP 包含北美洲、南美洲、亚洲和大洋洲的 11 个国家。

自贸试验区是某一国家或地区在其关境范围内划出的一个或多个实行特殊优惠政策的"小圈圈"，仅覆盖特定区域。当货物、服务和投资进入自贸试验区这个"小圈圈"后可以享受特殊优惠政策，而在该国或地区的其他区域则无法享受。

◆ 自由贸易区只对"朋友圈"的特定"朋友"开放，自由贸易试验区则对"所有人"开放

自贸区框架下的货物关税、服务和投资等优惠仅对自贸伙伴适用，不是自贸伙伴则无法享受，具有强烈的排他性。也就是说，只有签署自贸协定的成员才算是"好友"，相互给予优惠待遇，没有进入"朋友圈"的无法享受。进一步看，即使同属某一方的自贸"朋友圈"，各个"好友"享受的权限也各不相同，具体内容取决于每个自贸协定伙伴之间的相互约定。例如，韩国和澳大利亚都是我国的自贸伙伴，我国对自韩国进口的速溶咖啡在协定生效 15 年内取消关税，对自澳大利亚进口的则在 5 年内取消关税。自贸"朋友圈"的一方在判定是否对进口货物或跨境服务、投资给予"好友"优惠待遇时是有依据的，对货物来说主要看是否为自贸伙伴原产；对服务和投资来说，主要看提供主体是否来自自贸伙伴。由于各个自贸伙伴的待遇不同、判定货物是否属原产的标准不同，在实施中标准不一通常导致贸易商的困惑，目前有些国家在自贸协定谈判中尝试将规则标准进行统一。

自贸试验区与自贸区的排他性特点不同，它对在试验区内开展经贸活动的"所有人"开放。一般来说，谁都可以进入自贸试验区开展经贸活动，一旦进入后即可享受该试验区的全部优惠政策，具有普适性的特点。例如，我国和美国尚未签署自贸协定，但美国企业也可以享受我国自贸试验区的优惠政策。

新能源燃料乙醇在美国的发展现状你了解吗？

孙　玥

燃料乙醇一般以玉米、小麦、薯类、甘蔗等农产品或农林废弃物为原料，经发酵、蒸馏而制成，是重要的可再生能源之一。它不仅能替代化石燃料，减轻国家对石油的依赖度，而且是优良的油品改良剂，使汽油充分燃烧，有效改善尾气污染并提高动力性。20 世纪 70 年代以来，受石油危机、环境污染日益加重等因素影响，燃料乙醇等新能源引起世界各国广泛关注，得到迅速发展。尤其是在一些汽车消费大国和农业大国，如美国、巴西、德国等，燃料乙醇发展起步就比较早，发展也较快。其中，美国燃料乙醇产业主要以玉米为原料，巴西以甘蔗为原料。生物燃料的发展大幅拓展了农产品需求空间，增强了原油价格和农产品价格间的互动性，农产品市场受能源市场影响进一步加大。相对于农产品市场而言，能源市场巨大，能源需求的微小变化就能引起农产品需求的巨大波动，因此燃料乙醇等生物质能源发展现状亟须关注。美国作为全球燃料乙醇产业发展的重要一员，其生产、消费和贸易现状是怎样的呢？

◆ 美国是最大的燃料乙醇生产国

美国是目前全球最大的燃料乙醇生产国，2018 年燃料乙醇产量达 4 824 万吨，占全球总产量的 48.4%。其他主要生产国或地区包括巴西、中国、欧盟和印度，产量分别为 2 532 万吨、789 万吨、541 万吨和 208 万吨，分别占全球总产量的 25.1%、7.8%、5.4%和 2.1%。

美国生产燃料乙醇的主要原料是玉米，近年来用于生产燃料乙醇的消费量逐年增长，并在 2011 年超过了饲用玉米的消费量。2018 年，美国用于生产燃料乙醇的玉米消费量达 1.4 亿吨，占玉米总消费量 37.9%，为美国玉米第一大消费用途。

◆ 美国是最大的燃料乙醇消费国

美国是目前全球最大的燃料乙醇消费国，2018 年燃料乙醇国内消费量 4 329 万吨，占国内产量的 89.5%、全球总消费量的 80%。在美国可再生燃料标准强制法规的要求下，其燃料乙醇国内消费迅速实现了全国范围内混配 10%的目标。2018 年美国燃料乙醇生产替代了 7 503 万吨约 5.5 亿桶的石油供应量，美国石油进口依存度由无燃料乙醇生产情况下的 20%降至 14%。

◆ **美国是最大的燃料乙醇出口国**

美国 2018 年出口量达 506 万吨，占全球出口量的 57.2%，占其国内产量的 10.5%。

美国燃料乙醇主要出口巴西和加拿大，占比达到 50.0%。2018 年，美国燃料乙醇前十大出口市场分别为巴西、加拿大、印度、韩国、菲律宾、荷兰、阿联酋、中国、哥伦比亚和秘鲁，出口量分别为 149 万吨（29.4%）、104 万吨（20.6%）、46 万吨（9.1%）、26 万吨（5.1%）、25 万吨（4.9%）、22 万吨（4.3%）、21 万吨（4.2%）、16 万吨（3.2%）、15 万吨（3.0%）和 14 万吨（2.8%）。

中国是美国燃料乙醇重要的出口市场，中美贸易摩擦导致美国对中国出口下降。2012 年之前美国对中国燃料乙醇年出口量仅数百吨，2013 年和 2014 年超过 1 万吨；2015 年和 2016 年分别达到 22 万吨和 59 万吨，分别占美国燃料乙醇出口总量 8.2% 和 17.1%，成为当年美国燃料乙醇第三大出口市场；2017 年和 2018 年降至 16 吨左右，主因是 2017 年起中国取消了自 2010 年起实施 5% 的暂定关税，恢复执行燃料乙醇 30% 进口关税，2018 年 4 月和 5 月则对美国燃料乙醇进口实施加征 15% 和 25% 的关税。

◆ **中国燃料乙醇的发展现状**

与美国生产燃料乙醇使用的种植玉米不同，目前中国燃料乙醇产业多以失去食用价值的库存陈化粮为原料。自 20 世纪 90 年代末中国就开始发展燃料乙醇并逐步在部分省市试点推广车用乙醇汽油，目前已成为全球第三大燃料乙醇生产国和消费国。2017 年《关于扩大生物燃料乙醇生产和推广使用车用乙醇汽油的实施方案》正式出台，根据方案要求，到 2020 年，我国全国范围将推广使用车用乙醇汽油。在新能源汽车产业不断成长升级、技术日趋成熟和绿色发展理念的推动下，我国对燃料乙醇等清洁可再生能源的需求将不断增加，产业发展潜力巨大。

鸭子大军出征灭蝗靠谱吗?

韩振国

前几天,"浙江 10 万只鸭子出征巴基斯坦灭蝗"的消息在朋友圈引起热议,消息称中国的老朋友"巴铁"(巴基斯坦)因蝗灾宣布进入国家紧急状态,而我国 10 万只"鸭子大军"即将出征灭蝗。随后,经官方证实消息系误传。从活禽出口及检验检疫的角度来看,想要实现这一"壮举"确实非常难。

◆ 我国活禽贸易以进口为主,活鸭近十年没有出口

从近 20 年我国活禽贸易数据看,我国活禽出口额呈现不断下降趋势,从 2001 年的 7 966.9 万美元下降至 2019 年的 135.6 万美元,"出征灭蝗"消息提及的活鸭从 2007 年开始便无出口记录,2019 年我国活禽出口产品只有两种,其中非种鸡出口占比约 99%,全部出口至中国香港。近 20 年中我国活禽进口额则呈先增后减再增的趋势,2001 年进口额 1 026.4 万美元,到 2019 年达 6 046.2 万美元,其中约 2/3 为种鸡,主要来自新西兰、波兰和加拿大。总体来看,我国活禽贸易总额在近 20 年中围绕 6 000 万美元上下波动,但却经历了从顺差向逆差的转变,2009 年首次出现逆差,2019 年逆差额达 5 910.6 万美元。

◆ 活禽进口需经严格检验检疫程序

为了保护国内消费者和相关产业安全,世界各国对动植物跨国运输都有很严格的执行标准和复杂程序,涉及大量检验检疫相关规定。以我国为例,根据《中华人民共和国进出境动植物检疫法》,进口活动物除按要求提交申请、审批并附上必要材料证明外,装载动物的运输工具和场地、接近动物工作人员在抵达口岸时都需按要求采取防疫消毒措施;同时,风险较大的产品还要在检疫机关指定的隔离场所检疫。

其他国家或地区多有与我国类似的进口检疫要求,有些甚至更为严苛。客观而言,因为严格的标准和程序,向某一国家短期大量运输活动物入境相当困难。

◆ 禽类传染病频发增加活禽贸易风险

近年来,针对禽流感等禽类传染病的影响,各国对活禽进口安全予以高度

重视。活禽交易是引发和传染禽流感的重要渠道之一，因此该类交易受到严格规范，而活禽跨国贸易更是被监管的重点。仅在 2019 年，WTO 成员 119 件 SPS（实施卫生与植物卫生措施）紧急通报中，有 24 件由禽流感引起。"鸭子大军"消息中涉及的巴基斯坦在 2005 年就曾宣布，为防止禽流感病毒在本国传播，禁止从包括我国在内的 19 个国家和地区进口活禽、禽类产品和其他观赏鸟类。自此之后，我国便没有向巴基斯坦出口活禽的记录。

综上所述，从活禽贸易角度看，让"鸭子大军"去支援灭蝗尽管听起来让人兴奋，但实际上不靠谱。

谁说进口农产品就得是澳洲大龙虾、
智利车厘子？

杨海成

进口食品在普通老百姓看来都是"高大上"的东西，前有土豪标配澳洲大龙虾，后有中产阶级衡量标准智利车厘子。实际上，除了这些特色产品外，我国进口的农产品大部分都很亲民，都是日常生活中的必需品。下面就介绍一下我国进口额排名前五的农产品，看看它们在你的餐桌上是否出现过。

◆ 大豆

大豆是我国进口规模最大的农产品，2018年进口量接近9 000万吨，进口额约2 600亿元，占我国农产品进口总额的30％左右，主要来自巴西和美国。与国产大豆主要用来加工豆腐、豆浆等豆制品不同，进口大豆是用来压榨生产豆油和豆粕。豆油大家都熟悉了，而豆粕其实同样跟我们的关系很密切。它是一种重要的蛋白物质，主要用来加工饲料。我国生猪养殖规模世界第一，对饲料的需求十分庞大，而饲料中的豆粕主要来自进口大豆。因为有了大量大豆进口，才保证了我国养殖业饲料的充分供给，进而保证了我们餐桌上国产猪肉的充分供给。

◆ 奶粉

奶粉是我国第二大进口农产品，2018年进口量约110万吨，进口额约400亿元。这个进口奶粉的概念不仅包括我们熟悉的婴幼儿配方奶粉，还有由鲜奶直接加工而成的原料奶粉，俗称"大包粉"。"大包粉"是用来加工乳制品，如酸奶、乳酸菌饮料、冰淇淋等的原料，价格远远低于婴幼儿配方奶粉。虽然"大包粉"的进口量占到了我国奶粉类产品进口总量的70％，但其进口额仅占奶粉产品进口额的30％。目前进口奶粉约70％来自新西兰和荷兰，其中新西兰是我国"大包粉"主要进口来源地，它以全球"大包粉"出口霸主著称，荷兰则是我国婴幼儿配方奶粉主要来源地。

◆ 牛肉

牛肉是近年来我国进口增长最快的农产品之一，2018年的进口量约100万吨，占我国同期产量的近1/6。进口牛肉分为冻肉和冷鲜肉两种，超市所售的基本属于冷鲜肉，冻肉主要流向餐饮业和加工业。一般来说，冷鲜肉价格较贵，主要是牛排等高档产品，而冻肉进口均价一般是冷鲜肉的 1/2。目前，我国进口牛肉中 98％为冻肉，主要来自南美洲的巴西、乌拉圭和阿根廷，冷鲜肉仅占很小一部分，大多来自澳大利亚。

◆ 葡萄酒

葡萄酒也是我国近年来进口量增长较快的产品，从 2014 年的 40 多万吨增至 2018 年的 70 多万吨。曾被视为高端产品的葡萄酒逐渐走向普通人的餐桌，超市里售价几十元的产品随处可见。法国、澳大利亚和智利是我国葡萄酒主要进口来源国，其中自法国进口的主要是容量在 2 升以下的小包装产品，价格较高，而自澳大利亚和智利进口的以容量在 2 升以上的为主，价格相对低廉。近年来自澳大利亚和智利进口的葡萄酒增长较快，因为这两国与我国签署了自由贸易协定，进口关税大幅下降，也因此我们能买到越来越多的"平价"葡萄酒。

◆ 棕榈油

棕榈油是由热带作物油棕树的果实压榨而成的一种植物油，被广泛应用于食品加工领域。我国棕榈油基本依靠进口，每年进口量在 500 万吨左右，其中 70％来自印度尼西亚。相比其他产品，棕榈油对大家来说可能比较陌生，但它其实是一种生活必需品。举个例子，大家平时吃的薯条、方便面基本是用它来炸的。这主要是因为它具有良好的抗氧化性（耐炸性），适于煎炸食品。此外，它还广泛用于生产面包、饼干、糖果等食品，可以说我们的饮食中处处可见棕榈油的影子。

说了这么多，大家是不是觉得进口商品没有想象中的那么"高大上"，大部分是早已融入日常生活中的普通产品。随着我国对外开放程度的不断提高，相信今后会有更加丰富的进口产品端上我们的餐桌。

图书在版编目（CIP）数据

农业贸易百问 / 农业农村部农业贸易促进中心编
. —北京：中国农业出版社，2021.9
ISBN 978-7-109-28621-4

Ⅰ.①农… Ⅱ.①农… Ⅲ.①农产品贸易－国际贸易
－中国－问题解答 Ⅳ.①F752.652-44

中国版本图书馆 CIP 数据核字（2021）第 152939 号

中国农业出版社出版

地址：北京市朝阳区麦子店街 18 号楼
邮编：100125
策划编辑：徐 晖
责任编辑：贾 彬
版式设计：王 晨　责任校对：沙凯霖
印刷：北京通州皇家印刷厂
版次：2021 年 9 月第 1 版
印次：2021 年 9 月北京第 1 次印刷
发行：新华书店北京发行所
开本：700mm×1000mm　1/16
印张：15.25
字数：300 千字
定价：58.00 元
